会計規制と国家責任

―ドイツ会計基準委員会の研究―

木 下 勝 一 著

東京 森山書店 発行

#　は　し　が　き

　今日，競争が会計改革の生みの母であると呼ぶに相応しい会計の世界が現出している。そして，この会計の世界は，IAS（国際会計基準）／US-GAAP（アメリカの一般に認められた会計原則）というグローバルスタンダードによって支配的影響を受けている。この会計の世界を支配するグローバルスタンダードは，アメリカを発祥の地として生まれた投資家の意思決定に有用な情報の提供という利用者指向の新しい会計観を唱導して，非アングロサクソンの大陸ヨーロッパの会計の世界にパラダイム転換を迫っている。

　これまで，国民国家を単位として，それぞれの国において伝統的な会計の世界が発展してきた。しかし，20世紀末以降，国際的な競争が国民国家の壁を越えてグローバルな資本市場を発達させるなかで，会計の世界に対し，グローバルな変革がもとめられたのである。その結果，アメリカを軸としたアングロサクソンの覇権主義が会計の世界の全体を席巻しはじめた。

　このアングロサクソンの会計覇権主義は，投資家に対する意思決定有用性の情報提供観にもとづく市場至上主義の唱導に他ならず，非アングロサクソンの大陸ヨーロッパの会計の世界に対し，伝統的な多様な利害関係の調整という会計観の根幹をゆるがす新たなパラダイム的転換を促がした。このアングロサクソンの会計覇権的な市場至上主義に大陸ヨーロッパ，なかでも国民国家を単位としたドイツがどのように向き合い，国際対応しているのか，このことを解き明かすことが本書の基底にある問題意識である。

　非アングロサクソンの大陸ヨーロッパは，アングロサクソンの対抗軸として，ヨーロッパ連合（europäische Union/EU）というブロック経済圏を形成するなかで，当初は，そのEU域内における会計の世界の調和化を図るという制度的なフレームワークを構築することをはじめたが，IAS/US-GAAPの覇権

主義の支配がいっそう進展するに伴って，EU域内で会計基準を独自に開発する路線を放棄し，IASB-IAS/IFRSの承認・受入れという路線への転換を図る新しい会計戦略に切り替えた。

本書は，大陸ヨーロッパの新しい会計戦略の路線転換を背景として，EU加盟国の雄であるドイツの会計国際化の戦略的対応について，ドイツ会計基準委員会（Deutsches Rechnungslegungs Standards Committee/DRSC）の研究を通じて考察している。

ドイツは，商法会計規範優先システムを堅持してきた立法愛国主義（Gesetzgebungspatriotismus）の国である。この立法愛国主義の枠組みのなかで，ドイツ会計基準委員会という新しい会計基準設定方式の創設に踏み切ったが，本書は，このドイツ会計基準委員会創設の意味と役割について，私的会計規制と国家の規制責任という視点から分析的に論究することを目的している。

ドイツ会計基準委員会の創設と展開の背景には，ドイツ会計の復権をかけて成立した1998年の資本調達容易化法（KapAEG）にもとづく商法典第292a条と企業領域統制透明化法（KonTraG）にもとづく商法典第342条のもとで，会計国際化に向けてドイツをいかに開放するかという時代の要請があった。

商法典第292a条は，商法の選択権の枠内でという縛りのなかで国際化対応の連結決算書と商法基準の連結決算書の作成を行い，同時に，商法基準の個別決算書を作成するという多重的な義務づけをもとめられてきたドイツ上場会社に対し，IAS/US-GAAPの連結決算書を作成することで，商法基準の連結決算書の作成を免責する条項を新設した。この免責条項は，2004年まで適用される時限立法であったが，ドイツ上場企業の国際化対応にとって画期的であった。

商法典第342条は，ドイツ史上はじめて，私的会計委員会の設置に対する根拠規定を設けたものである。この私的会計委員会の設置形態の具体化として，1998年にドイツ会計基準委員会が創設された。ドイツ会計基準委員会に付託されたのは，商法典第342条1項において明記された，（1）連結決算書に関する諸原則の適用のための勧告の開発，（2）会計の諸規定の立法行為にあたっての連邦法務省への助言，（3）国際的な会計基準設定機関におけるドイツ代表

という3つの任務であった。

　ドイツ会計基準委員会に付託されたこの3つの任務の果たす意義は，商法会計規範システムのなかで，いかにIAS/US-GAAPへの適応をはかり，会計国際化への開放を具体化するかという点にあった。このため，ドイツ会計基準委員会にまず期待されたのは，商法基準に準拠した連結決算書に関する諸原則の適用のための勧告の開発という第1の任務であった。この第1の任務は，独立した会計人から成るドイツ会計基準設定委員会（Deutscher Standardisierungsrat/DSR）がドイツ会計基準（Deutsche Rechnungslegungsstandard/DRS）の公開草案を提示し，その公開草案を専門的に関心のある公衆の参加するデュープロセスに付した後に，ドイツ会計基準が連邦法務省から公告（Bekanntmachung）されるという仕組みのもとで遂行された。この限りで，ドイツ会計基準委員会に付託された第1の任務は，連結決算書に対象を限定されたドイツ会計基準の勧告を開発することであったが，ドイツ会計基準委員会に立法権限が全権委譲されたものではなかった。そのため，連邦法務省から公告されたドイツ会計基準が強制力をもった法規範でなく，事実上の拘束力を認められた専門規範に過ぎなかった。

　この点で，ドイツ会計基準委員会は，アメリカの財務会計基準審議会（Financial Accouting Standards Board/FASB）に類似した設置形態にもとづく私的会計規制の方式を採用したものではあったが，立法権限のないプライベートセクター（ドイツ版FASB）であった。この結果，ドイツ会計基準委員会が開発し，連邦法務省から公告されたドイツ会計基準は，商法会計規範の法源体系のなかでの法律（Gesetz），判決（Entscheidung）の下位に位置していた。

　しかしながら，ドイツ会計基準の専門規範性が商法会計規範の枠組みのなかで，IAS/US-GAAPの国内基準化の独自の開発路線に大きな貢献をしてきたことには重要な意義があった。この間に，連邦法務省から公告されたドイツ会計基準は，第1号から第15号まで公表されている。これらのドイツ会計基準は，連結決算書に関する勧告の開発ではあったが，国内基準として事実上の拘束力をもってドイツ上場企業に適用されてきた。この限りで，ドイツ会計基準

委員会の第1の任務がIAS/US-GAAP対応に果たした役割はきわめて大きかった。だが，2000年に入って，事態が急展開し，EU命令によって，EU域内の上場企業に対する2005年以降のIAS/IFRS強制適用という路線への戦略転換があったことから，ドイツ会計基準委員会の第1任務であるドイツ会計基準の独自開発路線に終止符が打たれることとなった。この結果，ドイツ会計基準委員会の2003年改組がなされ，連結決算書に関するドイツ会計基準の独自開発路線が仕切りなおしされ，EU-IAS/IFRS承認路線への切り替えが行われるとともに，第1任務に関しても，個別決算書へとドイツ会計基準の開発の範囲を拡大していく可能性が生じた。

だが，このこと以上に，2003年改組で，ドイツ会計基準委員会の任務の重点移行がなされたことが大きな特徴であった。それは，ドイツ会計基準の開発という第1の任務を後退させ，第3の任務であった国際的な会計基準設定機関においてドイツ代を代表するという機能（Vertretungsfunktion）を重視する方向への転換であった。ドイツ会計基準委員会の国際化路線へのフォーカスと呼ばれるものであった。それは，IASB-IAS/IFRSの基準設定プロセスとEUにおけるIAS/IFRSのエンドースメントメカニズム（endorcement mechanismum）への積極的な関与を通じて，ドイツの国益の立場を代表するという役割が改めて期待されたということであった。

ドイツ会計基準委員会に対し，立法権限が委譲されず，第2の任務である立法助言機能（Beratungsfunktion）しかないという制約のもとでは，ドイツ会計基準委員会の代表機能の国際化路線へのフォーカスが立法愛国主義のもとでどこまで実効性があるのか，過大評価することはできないとされたが，エンドースメントの機関としての存在価値が将来像として期待されたのである。

本書は，ドイツ会計基準委員会を私的会計規制と国家の規制責任という視点から研究し，EUのIAS/IFRSの承認のエンドースメントメカニズムを担う機関としてドイツ会計基準委員会の役割・存在価値が見出されるにいたったことを確認するものである。しかも，このことは，ドイツ会計基準委員会の創設時に担っていた会計規範形成（Normsetzung）の独自開発路線からEUのIAS/IFRS

の承認の国際重視路線への転換のなかで，ドイツ会計基準委員会の役割を解き明かす内容となっている。このため，EUのIAS/IFRS承認の国際重視路線への転換のなかで新たに浮かび上げってきた会計の世界の現出に伴って，私的会計規制と国家の規制責任のもう1つのテーマとして，EUのIAS/IFRSの規範の遵守の監視（Normdurchsetzung）というエンフォースメントメカニズム（enforcement mechanismum）が時代の要請となってドイツに押し寄せた。この結果，立ち上げられたのがEUの枠組みのなかでは，エンフォースメント機関としてのCESR（欧州証券監督者機構）であり，そして，ドイツの枠組みのなかでの二段階のエンフォースメント機関としての連邦金融サービス監督庁（Bundesamt für Finanzdienstungsausicht/BaFin）・ドイ財務報告監視機関（Deutsche Prüfstelle für Rechnungslegung/DPR）であった。

このことから，本書は，私的会計規制と国家の規制責任にかかわってドイツ会計基準委員会に対象を限定した研究であるが，EUとドイツのエンフォースメントメカニズムに関しては，独立行政法人日本学術振興会科学研究費（基盤研究C-1）の交付（平成16年度―平成19年度）を得て継続研究しており，本書の続編としてその研究成果を公刊し，私的会計規制と国家の規制責任に関する研究の完結を図りたいと考えている。

本書は，6章編成で構成されており，その概要はつぎのような内容である。

第1章は，ヨーロッパにおける会計規制とドイツの対応を論究したものであるが，本章の論点は，ヨーロッパの新会計戦略転換がEU-IAS/IFRS承認路線に大きく舵をきったことを契機に，どのような変化がヨーロッパとドイツの会計規制システムに起きたかを取り上げている。第1章は，ドイツ会計基準委員会の創設・展開の基礎的な環境条件であるドイツの会計制度改革が商法会計規範システムの包括的・混成的な法体系のなかでいかに進められたかを論究している。

第2章は，1998年のドイツ会計基準委員会創設にいたる過程でのドイツ版プライベートセクター設置構想の変遷を取り上げたものである。ドイツ版プライベートセクター方式の議論は，旧くは戦前期にもあったが，本書では，レフソ

ン (Leffson, U.) の「中立的機構」構想，シュパンホルスト (Spannhorst, B.) の「専門的知識を有する権威ある新機関」構想，経営経済学教授連合の「GoB（正規の簿記の諸原則）委員会」構想，商法会計基準法予備草案の「命令授権方式によるプライベートセクターの設置」構想，ブラント (Brandt, H.) の「私的会計委員会の設置」構想が経済界等の批判・反対によっていったんは挫折したが，1998年の企業領域統制透明化法の成立で，商法典第342条の根拠規定を得て，私的会計委員会方式のドイツ会計基準委員会が創設されたことを明らかにした。

　第3章は，ドイツ会計基準委員会の設置の意味と役割について取り上げ，1998年創設から2003年改組への展開がドイツ会計基準委員会にどのような変化があったかを論究している。1990年代の会計国際化・IAS/US-GAAP適応の実務先行に対する制度的対応として1998年に創設されたドイツ会計基準委員会が連邦法務省との基準設定契約（Standardisierungsvertrag）の締結という制約条件のもとで，連結会計の諸原則の適用に関する勧告の開発としてのドイツ会計基準の策定，立法行為に関する連邦法務省への助言，国際的会計基準設定機関におけるドイツ代表という3つの任務を付託された。本章は，EU-IAS/IFRS路線への新会計戦略転換に伴い，ドイツ会計基準委員会が2003年改組によって，任務の重点を連結会計重視のドイツ会計基準の独自開発を転換させ，国際化路線に切り替える新しい方向を打ち出したことを明らかにしている。

　第4章は，ドイツ会計基準委員会に関連して，会計規制論の立場から，その位置づけを論究した，フェルトホフ (Feldhoff, J.) の「会計規制における国家の介入」，エムリヒ (Emmrich, M.,) の「会計基準ベースの私的な会計規制」，ブライデンバッハ (Breidenbach, K.) の「私的会計委員会と国家の管轄権」，ベアベリヒ (Berberich, J.) の「私的な自主規制と国家の規制責任」を取り上げている。本章は，ドイツ会計基準委員会がプライベートセクター方式として設置されたが，国家の管轄権・規制責任のもとでの私的会計規制の機関であったことを確認するもので，プライベートセクターという外形をとりながら，実質

は，公的規制責任を背景としたハイブリッド方式の性格を有していたことを論究した。また，本章は，ホフマン（Hoffmann, J.）のドイツの私的会計規制における政治化過程の問題を取り上げ，政治化・ロビー活動が及ぼす弊害を排除するために，私的会計規制と政府の共同決定権の連携が必要であるという論点を明らかにしている。

第5章は，ドイツ会計基準委員会の存在意義を象徴していたドイツの概念フレームワーク公開草案を取り上げ，意思決定有用性アプローチ・会計領域拡大というアングロサクソン型の概念フレームワークをドイツ会計全般に適用可能とした主張とそれに対するドイツ経済検査士協会と経営経済学教授連合による批判について論究している。このドイツの概念フレームワーク公開草案は，各界の批判とともに，その後のEU-IAS/IFRS路線への転換のなかで審議の中断を余儀なくされた。このことは，ドイツ会計基準委員会の歴史的な役割に大きな変化が訪れたことを物語るものであった。本章は，ドイツの概念フレームワーク公開草案が挫折したことを明らかにした。

第6章は，ドイツ会計基準委員会をめぐる論争点と2003年改組後の将来方向を論究したものである。ドイツ会計基準委員会の自己規制機能と立法権限，ドイツ会計基準の拘束力と適用範囲，ドイツ会計基準委員会のEU会計指令に係わる国際的発言力，ドイツ会計基準の開放性と差別化，ドイツ会計基準委員会による概念フレームワークの構築といった論点をめぐる議論を取り上げ，それぞれの論点におけるドイツ会計基準委員会の役割の低下・挫折と役割の見直しが2003年改組に繋がったことを明らかにし，エンドースメント機関としてのドイツ会計基準委員会の将来方向を探った。

本書は，このように，EU-IAS/IFRS承認路線へのドイツの戦略対応のなかで，ドイツ会計基準委員会が1998年創設から2003年改組への展開をはかったことを究明するとともに，ドイツ会計基準委員会に対し，私的会計規制と国家の規制責任という分析視点から，その意味と役割を解明している。企業領域統制透明化法（KonTraG）にもとづき，商法典第342条という法的根拠を明確にして，しかも，連邦法務省との基準設定契約を締結して成立したドイツ会計基準

委員会のあり方，さらに，立法愛国主義のもとで再編成された商法会計規範システムの包括的・混成的な会計制度の内的整合性への視座は，わが国の会計制度の将来像を考えるうえで，意義深い示唆を与えていると考えられる。

　本書は，平成12年度から平成15年度に交付された独立行政法人日本学術振興会科学研究費（基盤研究C-2）の交付にもとづき実施した「ドイツ会計基準委員会の設置と商法会計規範システム形成に関する研究」の成果をもとに，その後のドイツ会計基準委員会の新しい国際重視路線への転換を組み込んだ内容について加筆し，独立行政法人日本学術振興会平成19年度科学研究費（研究成果公開促進費学術図書）の交付を受けて刊行したものである。

　最後に，本書は，今日の厳しい出版事情のなか，森山書店社長，菅田直文氏の多大なご尽力を得て刊行することができたものであり，ここに改めて厚く御礼申し上げたい。

　　　平成19年10月

　　　　　　　　　　　　　　　　　　　　　　　木　下　勝　一

目　　次

第1章　ヨーロッパにおける会計規制とドイツの新たな対応 …………1
　　　は　じ　め　に ……………………………………………………………1
　第1節　ヨーロッパの国際的調和化の会計戦略の軌跡 …………………5
　　1　ヨーロッパ連合の会計の国際的調和化の戦略転換 ………………5
　　2　EUのエンドースメントメカニズムとIAS/IFRSの承認 ……………8
　第2節　ヨーロッパの会計規制の一般モデルとドイツの特徴 ………18
　　1　ヨーロッパの会計規制の一般モデル ………………………………18
　　2　ドイツモデルの会計規制の階層 ……………………………………22
　第3節　ドイツの会計制度改革と商法会計規範システム ……………26
　　1　ドイツ会計の成立根拠としての法律上の会計義務とその法源体系 ……26
　　2　EU承認IAS/IFRS準拠の個別・連結決算書の新たな差別化 ………28

第2章　ドイツ版プライベートセクターの形成過程 ………………37
　　　―ドイツ会計基準委員会（DRSC）の成立史―
　　　は　じ　め　に ……………………………………………………………37
　第1節　1985年の会計制度改革とプライベートセクターの設置構想 ………40
　　1　レフソンの「中立的機構」構想 ……………………………………40
　　2　シュパンホルストの「専門的知識を有する権威ある新機関」構想 ……43
　　3　経営経済学教授連合の「GoB委員会」と商法・会計指令法予備草案の
　　　　「命令授権によるプライベートセクターの設置」の構想 …………48
　　4　ブラントによる「私的会計委員会の設置」構想の批判的検討 …………50
　　5　経済界等の批判・反対によるプライベートセクターの設置構想の挫折 …56

第2節　1998年の会計制度改革とドイツ会計基準委員会の創設 …………58
　　1　ドイツ会計基準委員会創設の立法過程 …………………………58
　　2　資本調達容易化法連邦法務省参事官草案（1996年6月7日）における
　　　　会計基準設定機関の設置構想 ……………………………………62
　　3　企業領域統制透明化法（1998年3月5日）における会計基準設定機関
　　　　の設置構想 …………………………………………………………66

第3章　ドイツ会計基準委員会の設置の意味と役割 …………69
　　　　―1998年のDRSC創設と2003年改訂への展開―
　　　は　じ　め　に …………………………………………………………69
　第1節　ドイツ会計基準委員会の創設 ………………………………………73
　　　　―1998年の会計制度改革による史的会計委員会の設置の意義―
　　1　ドイツ会計基準委員会設置の時代背景 …………………………73
　　2　商法典第342条の根拠規定にもとづき設置した
　　　　ドイツ会計基準委員会 ……………………………………………76
　　3　連邦法務省との契約により承認を受けたドイツ会計基準委員会 …79
　第2節　ドイツ会計基準委員会の2003年改組 ………………………………84
　　　　―2005年の会計制度改革に向けた国際化路線への切り替え―
　　1　ドイツ会計基準委員会の2003年改組の時代背景 ………………84
　　2　ドイツ会計基準委員会の組織構造 ………………………………86
　第3節　ドイツ会計基準委員会に付託された3つの任務 …………………94
　　　　―2003年組織改定による3つの任務の重点移行―
　　1　連結会計に関する諸原則の適用についてのドイツ会計基準の開発 …94
　　2　会計規定の立法行為に関する連邦法務省への助言 ……………100
　　3　国際的会計基準設定機関におけるドイツの代表 ………………102

第4章　ドイツ会計基準委員会と会計規制論 …………………109
　　　は　じ　め　に …………………………………………………………109

目 次 3

第1節 会計規制における国家の介入 …………………………………… 112
　　　——フェルトホフの『会計規制』(1992年)——
　　1 フェルトホフの所説の論点 ……………………………………… 112
　　2 公的規制システムとマーケットにおける契約関係論 ………… 113
　　3 会計の定義と規範的規制理論・記述的規制理論による
　　　国家の介入論 ……………………………………………………… 115
　　4 フェルトホフの所説の特徴 ……………………………………… 120
第2節 私的な会計規制論 ………………………………………………… 120
　　　——エムリヒの『ドイツにおける外部会計の改革の傾向と展望』(1999年)——
　　1 エムリヒの所説の論点 …………………………………………… 120
　　2 会計基準委員会の設置を通じたドイツの会計改革 …………… 122
　　3 会計基準をベースとしたドイツ会計の展望 …………………… 124
　　4 エムリヒの所説の特徴 …………………………………………… 128
第3節 私的会計委員会と国家の管轄権 ………………………………… 129
　　　——ブライデンバッハの『会計規範の設定』(1997年)——
　　1 ブライデンバッハの所説の論点 ………………………………… 129
　　2 会計領域の規範設定プロセスの形成可能性 …………………… 131
　　3 ドイツの会計領域の規範設定プロセスの要件 ………………… 137
　　　——ドイツ会計委員会の創設に向けた論点整理——
　　4 ブライデンバッハの所説の特徴 ………………………………… 145
第4節 私的な自主規制と国家の規制責任 ……………………………… 147
　　　——ベアベリヒの『ドイツ会計基準委員会のフレームワーク』(2002年)——
　　1 ベアベリヒの所説の論点 ………………………………………… 147
　　2 一般条項と私的な規準設定 ……………………………………… 148
　　3 社会的な自主的統制と国家の統制責任 ………………………… 152
　　4 自主的な統制モデルからの商法典第342条2項の解釈 ………… 157
　　5 ベアベリヒの所説の特徴 ………………………………………… 159
第5節 私的規制における政治化過程と国家の関与 …………………… 160

第5章　ドイツの概念フレームワーク公開草案 …………………167
　　　　は　じ　め　に ……………………………………………………167
　　第1節　概念フレームワークの意思決定有用性アプローチ論 …………169
　　　1　ドイツ会計基準委員会に付託された権限との関連をめぐる論点 ……169
　　　2　概念フレームワークの意思決定有用性アプローチに関する論点 ……175
　　第2節　概念フレームワークの会計領域の拡大論 ……………………182
　　　1　決算書の構成要素の計上・認識に関する概念フレームワーク …………182
　　　2　決算書の構成要素の評価基準に関する概念フレームワーク …………187
　　　3　ドイツ経済検査士協会・経営経済学教授連合の
　　　　　批判的コメントレター …………………………………………192

第6章　ドイツ会計基準委員会の論争点と将来方向 ……………199
　　　　は　じ　め　に ……………………………………………………199
　　第1節　ドイツ会計基準委員会の権限と役割 …………………………200
　　　1　ドイツ会計基準委員会の主体的独立性に係わる論争点 …………200
　　　2　ドイツ会計基準委員会の権限と役割をめぐる論争点 …………202
　　第2節　ドイツ会計基準委員会の将来方向 …………………………207

索　　引 …………………………………………………………………217

第1章

ヨーロッパにおける会計規制とドイツの新たな対応

はじめに

1985年のドイツ会計制度改革の会計指令法（Bilanzrichtlinien-Gesetz）の成立過程およびそれ以降のドイツ会計を特徴づけているものは，ヨーロッパにおける会計規制（Accounting Regulation in Europe）[1]をテーマとした会計基準の国際的調和化・収斂（internationale Harmonisierung und/oder Konvergenz der Rechnungslegungsstandards）の新しい現実である。それは，1980年代にヨーロッパ共同体（europäische Gemeinschaft/EG）に加盟する各国がヨーロッパ共同体第4号，第7号，第8号会計指令（EG-Bilanzrichtlinie）をそれぞれの加盟国の国内法に変換していったプロセスを経て，1990年代後半以降もヨーロッパ共同体・ヨーロッパ連合（europäische Union/EU）の会計指令のかたちでの会計基準の開発路線を放棄し，EU命令（EU-Verordnung）によるIAS/IFRS（国際会計基準・国際財務報告基準）を承認（Übernahme/Adoption）する路線に切り替えるという新たな戦略転換のプロセスを背景として進展したものであった。この新たな戦略転換[2]のもとで，ドイツにおける会計制度改革に新しい特徴が刻印された。第1－1図は，この間のドイツの会計国際化対応のなかで会計制度改革の戦略的転換を促した3つのフェーズ[3]を示したものである。

第1フェーズは，1993年から1998年の期間に起きた最初の明白な会計国際化への接近であった。主として，会計実務が先行した。商法（Handelsgesetzbuch/HGB）の適用の義務があったため，企業は，デュアルまたはパラレルの会計の枠組みのなかで国際基準に対応することが許容された。

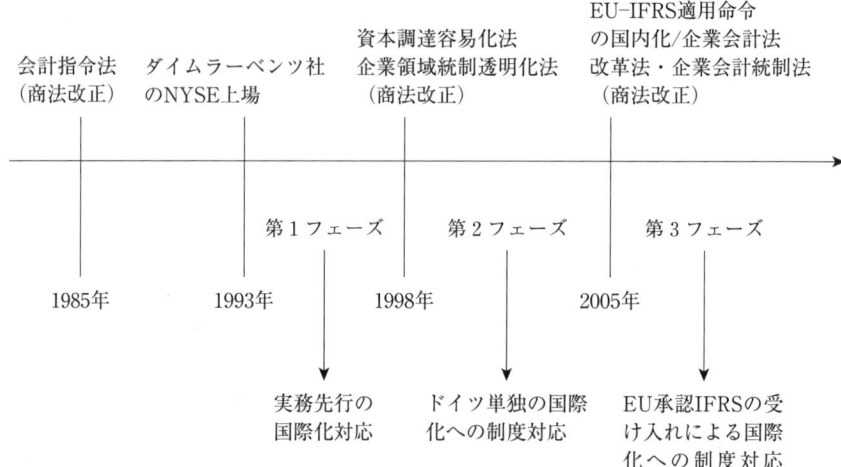

第1－1図 ドイツの会計国際化の3つのフェーズ

（出典）Pellens, B., *Internationale Rechnungslegung*, 5. Aufl., Stuttgart 2004, S. 51.を修正して作成。

　第2フェーズは，1998年から2004年の規制緩和（Deregulierung）の期間であった。商法典第292a条にもとづいて，資本市場指向の企業は少なくとも連結決算書の作成に関し，商法（HGB），IAS/IFRS，US-GAAPの選択適用が認められた。この第2フェーズにおいて，大半のドイツのDAX，MDAXの上場企業は，連結決算書の作成基準をIAS/IFRSまたはUS-GAAPに切り替えた
　第3フェーズは，2005年以降で，EU域内の連結会計に関し，IAS/IFRSの強制適用をもとめたEU命令によって特徴づけられる。加盟国の補完的な法律によって大半のドイツおよびヨーロッパの企業は，IAS/IFRSの強制適用，他の企業は任意適用となった。
　この3つのフェーズのなかで，ドイツの会計の国際的調和化が実務先行（第1フェーズ）から，規制緩和によるドイツ単独の制度対応（第2フェーズ）を経て，EU-IAS/IFRSの制度的受け入れ（第3フェーズ）へと段階的に進展してきた。
　第1フェーズの実務先行で会計国際化が進行した後，第2フェーズの1998年にドイツの会計制度改革で，会計国際化へのドイツ単独の規制緩和の制度対応

がなされた。1998年に成立した①資本調達容易化法（Kapitalaufnahmeerleichterungsgesetz/KapAEG）[4]と②企業領域統制透明化法（Gesetz zur Kontrolle und Tranzparenz im Unternehmensbereich /KonTraG）[5]は，商法典第292a条と商法典第342条，第342a条の規定を新設し，厳格な商法会計のリーガルテストの規制を緩和する措置を設けた。会計国際化に向けた規制緩和の第1の措置は，商法典第292a条によって，ドイツ企業がIAS/US-GAAPを適用した連結財務諸表を作成することを許容し，商法典第290条の作成義務を免責することを2004年末までの時限立法のかたちで採ったことである。さらに，第2の規制緩和の措置は，このことに関連して，連結決算書に関し，IAS/US-GAAPをドイツの商法の連結会計基準としても受け入れるために，商法典第342条（私的会計委員会の設置）を根拠規定として，ドイツ会計基準委員会（Deutsches Rechnungslegungs Standards Committee/DRSC）を創設したことである。

　この1998年のドイツの会計制度改革は，ドイツがEUの新会計戦略転換に先行して，会計国際化への制度対応を商法会計規範に対する規制の緩和として，ドイツの利益を主体的に判断するという制約条件のもとで，IAS/IFRS，US-GAAP適応に道を開いたことが第2フェーズの特徴であった。

　しかし，この第2フェーズの後半から，EUの新会計戦略転換が2002年のEUのIAS/IFRS適用命令を契機に，ドイツの単独の制度対応の路線に歴史的転換をもたらした。

　第1－2図は，2002年のEU命令にもとづき，EUのIAS/IFRS承認手続き（エンドースメントメカニズム/endosement mechanismum）のなかで，加盟国・ドイツがEU承認のIAS/IFRSの導入することを義務づけられ，加盟国・ドイツの国内法にEU承認IAS/IFRSが受け入れられたことを示したものである。この第1－2図で明らかにしているように，EUレベルにおけるIASB-IAS/IFRSの承認手続きは，EUの利益から見た主体的判断にもとづき行われたと捉えることがなによりも肝要である[6]。

　第3フェーズは，このことを受けて，2005年のドイツの会計制度改革に取り組んだ結果に他ならず，①企業会計法改革法（Bilanzrechtsreformgesetz/BilReG）

第1－2図　EU承認のIAS/IFRSのドイツ商法への受け入れ

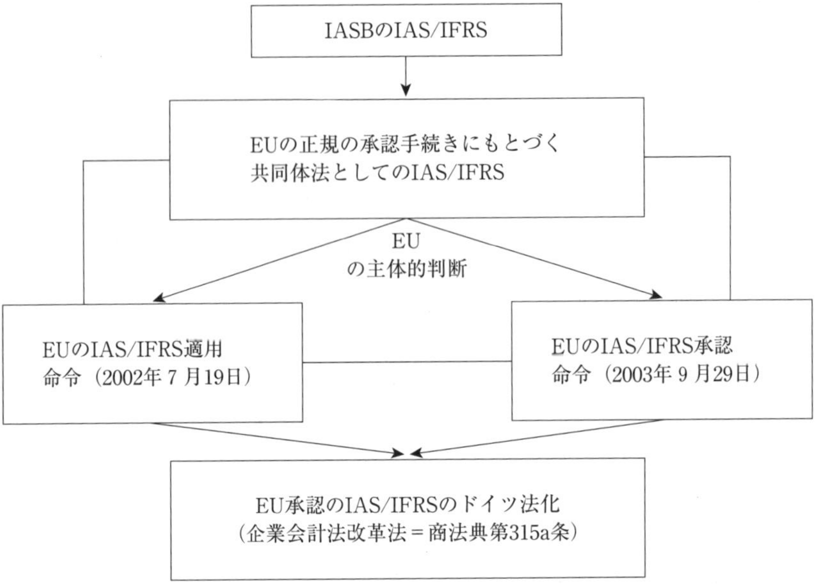

```
            ┌──────────────────────┐
            │    IASBのIAS/IFRS    │
            └──────────┬───────────┘
                       ↓
       ┌──────────────────────────────────┐
       │  EUの正規の承認手続きにもとづく      │
       │  共同体法としてのIAS/IFRS          │
       └──────────────────────────────────┘
                   EU
                 の主体的判断
         ↙                         ↘
┌──────────────────┐       ┌──────────────────┐
│ EUのIAS/IFRS適用  │       │ EUのIAS/IFRS承認  │
│ 命令（2002年7月19日）│       │ 命令（2003年9月29日）│
└──────────────────┘       └──────────────────┘
               ↘           ↙
       ┌──────────────────────────────┐
       │  EU承認のIAS/IFRSのドイツ法化    │
       │ （企業会計法改革法＝商法典第315a条）│
       └──────────────────────────────┘
```

と②企業会計統制法（Bilanzkontorollgesetz/BilKoG）がそのための立法措置であった。この2つの立法措置は，EU承認のIAS/IFRSをドイツの商法会計規範のなかに包括的に受け入れる制度対応を行ったものである。このため，企業会計法改革法と企業会計統制法は，EUのIAS/IFRSの承認手続き（エンドースメントメカニズム）とEU承認のIAS/IFRSの遵守の監視システム（エンフォースメント/enforcement/Durchsetzung）に対応した仕組みを国内法として整備していた。

　本章は，ドイツの会計国際化の3つのフェーズにおける会計制度改革の概要をヨーロッパの会計の国際的調和化の展開過程に関係づけて論究するものである。そのなかで，ドイツがどのような戦略的な制度対応を図ってきたのかについて，新しい会計規制システムの形成の意図とその役割期待に注目して，ヨーロッパにおける会計規制の視野から，最近の動向を探索していくものである。

〈注〉
1. McLeay,S., *Accounting Regulation in Europe*, London 1999, pp.366-386.
2. Van Hulle, K., Die Zukunft der europäischen Rechnungslegung, im Rahmen einer sich ändernden internationalen Rechnungslegung, in: *Die Wirtschaftsprüng*, Heft 4,5/1998, S.138.
3. Pellens, B., *Internationale Rechnungslegung*, 5.Aufl., Stuttgart 2004, S.51.
4. Deutscher Bundestag, BT-Drucksach 13/9909 vom 12.02.1998, Beschlußempfehlung und Bericht des Rechtsausschusses zu dem Gesetzes zur Verbesserung der Wettbewerbsfähigkeit deutsches Konzerne an internationalen Kapitalmärkten und zur Erleichterung der Aufnahme von Gesellschafterdalehen (Kapitalaufnahmeerleichterungsgesetz-KapAEG), Bonn 1998.
5. Deutscher Dundestag, BT-Drucksache 13/10038 vom 04.07.1998, Beschlußempfehlung und Bericht des Rechtsausschusses zu den Gesetzentwurf der Bundesregierung-Drucksache 13/9712-Entwurf eines Gesetz zur Kontrolle und Transparens im Unternehmensbereich (KonTraG), Bonn 1998.
6. 拙稿「EU承認IFRSのドイツ商法会計規範への国内法化─2005年ドイツ会計改革をどう見るか─」『會計』（森山書店）第170巻第1号，2006年7月，15-26頁。

第1節　ヨーロッパの国際的調和化の会計戦略の軌跡

1　ヨーロッパ連合の会計の国際的調和化の戦略転換

　EU（欧州連合）は，「域内市場の完成：域内市場白書」（1985年6月），「単一欧州議定書」（1986年2月）の経済・通貨統合戦略にもとづく単一市場プログラム（1987年7月）を土台に加盟各国の国家主権の部分制限を図り，経済・政治・司法等の領域にわたる域内統合の実現に向けて進んできた。しかし，EUは，1997年12月のEU理事会における単一市場プログラムの点検を通じて，金融サービス市場の自由化に向けた新たな統合戦略の見直しを行った。その結果，EUは，域内における金融サービス市場の完全統合への取り組みを強め，1999年5月に金融サービス市場統合の行動計画を策定し，EUの会社法と資本市場法の整備を行うとともに，域内統合の促進を支えるため，会計指令を独自に開発する路線を断念し，IAS/IFRSをEUの会計基準として承認する路線へと方向転換する新しい会計戦略に切り替えた。この戦略転換を明確にしたのが2000年にEU理事会が公表した新会計戦略（neue Rechnungslegungsstrategie der EU）[1]であった。

このEUの会計戦略の転換を促した背景にあるのは，1987年2月策定の単一市場プログラムの5ヵ年行動計画を1992年に点検した結果，加盟各国が証券取引規制，会社法，金融・保険監督法，投資課税制度，消費者保護の領域における政府の管轄権限を放棄せず，金融サービスの自由化が進んでいないことが確認されたことである。なかでも，金融サービスの自由化にとって決定的な会計基準と証券取引規制の改革が各国政府の管轄権限のもとで阻まれていたことが大きかった。このため，1997年12月のEU理事会を契機に，単一市場プログラムの練り直しが進められ，1998年6月のEU理事会の金融サービス市場の改善措置の枠組み提案に応えるかたちで，「金融サービス：行動大綱の策定」（1998年10月），「金融市場大綱の転換：行動計画」（1999年5月）が打ち出され，2005年1月を達成目標とする金融サービスの自由化の「リスボン戦略」が2000年3月のEU理事会で決定された[2]。

　このEUにおける金融サービス市場の統合・自由化に向けた単一市場プログラムのフォローアップへの新たな取り組みに関連して，この間，EU委員会が打ち出したのが会計領域の調和化：国際的調和化に関する新戦略（Harmonisierung auf dem Gebiet der Rechnungslegung : Eine neue Strategie im Hinblick auf die Internationale Harmonisierung）[3]（1995年11月）の提案であった。

　この1995年のEU会計戦略転換は，会計指令というかたちでのEUの会計基準の独自開発には限界があると現状認識したうえで，国際資本市場における欧州企業の資本調達を支援するために会計指令をIAS/IFRS（国際会計基準）に調和化（収斂）していくことが現実的な解決方向であると考えた点に特徴がある。このEU会計戦略転換は，以下の2つの点に要約される内容であった[4]。

　―国際資本市場への上場を目指す欧州企業の緊急問題である。上場目論見書と会計基準の国際化を解決するため，IASとEU会計指令との一致を検証することを提案する。一致を検証・確認することは，欧州企業がEU会計指令と矛盾対立することなく，IAS準拠の連結決算書を作成することを承認するための第一歩である。国際資本市場への参入を目指す欧州企業がUS-GAAP準拠でなく，単一の会計基準に準拠して1つの決算書を作成す

るための解決策とは何かということが緊急の問題である。IOSCO（証券取引監督者国際機構）は，IASを設定するための作業計画に関し，1995年にIASC（国際会計基準委員会）と基本合意をした。この目的の達成は，IAS準拠の決算書を作成する欧州企業が国際資本市場に参入することを容易にすることであった。

―EUの内部調整というものは不可能な問題である。EU会計指令それ自体が内包する一般的な問題として，域内の企業に適用される第4号会計指令がEU条約第54条3項により多くの会計処理の選択権を認めているという事実と会計指令に含まれる特定の基準に関する解釈が加盟国によって異なっているという事実から，決算書の比較可能性が妨げられている。このため，この2つの点にもとづいて，各国の個別決算書が各国の配当可能利益の商法基準と課税所得の税法基準に強制的に準拠しなければならないことから，比較可能性を改善するために個別決算書に関する指令の完全な統一化に向けてのEUの内部調整がもはや不可能となった。個別決算書が加盟国の税目的のための財政状態の表示に直接的に関連するため，IASとEU会計指令との一致に関する検証作業は，連結決算書に限定して行い，個別決算書を含む会計全体にわたる一般的な議論を検証対象から外すべきである。しかし，EU委員会は，新しい会計基準の開発・設計を断念することになるが，法的安定性のために，必要な場合に限って，現行のEU会計指令の現代化を推進する。

このように，EUは，変化する国際会計の枠組みのなかでのヨーロッパ会計の将来（Zukunft der europäischen Rechnungslegung im Rahmen einer sich ändernden internationalen Rechnungslegung）[5]を展望し，1995年と2000年にEUの枠組みのなかでの会計指令の独自の開発・設計を行うことを断念し，IASをEUの統一会計基準として承認するとした戦略構想を打ち出し，このために，EUのなかでの会計領域における法的決定手続き（Gesetzgebungsverfahren/ Komitologieverfahren）[6]の採用を提起することとし，この戦略構想を受けて，2002年以降，EUのIAS/IFRSのエンドーメントメカニズムが形成された。

〈注〉
1. EU-Kommission, Mitteilung der Kommission an den Rat und das Europäische Parlament-Rechnungslegungsstrategie der EU: Künftiges Vorgehen, KOM (2000) 359, Brüssel 13.06.2000.
2. 詳細は,川口八洲雄編『会計制度の統合戦略』(森山書店) 2005年を参照。
3. EU-Kommission, Mitteilung der Komission-Harmonisierung auf dem Gebiet der Rechnungslegung: Eine neue Strategie im Hinblick auf die internationale Harmonisierung, KOM (1995) 508, Brüssel 14.11.1995.
4. 川口八洲雄編,前掲書参照。
5. Van Hulle, K., *a.a.O.*, S.138.
6. *Ebenda*, S.151.

2 EUのエンドースメントメカニズムとIAS/IFRSの承認

(1) EU委員会の新会計戦略報告によるIAS/IFRSシフトへの方向転換

ドイツの会計制度改革を省察する際の前提条件として注目されるのがEUのIAS/IFRS承認手続き(エンドースメントメカニズム)である[1]。このエンドースメカニズムは,第1-3図のEG条約第189条にもとづくEUにおける決定手続きを基礎に形成されたものである。エンドースメントメカニズムは,2000年7月19日のEU委員会報告において打ち出したEUの将来の会計戦略構想で採用されたものであり,EU承認のIAS/IFRSの決定は,第1-3図のEG条約第189条にもとづき行われたのである。

EUは,1970年代から域内の会計基準の調和化を目指す地道な検討を進め,その結果,第4号会計指令(個別決算書)と第7号会計(連結決算書),第8号会計指令(決算監査人の資格)を公表し,加盟各国の国内法である商法・会社法に変換する方式を採った。しかし,この会計指令にもとづく加盟国間の会計基準の調和化路線が1990年代に入って有効に調整できない状況となったため,EU委員会は,1995年にIAS/IFRS重視への路線転換を図り,会計領域における調和化:国際的調和化に関する新戦略を打ち出し,さらに,これをより明確にして,2000年6月13日に,EUの新会計戦略の将来構想(Rechnungs-legungsstrategie der EU: Künftiges Vorgehen)を発表した。

このEUの新会計戦略の将来構想の趣旨は,EUにおける経済成長の促進と労働市場の創出のために効率的かつ透明な資本市場の意義を謳ったリスボン会議

第1−3図　EG条約第189条にもとづくEUにおける法的決定手続き

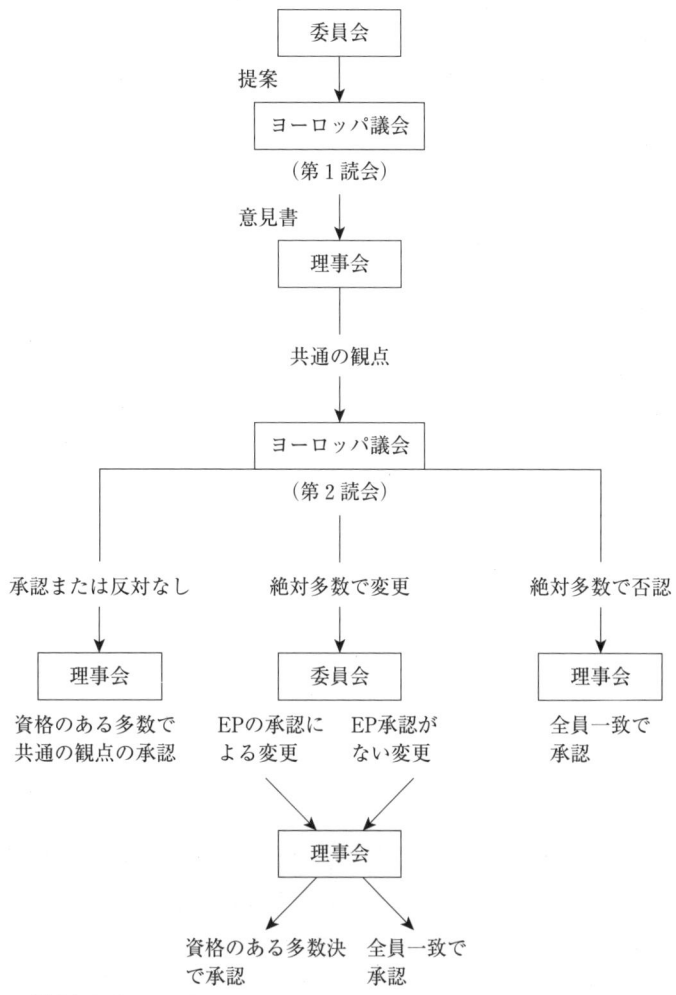

（出典）Pellens, B., *Internationale Rechnungslegung*, 4. Aufl., Stuttgart 2001, S. 402.

の結論を受けて，その実現のために，2005年度以降にIAS/IFRSに準拠した連結決算書の作成をすべての証券取引所に上場しているEU企業に義務づけることを求める提案がなされた。その際に，EU委員会が行った提案で注目された点は，第1に，非上場の企業や個別決算書にまでIAS/IFRSの適用領域を拡大するかどうかについて加盟国の立法選択権を認めたこと，第2に，IAS/IFRSの早期適用を促進するために経過措置を採ったこと，第3に，EUレベルでのIAS/IFRSの承認手続きを行う規準を設けたことである[2]。

この1995年と2000年のEU新会計戦略構想を契機に，EUの正規の承認手続きの枠組みのなかで，EUがみずからの価値判断によって承認したIAS/IFRS，すなわち，EU承認のIAS/IFRSの自主的なヨーロッパ的解釈への道（Weg zu einer autonom europäischen Interpretation der endorsed IFRS）[3]が進められてきた。

第1-4図は，IASB-IAS/IFRSとEI委員会・EFRAG（European Financial Reporting Advisory Group/欧州財務報告助言者グループ）の対応関係を示したものである。EUの機関は，その立法化の権限（legislative Kompetenz）を維持するために，EU法への変換の前にIFRSを統制し，EU指令およびヨーロッパの公共の利益との一致があった場合にはじめてIFRSを発効させる権利を有している。このため，EU委員会は，とくに新たに設定または修正したIFRSおよびIFRICにEUレベルでの拘束力を付与する前に，EUにおける承認手続き・エンドースメントメカニズム（Anerkennungsverfahren/endosement mechanismum）を採用した[4]。

このEUの承認手続きのために，専門家レベルとしてEFRAGが2001年3月21日にIASBに対し，ヨーロッパの利益を代表し，ヨーロッパ各国の会計規準設定機関（例・ドイツ会計基準委員会）の活動と連携するという任務をもって設置された。EFRAGは，IAS/IFRSの承認についてEU委員会に助言を行い，ヨーロッパの法状況のもとでのIAS/IFRSの適用に対し，専門的な支持を与え，最終的な基準だけでなく，その開発プロセスについても検討する。

政治レベルでは，加盟国の代表から構成される会計規制委員会（Accounting

第1章　ヨーロッパにおける会計規制とドイツの新たな対応　*11*

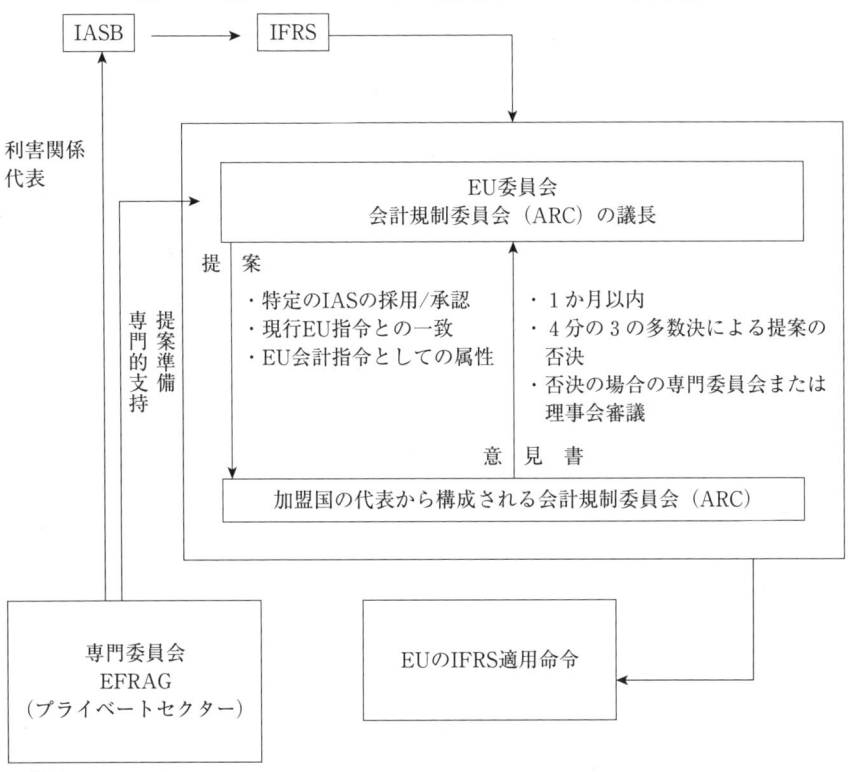

第1-4図　IASB-IFRSとEU委員会・EFRAGの対応関係

（出典）*Ebenda*, S. 91.

Regulatory Committee/ARC) が設置され，EU委員会の法的決定手続きのなかで，会計規制委員会（ARC）は個別のIAS/IFRSのヨーロッパレベルでの承認の権限を有している[5]。

　ここで，1999年6月18日のEU理事会決定にもとづく正規の承認手続き（第1-5図）を見ておくと，EFRAGがEU委員会に提案し，さらにEU委員会の提案がARCで賛成された場合，EU委員会がIAS/IFRSを承認する第1段階，しかし，ARCでEU委員会の提案が拒否された場合は，EU委員会が改めてEU理事会に提案を出し，EU理事会がIAS/IFRSを承認する第2段階，さらにEU委員会の提案に対し，EU理事会が決定を下さない場合にIAS/IFRSが承認される

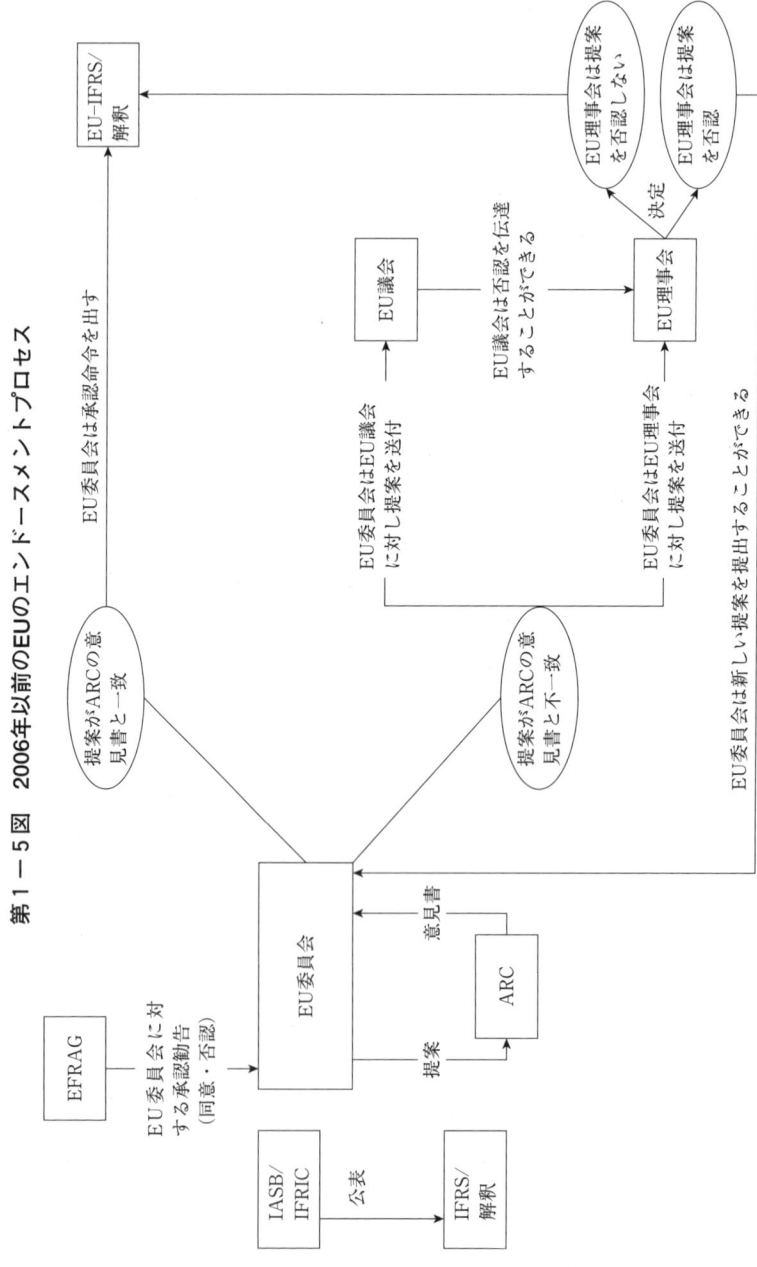

第1－5図　2006年以前のEUのエンドースメントプロセス

(出典) DRSC, *Quartalsbericht*, Q4/2006, S.26. (一部修正)

第3段階，そして，EU理事会がIAS/IFRSのEU委員会の提案を否決した場合にEU委員会に差し戻され，再修正提案がなされる第4段階にわたる承認手続きが採られる。このIAS/IFRSの正規の承認手続きを経た結果，EU委員会が公報で公表したのが2002年7月19日のIAS/IFRS適用命令であり，2003年9月29日のIAS/IFRSの承認に関するEU委員会命令であった。この正規の承認手続きにもとづき，EU委員会がIAS/IFRSに共同体法としての性格を与えて承認した[6]。

しかし，第1-5図のEUの正規の承認手続きについては，2006年7月22日のEU理事会決定（Komitologie-Beschluss）によるエンドースメントプロセスの変更（Änderung im Endorsement-Prozess）[7]がなされた。すなわち，EU理事会は，EU議会のそれまでの不十分な影響を指摘し，EUの法決定手続き（Komitologieverfahren）におけるEU議会のコントロールメカニズムを拡充する方向を打ち出したのである。このEUの新しいエンドースメントプロセスを図示したのが第1-6図である。それまでは，EU議会は，1999年6月28日のEU理事会決定によってEU委員会がARCの意見書に反した措置を実行しようとした場合に限って，IFRSとその解釈のヨーロッパ法への受入れに関する提案について情報を与えられるにすぎなかった。これに対し，新しいエンドースメントプロセスでは，EU議会の権限の関与が強められたのである[8]。

さらに，この新しいEUのエンドースメントプロセスの変更のもとで，2006年7月14日のEU委員会の決定にもとづき，EFRAGの意見書に対する基準承認勧告に関する検討グループ（Prüfgruppe für Standardübernahmeempfehlungen）が設置され，2007年2月6日のEU委員会決定によって，7名の専門委員が任命された。これは，IFRSの承認手続きに対するEU委員会の新しい検討グループ[9]の設置であるとともに，1999年の枠組みのなかで，ARC（会計規制委員会）とEU委員会の手中にもっぱらあった権限がEU理事会とEU議会に移されたことを意味するものであった。

EFRAGのもとでのEU-IAS/IFRS承認手続き・エンドースメントメカニズムが働いたとともに，この時期にもう1つの機構の設置がなされた。それは，EU-IAS/IFRSの会計基準の遵守を監視するエンフォースメント（enforcement/

14

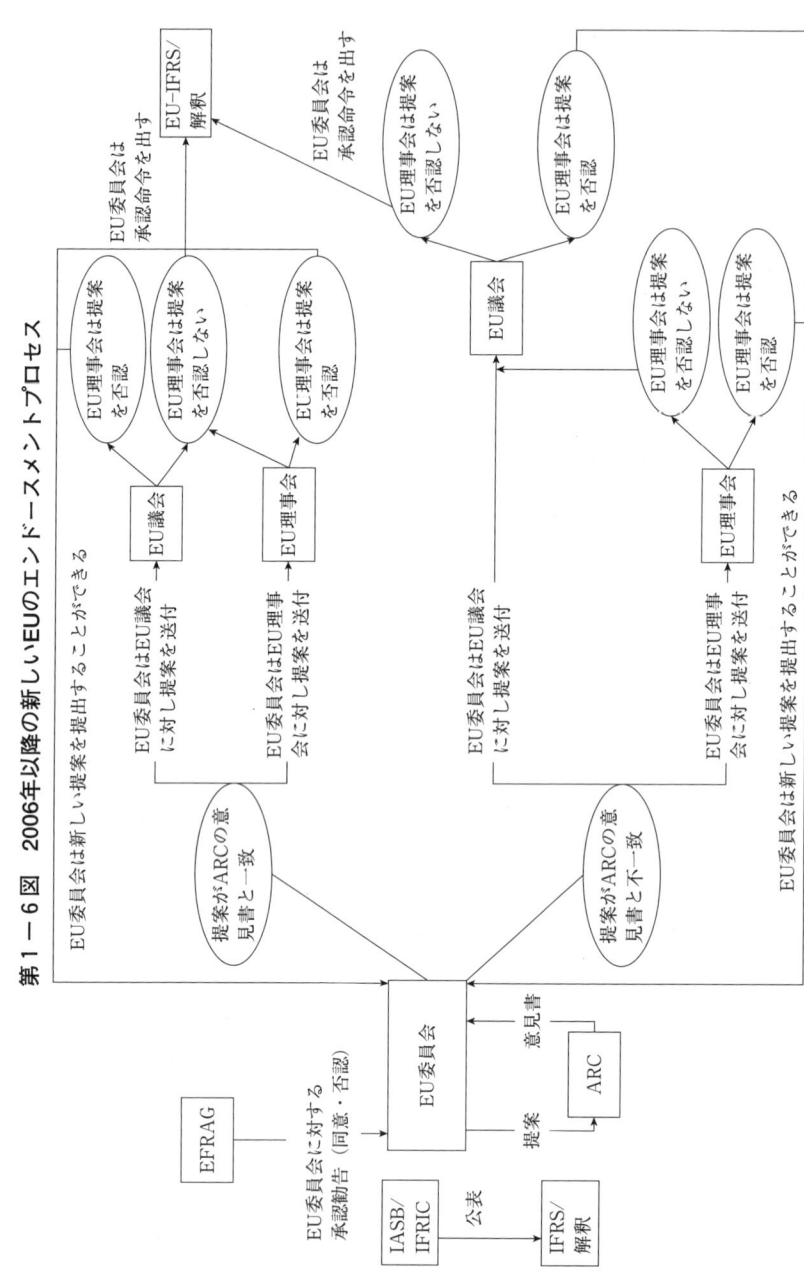

第1－6図　2006年以降の新しいEUのエンドースメントプロセス

(出典) DRSC, *Quartalsbericht*, Q 4/2006, S.27. (一部修正)

第1-7図 ヨーロッパのエンフォースメントの協力関係

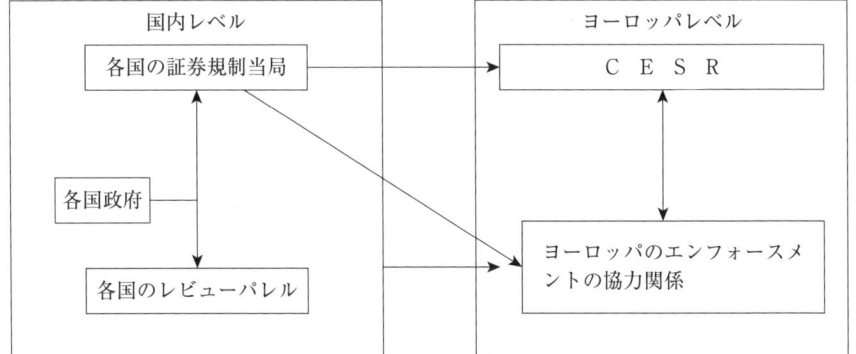

（出典）Sing, V., *Die Neuorientierung des DRSC im Kontext der internationalen Harmonisierung der Rechnungslegung*, Hamburg, 2004, S. 141.

Durchsetzung）と呼ばれるものであった。このエンフォースメントの組織として，EUが立ち上げたのが欧州証券取引監督者委員会（Committee of European Securities Regulator/CESR）であった。第1-7図は，ヨーロッパのエンフォースメントの協力関係（european enforcement coordination）を示したものである。そして，ドイツのレビューパネルとしては，ヨーロッパのエンフォースメントの協力関係のなかで，企業会計統制法にもとづき，連邦金融サービス監督庁（Bundesamt für Finanzdienstleistungsaufsicht/BaFin）とドイツ財務報告監視機関（Deutsche Prüfstelle für Rechnungslegung/DPR）から成る二段階方式のエンフォーメントの組織が立ち上げられたのである[10]。

EUのIAS/IFRS路線は，エンドースメント（endorsement）とエンフォースメント（enforcement）の2つのメカニズムのもとで，EU・ドイツのなかで現実的な制度化が図られていくのである。

（2） IAS/IFRSの共同体法化のためのEUの主体的な承認の条件の付与

EUの正規の承認手続きにもとづきEU承認のIAS/IFRSが共同体法として法的性格を付与されたが，その際に，EU委員会は，共同体法として承認するための条件を明示した。このEUの主体的なIAS/IFRSの承認の条件の付与こそがEUの新会計戦略構想の生命線であったといっても過言でもない[11]。

すなわち，EUのIAS適用命令第3条2項によれば，①第4号会計指令第2条3項及び第7号会計指令第16条3項の真実かつ公正な概観の原則に抵触していない，②ヨーロッパの公共の利益に合致している，③企業指揮者の経済的意思決定とその意思決定の給付の評価を実現するために財務情報が提供しなければならない理解可能性，重要性，信頼性及び比較可能性の基準をみたしていることが承認の条件であった。

このEUの承認の条件のもとで，IASB-IAS/IFRSが共同体法として承認された。この3つの承認の条件は，決算書の高度な透明性と比較可能性及びそのことにより共同体と共同市場において資本市場が効率的に機能することを保証するために会社が提出した財務情報を調和化する目標をもって共同体における国際会計基準の承認と適用を図るというEUの目標（IAS適用命令第1条）にもとづくものである。なかでも，ヨーロッパの公共の利益への合致という第2の承認の条件は，IAS/IFRSの解釈方法のヨーロッパ化（Europäisierung der Auslegungsmethode）を実現するための重要なキーワードとして機能していた。

このように，EUの正規の承認手続きの仕組みとEUの承認の条件のもとで，IASBのIAS/IFRSがEU委員会の主体的な判断基準にもとづいて，EU承認のIAS/IFRSとして共同体法化された。2002年のIAS適用命令と2003年のIAS承認命令は，まさしくこのEU承認のIAS/IFRSを加盟国の国内法されていくことを狙ったEUの新会計戦略の将来構想を具体化したものであった。

しかし，このEUの主体的な判断によるEU承認のIAS/IFRSを導いた新会計戦略に対し，以下のような批判的評価が指摘されていた[12]。

EU委員会が目標とするところは，ヨーロッパの企業の決算書の比較可能性の改善と効率的で透明な資本市場の形成にあったが，新会計戦略に関し，3つの点で問題がある。

　―IAS/IFRSの許容に限定したため，アメリカ市場に上場するヨーロッパの企業に適用されるUS-GAAP準拠の決算書または調整計算書に対応できない。アメリカ証券取引委員会（SEC）がIAS/US-GAAPを認めないかぎり，ヨーロッパの企業の競争力を毀損する恐れがある。

―現在,IAS/IFRSに関しては,11の言語による翻訳がなされなければならないが,このような多言語では,同等性が損なわれる恐れがある。

―法決定手続き (Komitologieverfahren) によって,ヨーロッパの立法者の決定権限がEU理事会からEU委員会に移行されるが,そのことは,EU委員会の独占的な提案権とEU委員会の提案に対し,加盟国の多数決(87票中の62票)を必要とすることを条件としている。ヨーロッパ議会は,この手続きから完全に除外され,EU委員会が承認手続きから外れた場合にのみ,拒否権をもつことができる。

この批判は,EUが独自の主体的な判断でIASB-IAS/IFRSではなく,EU-IAS/IFRSを目指す点に問題があるとしていた。ヨーロッパの企業の比較可能性だけでなく,国際的な比較可能性を高めるというEU委員会自身の意図が成功していないとする批判であった。

このためか,2005年以降,EU・CESRの同等性評価やIASBとFASBの共同プロジェクトといった新たなテーマへの取り組みが次なるステージとして進行しているのである。

〈注〉
1.拙稿 前掲論文『會計』第170巻第1号,2006年7月,15-26頁。
2.Pellens, B., *Internationale Rechnungslegung*, 4. Aufl., Stuttgart 2001, S.402. 拙稿「EUの資本市場規制と新しい会計統合戦略」『新潟大学人文社会教育科学系プロジェクト研究報告書』2005年3月,1-12頁。
3.Van Hulle, K., *a.a. O.*, S.151.
4.Pellens, B., *a.a. O.*, S.90-91.
5.6.Buchheim,R./Gröne,,S./Kühne,M., Übernahme von IAS/IFRS in Europa: Anlauf und Wirkung des Komitologieverfahrens auf die Rechnungslegung, in:*Betriebs-Berater* Heft33/224, S.1784.
7.8.DRSC,*Quartalsbericht*, Q4/2006,S.14-15,S.27.
9.Inwinkl, P., Die neue Prüfgruppe der EU-Kommission und das neue Verfahren zur Anerkennung der IFRS, in: *Die Wirtschaftsprüfung*, Heft7/2007, S.289.
10.Sing, V., *Die Neuorientierung des DRSC im Kontext der internatironalen Harmonie-sierung der Rechnungslegung*, Hamburg 2004, S.141.
11.拙稿 前掲論文『會計』第170巻第1号,2006年7月,15-26頁。
12.Sing,V., *a.a. O.*, S.155-158.

第2節　ヨーロッパの会計規制の一般モデルとドイツの特徴

1　ヨーロッパの会計規制の一般モデル

　EUのエンドースメントメカニズムのなかで，IASB-IAS/IFRSの共同体法化が実現したが，EU承認IAS/IFRSの具体的な適用は，加盟国の国内法における受入れの立法措置によってはじめて実施がなされる。しかし，この加盟国におけるEU承認IAS/IFRSの国内法整備は，それぞれの国の会計規範システムの制約条件のなかで現実化されていかなければならない。そこで，本節では，EU加盟国の会計規範システムの一般モデルを摘出したうえで，ドイツの商法会計規範システムの特殊な構造的仕組みを明らかにしていきたい。

　ヨーロッパ連合に加盟する主要国(ベルギー，デンマーク，ドイツ，ギリシア，スペイン，フランス，アイルランド，イギリス，オランダ，ポルトガル，イタリア)における会計規制を支えているコア概念は，ルールによる財務報告の規制[1]ということである。そして，この場合，ルールによる財務報告の規制がなぜ必要なのかについて，その理由として挙げられるのが，①市場の失敗，②財務報告の信頼性，③財務報告の比較可能性である[2]。財務報告の提供者はコストを考慮し，利用者はその便益を享受するが，その財務報告をめぐってコスト便益の有効なメカニズムが働かなければ，財務報告の需要と供給のバランスが崩れるという市場の失敗の危険がある。そのため，市場の潜在的な失敗を回避すべく，公共財としての財務報告の公表をルールにもとづき規制する必要が考えられる。財務報告に完全な自由が与えられるならば，外部者のもとめるままに財務情報が提供されることになり，財務報告に対する規制が行なわれる。この規制がなければ，公共財としての財務報告の信頼性が失われる危険が生じる。この財務報告の信頼性を確保するために，関係者間で幅広く合意されたルールが必要となり，しかも，同じルールにしたがうことによって，財務報告が比較可能となることで情報の価値が高まる[3]。

　しかし，市場は情報の質と量の供給を保証することができないから，政府が

第1章 ヨーロッパにおける会計規制とドイツの新たな対応　19

第1－1表　ヨーロッパの会計規制ルールの階層

ルール	ルール設定機構
法律	立法機関
委任立法	
法令	政府
税規制	税当局
判決	裁判所
基準	基準設定機関
その他の機関のルール	
職業上の勧告	職業団体
ガイドライン	経済団体
上場のルール	証券取引所
解釈	学者，弁護士等の個人

（出典）McLeay, S., *Accounting Regulation in Europe*, London 1999, p.5.

　ルールをつくって財務報告を規制することが起きる。この政府による財務報告のルールメイキングのプロセスのなかで会計規制ルールの政治化過程[4]と呼ばれるものが生まれた。会計規制ルールは，政治化過程を経て，立法機関が第一義的には法律・成文法のかたちで制定する。法律・成文法の制定によって，財務報告を規制するルールの正統性と社会的承認が保証され，規制ルールの遵守が強制される。しかしながら，その一方では，法律・成文法は，財務報告を規制する手段ではあるが，財務報告に関する緊急の問題に効果的に対応できないし，また，財務報告の規制内容を法律・成文法に細部にわたって規定することができないといった制約があるため，この法律・成文法による規制の限界を補うものとして，第1－1表に示されるような規制ルールの階層がヨーロッパ各国に窺えるのである[5]。

　第1－1表に示すように，この規制ルールの階層のうちで，法律は，すべての規制システムの基礎である。ローマ法をベースとしたリーガルシステムを採る国々では商法典のかたちであるが，コモンローの国においても会社法のかたちでルールが制定されている。この法律の代わりに，ヨーロッパ連合の諸国では，政府に法規命令のかたちでルールの制定が委任されているし，また，規制システムのなかで，裁判所の判決も重要な役割を果たしている。さらに，法律

が不明である場合に，権威のある解釈を与え，リーガルルールを発展させ，法律によってカバーできない事象に対して追加的に権威のあるルールを付与しているのが基準である。そして，監査人の職業団体，証券取引所等の団体によるルールやオピニオンといったものが規制ルールの階層の下位にある[6]。

しかし，この規制ルールの階層のなかで重要な点は，最上位に法律があって，リーガルオーソリティ (legal authority) を有し，下位にいくほど，このリーガルオーソリティは低いということである。

そして，この規制ルールの階層にもとづいて，ヨーロッパの会計規制システムの一般モデル[7]を概観すると，第1－8図のような関係が示される。このようなヨーロッパ会計規制の一般モデルのなかで，主要加盟各国が相次いで第1－2表のような自国の会計基準設定機関を設置した。このなかで，注目されることは，各国の会計基準設定機がパブリック方式，プライベート方式，ハイブリッド方式の3つの設置形態を採ったことである。フランス，スペイン，ポルトガル，ギリシア，ベルギーの各国がパブリック方式，イタリア，デンマークの各国がプライベート方式であったのに対し，ドイツ，イギリス，アイルランドの各国がハイブリッド方式を採用した。

第1－8図で明らかなように，会社の財務報告に対する会計規制として強い影響力を与えているのがヨーロッパ連合 (EU) の会計指令であった。このEUの会計指令は，加盟国立法選択権を通じて国内法化されていくことで各国に影響力を及ぼし，加盟国内の会計規制に関し，法律と法規命令が強度の影響力を発揮する。他方で，各国の課税当局の規則，会計基準，証券取引所の上場ルール等は中度の影響力を与え，また，裁判所の判決も中度の影響力を有する。さらに，国際会計基準委員会 (International Accounting Standards Committee/IASC) のIASは，各国の監査職業への勧告を通じて，各国の会計に弱度の影響力を及ぼし，経済団体の勧告もまた，各国の会計に対し弱度の影響力を与える[8]。

第1－8図は，このようなヨーロッパ会計規制の一般モデルの構図を描いているが，しかし，この一般モデルの構図は，1999年以前の状況を表現したもの

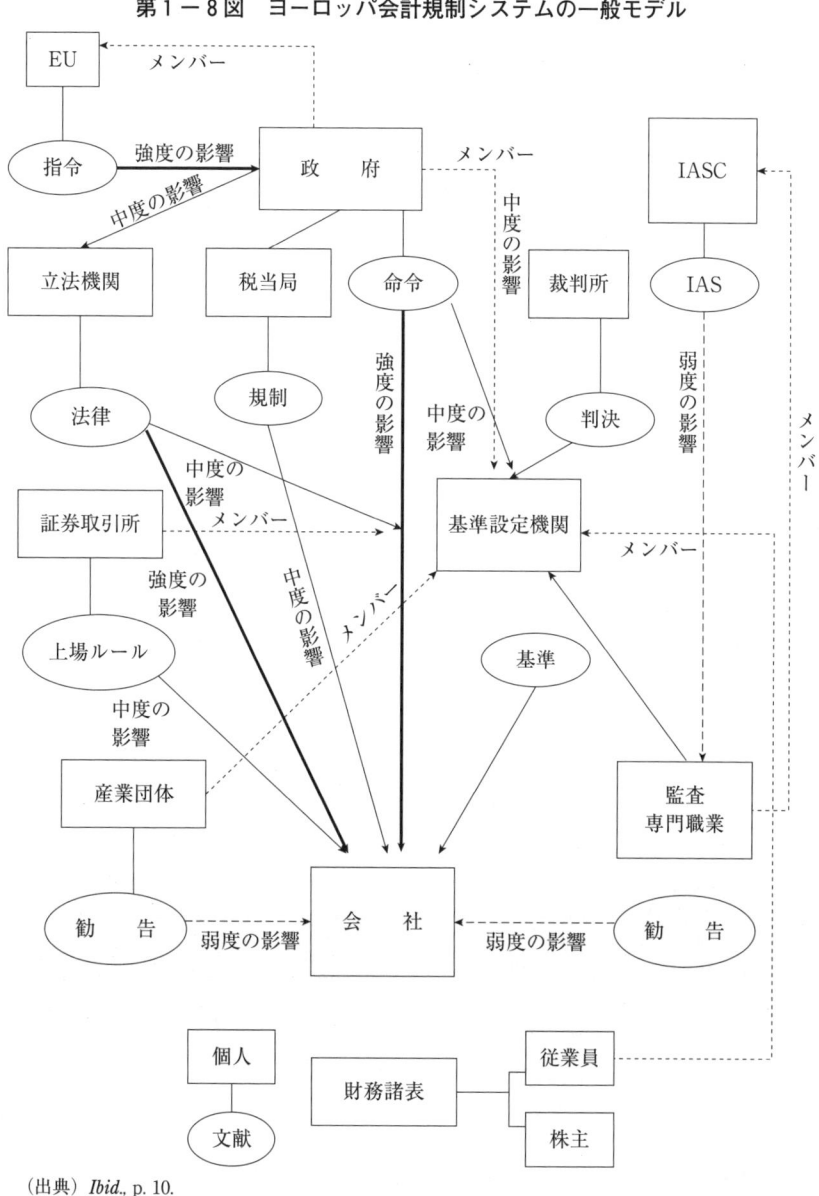

第1－8図　ヨーロッパ会計規制システムの一般モデル

(出典) *Ibid.*, p. 10.

第1－2表　主要加盟各国の会計基準設定機関

加盟国	会計基準設定機関	設置形態
フランス	Conseil National de la Comptabilité	パブリック方式
スペイン	Instituto de Contabildady Auditoria de Cuentasn	パブリック方式
ポルトガル	Commissão de Normalizacão Contabilistica	パブリック方式
ドイツ	Deutsches Rechnungslegungs Standards Commttee	ハイブリッド方式
イギリス	Accounting Standards Board	ハイブリッド方式
ギリシア	National Council on Accounting	パブリック方式
オランダ	Raad voor de Jaarverslaggevin	ハイブリッド方式
イタリア	Commissione Paritetica per la Statuizione dei Principi Coutabili	プライベート方式
デンマーク	Danish Accounting Standards Vommittce	プライベート方式
アイルランド	The Accountng Board	ハイブリッド方式
ベルギー	Commission des Normes Comptables	パブリック方式

(出典) Sing, V., *a. a. O.*, S. 115-116.

であるから，2000年代に入って，EUが新会計戦略を明確して，EUのIAS/IFRS承認（Übernahme/Adoption）路線への転換が各国の会計モデルに決定的な影響を与え始めた点を補充しておく必要がある。

〈注〉
1．McLeay, S., *Accoutning Regulation in Europe*, London 1999, p.1.
2．*Ibid*, pp.2-3.
3．4．*Ibid*, pp.4-5.
5．ドイツの場合の政治化過程についても，ホフマン（Hoffmann, J.）によって，ドイツの会計規制の政治化過程がロビーか活動を通じて確認されるが，政府の共同決定権の観点からの調整が重視されるべきであるとの指摘がなされている（Hoffmann, J., *Das DRSC und die Regulierung der Rechnungslegung*, Frankfurt a.M. 2003.)。この点は，本書第4章で取り上げている。
6．McLeay, S., *op.cit.*, pp.4-5.
7．8．*Ibid*, p.10.

2　ドイツモデルの会計規制の階層

主要加盟各国における会計基準設定機関の設置形態がパブリック方式，プライベート方式，ハイブリッド方式という異なった設置形態を採ったことは，1990年代後半に顕在化したEU会計指令の空洞化（Aushöhling der EU-

Rechnungslegungsrichtlinien)[1]と表裏一体であったことを示しており，ヨーロッパ会計規制システムの一般モデルのなかで，それぞれの国の会計規制システムが具体的に異なったモデルにもとづき，構築されているからにほかならない。本章が注目するドイツの会計規制システムのモデルに関していえば，ハイブリッド方式が採用されたところに特徴があるということであるが，では，そのことがどのような会計規制モデルであったのであろうか。

ドイツの場合，1985年の会計制度改革のもとで会計指令法として商法改正がなされ，1990年代中葉まで，商法会計規範システムの一種の眠り姫状態（Dornröschenschlaf）[2]が続いたが，1998年の会計制度改革によって，伝統的な会計規制システムからの転換が図られた。そこでは，商法会計規範システムのピラミッド構造[3]のもとで，第1-9図のように，公的機関と私的機関の内的連携[4]がドイツモデルとして構築されていた。

第1-9図から分かることは，ドイツモデルにあって，数多くの異なった権威の源泉（different authoritative cources）から成るドイツ会計規制システムとしての法律，裁判所判決，ドイツ会計基準，ドイツ経済検査士協会の勧告，権威ある経済団体の意見書，コメンタール，会計学辞典，企業の特殊な経理基準がピラミッド構造を形成していた。

立法機関による商法典第三篇が第1階層に属するが，これがドイツ財務報告規制システムに法的権威を与えている。すべての商人に関する規定，個別決算書（年次決算書）と連結決算書に関する規定，資本会社，登録組合，信用機関，保険会社に関する規定等がこの商法典第三篇のなかに編成されている。

会計ルールの適用にあたって，抽象的な用語の解釈が必要となるが，このために，ドイツでは，会計法の権威のある解釈権限が第2階層である連邦普通裁判所（Bundesgerichthof/BGH）と連邦財政裁判所（Bundesfinanzhof/BFH）の判決に属している。とくに，連邦財政裁判所の判決が正規の簿記の諸原則（Grundsätze ordnungsmäßiger Buchführung/GoB）の法的解釈に決定的な影響を与えることから，商法上の個別決算書（年次決算書）に重要な影響を及ぼすとともに，連結決算書に関しても，親企業の統一的会計処理方法にしたがうこと

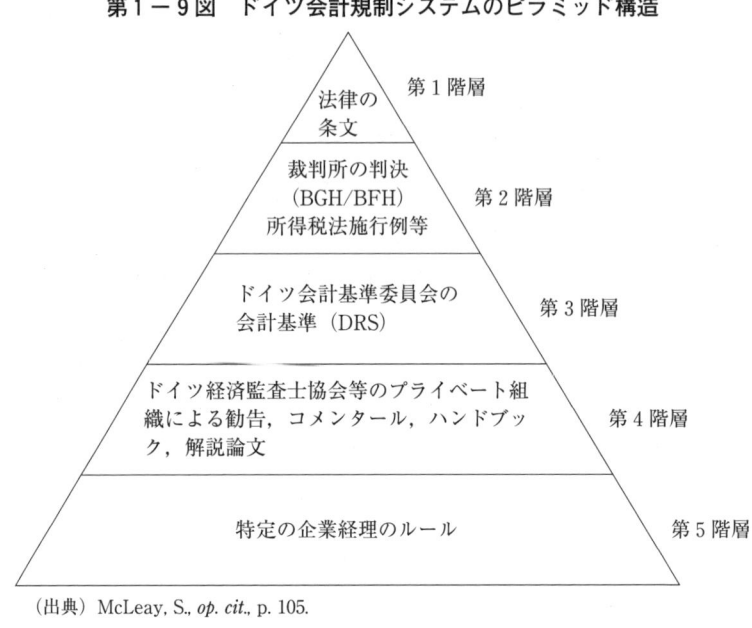

第1−9図 ドイツ会計規制システムのピラミッド構造

- 第1階層：法律の条文
- 第2階層：裁判所の判決（BGH/BFH）所得税法施行例等
- 第3階層：ドイツ会計基準委員会の会計基準（DRS）
- 第4階層：ドイツ経済監査士協会等のプライベート組織による勧告，コメンタール，ハンドブック，解説論文
- 第5階層：特定の企業経理のルール

(出典) McLeay, S., *op. cit.*, p. 105.

が要請されるため，連邦財政裁判所判決による正規の簿記の諸原則（GoB）の解釈が連結決算書にも適用がおよぶと解される。

　1998年に創設されたドイツ会計基準委員会・ドイツ会計基準設定委員会（Deutscher Standandisierungs rat/DSR）に対し，連結決算書に適用可能な会計基準を開発することが任務として付与されたが，この場合に，利害関係を有する公衆の参加したデュープロセスにもとづき，開発された会計基準が連邦法務省から公告（Bekanntmachung）されたドイツ会計基準（DRS）が第3階層に属し，連結決算書に関する正規の簿記の諸原則（GoB）として推定されるものとした。第3階層のドイツ会計基準は，第4階層，第5階層の他のルール・規則よりも上位にある[5]。

　このドイツ会計規制システムのピラミッド構造に関し，3つの特徴点が指摘できる[6]。

　ドイツ会計規制システムのピラミッド構造の第1の特徴点は，階層レベルご

とのルール化を通じて，規制ルールがますます詳細化してきているということである。

第2の特徴点は，下方の第2階層レベルのルールが第1階層レベルの商法典により権威を付与されて，法律を解釈するものとして認められていることである。裁判所判決，所得税法施行令といった第2階層レベルのルールに法的な権威が認められる。そして，第2階層レベルのルールをフォーミュレートする機関として，第3階層レベルで，ドイツ会計基準設定委員会が会計基準のステートメントを開発する権限を法律によって付与されている。しかし，ドイツ会計基準設定委員会が公表するドイツ会計基準を除いては，下方の第3階層レベルのルールには，法的権威がなく，専門的な権威があるに過ぎない。

第3の特徴点は，上方のレベルほど，変化への感応が減少していくことである。たとえば，リース会計や金融商品会計に見られるように，新しい会計問題が発生したとき，または，確立したルールのなかで激しく変化が起きたとき，各企業が暫定的に解決を図る必要が生じる。この間，会計専門家のなかで解決に向けた議論がなされるが，企業側と税務当局，または株主の間でコンフリクトがある場合には裁判所の判決に依らなければならない。

以上，ヨーロッパにおける会計規制は，主要加盟国のそれぞれに特色のある規制システムを有し，財務報告を統治するルールとして，法律，法令，判決，基準，他の団体のルール，専門家の解釈等々の組み合わせによって具体化されているが，このなかにあって，ドイツの会計規制システムは，商法会計規範システムの枠組みのもとで，5つの階層から成るハイブリッド方式の新しい現代的な転換を示した。

〈注〉
1．Sing, V., *a.a. O.*, *S*.114.
2．Pellens, B., *a.a. O.*, 3．Aufl., 1997, Vorwort.
3．4．MeLeay, S., *op.cit.*, p.105..
5．6．*Ibid.*, pp.106-108.

第3節　ドイツの会計制度改革と商法会計規範システム

1　ドイツ会計の成立根拠としての法律上の会計義務とその法源体系

　EU承認IFRSの導入を商法会計規範の枠組みの下にある会計規準による会計の形成（Ausgestaltung der Rechnungslegung durch Rechnungslegungsregeln）[1]として立法化の対応を図ったところにドイツ的な特徴がある。このため，法律上の会計義務（Rechnungslegungspflicht）[2]がドイツのEU承認IFRS導入に対するキーワードである。第1－10図は，ドイツの法律上の会計義務を図示したものである。第1－10図から明らかなように，ドイツ会計の成立根拠として，法律上の会計義務が商法・税法に明示されている。商法上の会計義務は，商法典第238条以下に明文の規定があり，すべての商人に対する個別決算書（商法典第242条以下），親企業に対する連結決算書（商法典第290条以下，第264条以下，開示法第1条以下）を規制している。また，税法上の会計義務は，商法上の会計義務を継承（租税通則法第140条以下）するとともに，独自の税法上の会計義務（租税通則法第141条）に明文の規定がなされている。

　ドイツの商法会計は，公法的な性格を有し，利害関係者である，たとえば債権者・公衆が法的安定性をもとめるため，法律上の会計義務の行為を契約上の協定によって回避することができる性格のものではない。この要請を充たすものとして，商法典，株式法，有限責任会社法，組合法，開示法，ドイツ会計基準，連邦普通裁判所，連邦財政裁判所の判決，ドイツ経済検査士協会の意見書，さらに，EU命令，EU会計指令，欧州裁判所の判決といったものがドイツ商法会計を支える法源体系を形成している[3]。

　しかしながら，このところにおいて留意すべき点は，投資家・株主の保護のみならず，債権者，従業員，取引相手，国・地方公共団体を含めた多様な企業の契約関係（Vertragsbeziehungen eines Unternehmens）に対する法律上の会計義務のために，商法典第三篇の強制会計規範体系がドイツ会計の成立に対する法的なコアを形成しているということである。商法典第三篇の強制会計規範体

第1-10図　ドイツ会計の成立根拠としての法律上の会計義務

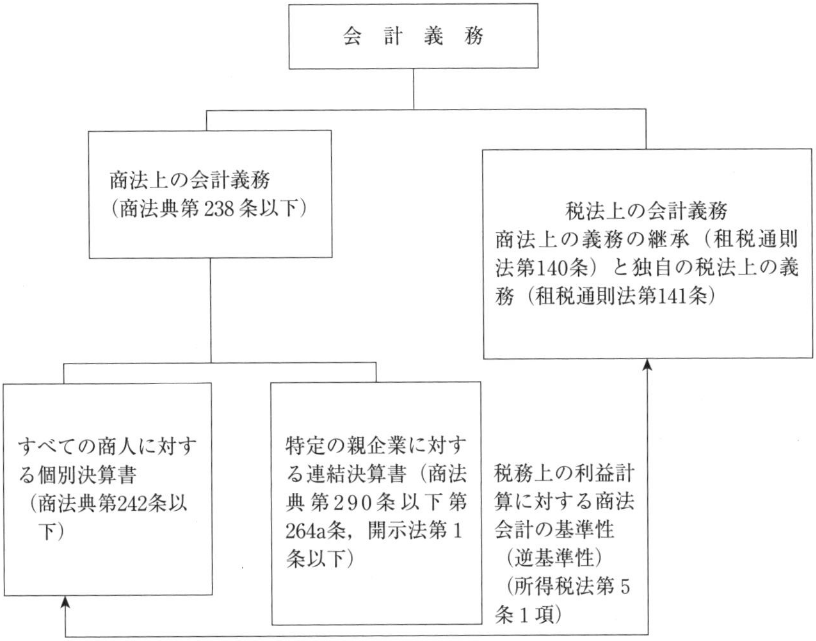

```
                        会 計 義 務
                            │
            ┌───────────────┴───────────────┐
    商法上の会計義務                    税法上の会計義務
    (商法典第238条以下)                  商法上の義務の継承（租税通則
                                        法第140条）と独自の税法上の義
                                        務（租税通則法第141条）
            │                                    ▲
    ┌───────┴───────┐                            │
すべての商人に対す  特定の親企業に対す    税務上の利益計
る個別決算書        る連結決算書(商法    算に対する商法
(商法典第242条以    典 第 290 条 以 下 第  会計の基準性
下)                 264a条,開示法第1     (逆基準性)
                    条以下)               (所得税法第5
    │                                    条1項)
    └────────────────────────────────────▲
```

（出典）Pellens, B., *a. a. O.*, 5. Aufl., Stuttgart 2004, S. 11.

系のもとで，ドイツ会計基準，連邦最普通判所判決，連邦財政裁判所判決，ドイツ経済検査士協会の基準・指針等が会計規範の欠缺を補充する働きをなし，また，EU命令，EU会計指令，欧州裁判所判決がドイツ商法会計規範に対する法源としての作用をする[4]。

このため，ドイツにあっては，商法典第三篇，すなわち，具体的には，商法典第315a条，第325条の条項のなかに根拠規定を組み込むという立法技術を通じてのみ，EU承認IFRSが強制規範または慣習規範としての効力をもち得るというドイツ的特殊性を見落としてはならない。

〈注〉
1．2．Pellens, B., *a.a. O.*, 5. Aufl., Stuttgart 2004, S.14.

3．4．Memont Rechtshandbücher, *Bilanzrecht für die Praxis*, Freiburg 2005, S.47. Hayn, S./Waldersee, G.G., *IFRS/US-GAAP/HGB im Vergleich*, 5.Aufl., Stuttgart 2004, S.23

2　EU承認IAS/IFRS準拠の個別・連結決算書の新たな差別化

商法典第三篇における会計義務という概念は，第１−11図に概観するように，会計の目的・機能を差別化した年次決算書（個別決算書）と連結決算書の二元主義（Dualismus von Einzel-und Konzernabschluß）[1]をもって特徴づけることができる。

第１−11図から分かるように，商法典第三篇は，年次決算書（個別決算書）・連結決算書に関し，商法典第264条2項及び第297条2項において財産，財務および収益状況の実質の諸関係に合致した写像を伝達する決算書を作成しなければならないとの明文によって，情報提供機能の要請を具体化している。そして，この情報提供機能の枠組みのなかで，1998年の商法典第292a条と2004年の

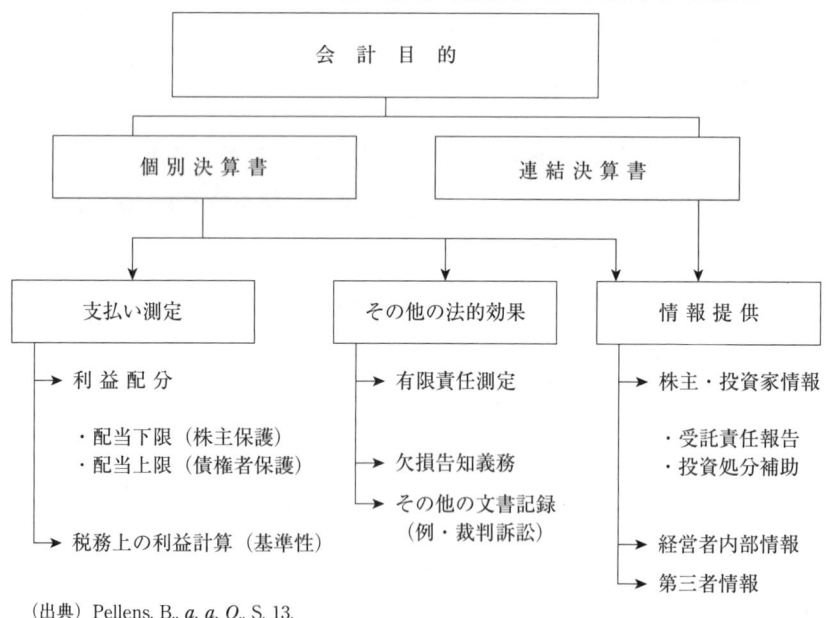

第１−11図　ドイツ商法会計の個別・連結決算書の会計目的の差別化

```
                        会 計 目 的
                       ／        ＼
                  個別決算書      連結決算書
                 ／   ｜   ＼          ｜
           支払い測定  その他の法的効果  情報提供
           
           →利益配分        →有限責任測定    →株主・投資家情報
            ・配当下限（株主保護）              ・受託責任報告
            ・配当上限（債権者保護） →欠損告知義務  ・投資処分補助
                            →その他の文書記録
           →税務上の利益計算（基準性） （例・裁判訴訟） →経営者内部情報
                                              →第三者情報
```

（出典）Pellens, B., *a. a. O.*, S. 13.

商法典第315a条・第325条によるIFRS準拠への適応条項が商法典第三篇に組み込まれた。

商法典第三篇は，連結決算書について，HGB/IFRS/US-GAAPの適用にかかわらず，情報提供に限定して機能するとしているのに対し，年次決算書に関しては，情報提供機能のほかに，さらに別の目的をもった法的効果として，債権者保護に立った配当制限規制が行われ，このため，慎重主義にもとづく配当可能利益の計算を行い，同時に，商法上の年次決算書から税務上の利益計算を誘導している。また，資本会社の場合の有限責任の測定（Haftungsbemessung），株式法・有限責任会社法にもとづく欠損通知義務（Verlustanzeigenpflichten），訴訟事件における証拠書類（Dokumentation für Gerichtsverfahren）が年次決算書の目的となっている[2]。この点で，年次決算書の利害調整機能が商法典第三篇に堅持されている。

このように，ドイツ会計は，投資家に対する有用な情報提供機能ということにとどまらず，株主，債権者，従業員，取引相手，国・地方公共団体といった多様な利害関係者に対する利害調整機能を包摂した法律上の会計義務によって，法的安定性を保証することで，ドイツ・EUにおける社会的存立の合意を得ているのである。この点で，商法上の年次決算書・連結決算書の二元主義にもとづく会計目的・機能の差別化というものが商法典第三篇における商法会計の伝統を特徴づけてきた。ドイツは，市場の規制ルールとしてのIAS/US-GAAPの包摂化のかたちで連結決算書における国際化対応を図るとともに，法的な権利義務関係に関し，商法上の年次決算書の排他的役割を託しているのである。

このことをより明確にしたのが2004年に成立した企業会計法改革法にもとづく，商法典改正であった。この企業会計法改革法・商法典改正は，EU承認IAS/IFRSの受入れのための国内法整備を行い，個別・連結決算書の二元主義における新たな差別化を制度化した。

国際的な会計基準であるIAS/US-GAAPへのドイツ商法会計のシフトは，すでに1998年の資本調達容易化法・商法典第292a条の連結決算書作成の免責条

第1－3表　企業会計法改革法による適用会計基準の選択肢の概要

	年次決算書	年次決算書/ 個別決算書	連結決算書
	商業登記簿開示	連邦官報開示	作成・開示
資本市場指向親企業	HGB	HGBまたはIFRS	IFRS
非資本市場指向親企業	HGB	HGBまたはIFRS	HGBまたはIFRS
子　企　業	HGB	HGBまたはIFRS	なし

（出典）Heuer, P. J./Theile, C., *IAS/IFRS Handbuch*, 2. Aufl., Kön 2005, S. 22.

項にもとづき，HGB，IAS/IFRS，US-GAAPの選択適用のかたちで進展してきたが，しかし，その一方で，このような異なる会計規範の選択的並存（Nebeneinander von unterschiedlichen Rechnungslegungsnormen）[3]が連結決算書の比較可能性という点で，投資家にとって会計言語の混乱という不満足な状況がEUレベルでも問題視された。その結果，EUの会計戦略転換[4]のもとで，2002年にIAS/IFRS適用のEU命令が出された。ドイツは，このEU命令を加盟国立法選択権の枠組みのなかで捉え，連邦政府の10項目行動プログラムを策定して，この行動プログラムにしたがって，EU承認IFRS受入れを商法典第三篇に組み込む根拠規定を設けるべく，2004年12月4日に企業会計法改革法を立法化した。

　企業会計法改革法がEU承認IFRSを商法典第三篇に組み込んだ具体的な要点を挙げると，

　―商法典第315a条1項によって，資本市場指向の親企業の連結決算書におけるIFRSの強制適用（zwingende Anwendung der IFRS）を2004年12月31日から始まる事業年度から行うが，ただし，2項によって，US-GAAP適用企業について2年間の猶予措置を認めた，

　―商法典第315a条によって，非資本市場指向の親企業の連結決算書について，HGBまたはIFRSの選択適用（Wahlrecht zwischen der Anwendung von HGB oder IFRS）を認めた。この選択適用の規定の新設は，中小企業を含めた非資本市場指向の企業にとって，商法典施行法第58条3項5文の経過措置を通じて，旧商法典第292a条の免責条項の適用の延期を認める結果と

なって，EU承認IFRSの早期適用の道を開いた，
——商法典第325条2a項によって，連邦官報における開示（Bundesanzeiger-publizität）の目的のために，大資本会社及び商法典第264a条の有限合資会社の場合に，HGB準拠の年次決算書（HGB-Jahresabchluss）に代わるIFRS準拠の個別決算書（IFRS-Einzelabschluss）の公示を認めた，
という3点である[5]。

しかし同時に，留意しておかなければならない点は，この他に，すべての会社に関し，HGB準拠の年次決算書（HGB-Jahresabschluss）の作成と商業登記簿での開示（Registerpublizität）が引き続き義務づけられていることである。その結果，HGB準拠の年次決算書は，商法確定決算基準を通じて，税務上の利益計算と配当可能利益計算に供せられる。第1－3表は，企業会計法改革法のもとでの個別・連結決算書に対する適用会計基準の概要である。

その際に留意すべきもう1つの点は，2004年12月31日までの時限立法とされた旧商法典第292a条の取扱いである。たしかに，企業会計法改革法によって，旧商法典第292a条が2005年1月1日以前にはじまる事業年度に最終適用される（商法典施行法第58条3項4文）とされたが，しかし，第三国の有価証券市場で上場し，2002年9月11日以前にはじまる事業年度以降に，上場目的のために国際的に認められた会計基準を適用している企業については，例外措置が認められ，2007年1月1日以前にはじまる事業年度までの間，旧商法典第292a条の適用が許容された（商法典施行法第57条1文2号）。この措置によって，ニューヨーク証券取引所に上場する企業に対し，US-GAAP準拠の連結決算書が継続適用できることとなり，IFRS強制適用に2年間の猶予措置がとられた。

また，企業会計法改革法では，非資本市場指向の親企業に関しても，2004年12月31日の年次決算書について，経過措置的に旧商法典第292a条によって連結決算書を作成することを認めた。ただし，その際の条件として，旧商法典第292a条適用企業が準拠するのはEU-IFRSではなく，IASB-IFRSであるとされた[6]。

以下，企業会計法改革法にもとづく，連結決算書と個別決算書の適用内容に

ついて外観しておきたい[7]。

〈連結決算書〉

　企業会計法改革法は，立法技術として，連結決算書に関するIFRS適用のために商法典第315a条に国際会計基準に準拠した連結決算書（Konzernabschluss nach internationalen Rechnungslegungsstadards）を新たに設けた。これは，EUのIAS命令を補充する内容の新しい法的枠組みを形成したものであった。

　連結決算書の作成に関しては，EG第7号会計指令を変換した商法典第290条―293条によって作成されるが，親子関係にあって，IAS命令第4条の意味で親企業が資本市場指向している場合に限って，EU委員会が承認したIFRSが連結決算書に強制適用される。このため，連結対象範囲の限定区分に関しては，商法典第294条1項・2項の適用は受けず，IFRSの適用がなされる。他方で，連結状況報告書については，引き続き商法典第315条によって作成する義務がある。また，IFRS強制適用の連結決算書の監査・公示に関しても，商法典の規定がそのまま適用される。

　商法典第315a条1項は，2004年12月31日以降にはじまる事業年度に初度適用される（商法典施行法第58条3項1文）が，商法典第315a条2項は，親企業に関し，決算日までに国内市場での有価証券取引上場を申請している場合に，EU承認IFRS及び第1項の補充規定の適用を認めている。この新規定は，2006年12月31日以降にはじまる事業年度に初度適用される（商法典施行法第58条3項2文）。ただし，証券取引法第2条1項1文の意味での有価証券上場認可を親企業でなく，子企業が受けている場合は，商法典第315a条2項の適用ができない。

　さらに，US-GAAP適用企業に対するIFRS適用の猶予措置とならんで，社債発行企業にも，2年間の猶予措置が適用され，2006年12月31日以降にはじまる事業年度からIAS命令第4条の初度適用が行われる（商法典施行法第57条1号）。

　非資本市場指向の親企業についても，商法典第315a条3項によって，HGBに代わってIFRS準拠の連結決算書の作成が認められることが可能である。こ

の点で，ドイツの立法者が中小企業に対してもIFRS準拠の連結決算書を開示するよう，IAS命令の選択権を行使することができる。

2004年12月31日以降にはじまる事業年度に選択権が初度適用できる（商法典施行法第58条3項1文）が，中小企業にとっては，商法典施行法第58条3項5文の経過措置は大きな意義がある。改正以前の法状況によれば，非資本市場指向企業が旧商法典第292a条によって資本市場指向企業が行ってきた免責のIFRS準拠の連結決算書の作成がなんら認められなかった。しかし，商法典第58条3項5文によって，旧商法典第292a条による免責のIFRS準拠の連結決算書の作成が2002年12月31日以降，2005年12月31日以前にはじまる事業年度にも非資本市場指向の親企業にも認められることとなった。この結果，非資本市場指向企業もまた，IFRSの早期適用をすることができる。

〈HGB準拠の年次決算書とIFRS準拠の個別決算書〉

企業会計法改革法の特徴は，商法改正によっても，すべての商人が会社法上の資本維持，配当算定，課税の目的のために必要とされるHGB準拠の年次決算書（HGB-Jahresabschluss）を作成する義務を有することが残された点である。EUのIAS命令第5条は，大資本会社及び商法典第264a条の会社に関し，商法典第325条2項によって連邦官報（Bundesanzeiger）において個別決算書（Einzelabschluss）をEU承認IFRSで作成することを企業選択権として認めることをドイツの立法者にもとめた。

しかし，HGB準拠の年次決算書（HGB-Jahresabschluss）の商業登記簿の開示（Registerpublizität）に関しては残された。このような個別決算書に関する企業選択権は，親企業，その子企業，非結合の企業に認められた。

このように，HGB準拠の年次決算書の継続的堅持を図ったドイツの立法者の選択的解決方向は，機能依存的な二様の会計コンセプト（Konzept einer funktionsabhängigen, zweigeteilten Rechnungslegung）のもとで，配当算定，資本維持と収益税務上の算定基礎を計算するHGB準拠の年次決算書と同時に，情報伝達（Informationsvermittlung）を図って，資本市場の要請に供するIFRS準拠の個別決算書を認めるということであった。

中小企業に関しても，連邦官報における義務的公表の対象として，IFRS準拠の決算書の作成の可能性が法律改正で認められた。また，IFRS準拠の連結決算書に編入される会社にも，IFRS適用の選択権を行使することが認められた。

以上，法律上の概念構成として，HGB準拠の年次決算書（HGB-Jahreabschluss）に対し，IAS準拠の個別決算書，商法典第325条2a項による個別決算書とし，年次決算書と個別決算書という使い分けが行われたことが分かる。そして，後者のIAS準拠の個別決算書，商法典第325条2項による個別決算書について，連邦官報における開示がもとめられ，年次決算書の連邦官報上の開示義務が免責された（商法典第325条2a項1文）。この場合は，EU承認IFRSが完全に遵守されなければならない（商法典第325条2a項1文，2文）。IAS準拠の個別決算書の一部をIFRS，残りをHGBで作成することは許されない。EU-IFRSの完全適用と同時に，商法典第325条2a項3文によって，国内法の規定が引き続き遵守されなければならない。

さらに，個別決算書に関し，商法典第289条による状況報告者も作成する義務がある（商法典第325条2a項4文）。また，その他の商法典の規定については，IAS準拠の個別決算書に関し，適用が除外される（商法典第325条2a項5文）。年次決算書の監査に係る規定（商法典第316条から第324条）は，IAS準拠の個別決算書にも準用される（商法典第324a条1項）。個別決算書の決算監査人として，年次決算書の監査人を当てることができる。IAS準拠の個別決算書とHGB準拠の年次決算書の監査報告書を一括することはできる（商法典第324a条2項）。年次決算書の連邦官報への開示義務からの免責が認められる（商法典第325条2b項）。

このように，利害調整機能のHGB準拠の年次決算書（HGB-Jahresabschluß）と情報提供機能のIAS/IFRS準拠の個別決算書（IAS/IFRS-Einzelabschluß）が並存する制度化がなされた。

以上，企業会計法改革法のもとで，EU承認IAS/IFRS導入の国内法整備がなされたが，そのことが年次決算書（個別決算書）と連結決算書の差別的な会計

目的・機能の法的構成の商法典第三篇の枠組みのなかで具体化したことが特徴的であった。2005年のドイツの会計制度改革は，1990年代後半以降にドイツがEU会計戦略転換・EU承認IAS/IFRSの共同体法化に主導的に取り組み，EU承認IAS/IFRSの国内法化を商法会計規範システムの枠組みのなかに組み込むにいたったが，しかし，異なる会計規範の選択的並存[8]がEUとドイツに起きている会計言語の混乱が解消されたのかどうか，また，中小企業を含めたEU承認IAS/IFRSの個別決算書への影響の拡大化，公正価値評価の採用，商法確定決算基準と配当制限規制の撤廃，税務上のIAS/IFRSの基準性の採用，コンツェルン課税に対するEUの戦略的調整といった新たな論点がドイツ企業会計法の現代化のつぎなるステージに向け議論されている。

〈注〉
1．2．Pellens, B.,*a.a. O.*, 5.Aufl., S.13.
3．Heuer, P.J./Thiele, C./Pawelzik, K.U., *IAS/IFRS Handbuch*,2.Aufl.,Köln 2005, S.22.
4．Pellens, B., *a.a. O.*, 5.Aufl., Stuttgart 2004, S.51. ここで，会計言語の混乱と呼ばれるのは，連結決算書の作成に関する適用会計基準の選択が2004年度の決算実務においても現出したためである。EU-IAS/IFRSの統一的適用がなされるのは2007年度以降，もしくは2009年度まで続く状況である。以下の企業決算情報データーは，ドイツ会計基準委員会の公表した資料によったもので，ドイツ企業の適用会計基準の選択行動が明白に顕在化していることを表している。このドイツ企業の適用会計基準の選択行動については，拙著『適用会計基準の選択行動』（森山書店）2004年を参照。

第1-4表　ドイツ企業の適用会計基準の選択行動の状況（2004年6月現在）

	IAS/IFRS 単独適用	US-GAAP 単独適用	HGB 単独適用	IAS/IFRSベースにUS-GAAP適用	HGBベースにUS-GAAP調整表
DAX 30社	15社	9社	0社	4社	2社
MDAX 50社	28社	11社	11社	0社	0社
SDAX 50社	28社	9社	13社	0社	0社
TecDAX30社	8社	19社	3社	0社	0社

（出典）http://www.standardssetter/de/drsc/news/news.php

5．6．7．Heuer,P.J./Theile,C./Pawelgik,K.U., *IAS/IFRS Handbuch*, 2.Aufl., Köln 2005, S.22.
8．*Ebenda*, S.23.

第2章

ドイツ版プライベートセクターの形成過程
―ドイツ会計基準委員会（DRSC）の成立史―

はじめに

　ドイツの会計規範形成は，伝統的に，商法という強制規範を基本的な枠組みとして，企業会計法（Bilanzrecht）という形態で展開してきた。

　ドイツの現代会計規範形成は，1965年株式法から1985年新商法会計法・会計指令法（Bilanzrichtlinien-Gesetz）への展開のなかで，ヨーロッパ共同体（europäische Gemeinschaft/EG）域内の会計基準の国際的調和化のかたちで新しく始まった。このEG域内の会計基準の国際的調和化というテーゼのなかでは，ドイツの原則の堅持[1]がはかられたことが特徴的であった。このため，ドイツの原則の堅持のもとで，ドイツは，「正規の簿記の諸原則（Grundsätze ordnungsmäßiger Buchführung/GoB）という商法上の不確定法概念をキーワードとして商法会計規範システムを1985年会計指令法・商法改正で再編成することができた。これに伴って，正規の簿記の諸原則（GoB）という商法上の不確定法概念を解釈することで，EG域内の会計基準の国際的調和化に対応する戦略が採られた。この結果，1985年会計指令法・商法改正は，EG域内の会計基準の国際的調和化という枠組みのなかで，1965年株式法を核とした商法会計規範システムのドイツの原則の堅持が正規の簿記の諸原則（GoB）の充填を図ることで達成される仕組みを再編成することができ，眠り姫の状態[2]が形作られた。

　1965年株式法から1985年会計指令法・商法改正の時期は，EG域内における会計基準の国際的調和化という特徴を示す一方で，ドイツの原則の堅持を前提

としている限りで，正規の簿記の諸原則（GoB）の法発見（Rechtsfindung）[3]が時代のテーマとなっていた。換言すれば，企業会計法の現代的形成のために新しい会計規範形成の機構とその規範形成の論理として，正規の簿記の諸原則（GoB）の法発見を誰が，どのように行うかといった主体論争が1985年商法・会計指令法の形成過程で起きたのである。

この点で，本章の第1節は，1980年代前半に展開された正規の簿記の諸原則（GoB）の法の発見の主体論争を考察している。この正規の簿記の諸原則（GoB）の設定主体論争は，やがて，第2節のドイツ版プライベートセクターとして創設されたドイツ会計基準委員会(Deutsches Rechnungslegungs Standards Committee/DRSC) の具体化に繋がっていく。

1998年のドイツの会計制度改革の柱として成立した企業領域統制透明化法（Gesetz zur Kontrolle und Transparenz im Unternehmensbereich/KonTraG）にもとづき，商法典第342条を根拠規定として，ドイツ会計基準委員会（DRSC）がドイツ史上はじめて私的会計委員会（プライベートセクター）として設置された。このドイツ会計基準委員会（DRSC）の設置は，結果から見ると，アングロサクソン主導の会計基準（国際会計基準・米国会計基準/IAS/US-GAAP）への国際化プロセスでドイツが示した新しい対応措置であったが，本章第1節が明らかにするように，すでに，1980年代に，ドイツ会計基準委員会の創設の前史として，正規の簿記の諸原則（GoB）の法の発見の主体論として正規の簿記の諸原則（GoB）委員会構想が展開されていた。

第2-1図に示したように，会計規制の主体として，立法機関，行政機関，基準設定機関の3つの設置形態がある。本書が考察の対象としているのは，この3つの設置形態のなかの，基準設定機関の私的会計委員会方式である。ドイツでは，ながく立法機関が商法の会計規定のかたちで成文法主義の会計規範の形成を行ってきた。そのため，正規の簿記の諸原則（GoB）の不確定法概念の内容を法の解釈によって充填する主体が米国のようなプライベートセクターに委ねられる仕組みにはなかった。1965年株式法のもとで起きた正規の簿記の諸原則（GoB）論争のなかで，また，EG会計基準調和化にともなう1985年商法・

第2－1図　会計規制の形態の概念図

会計規制主体の形態

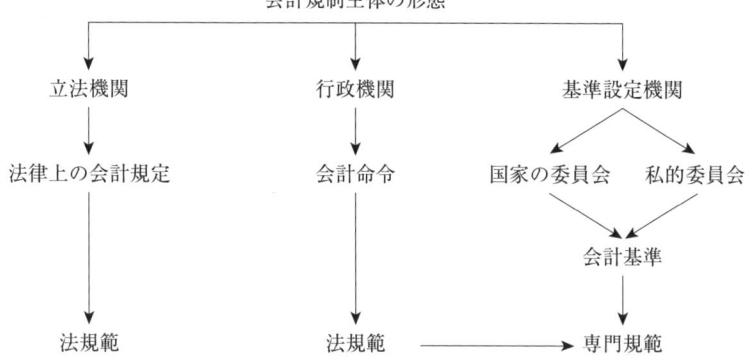

```
                会計規制主体の形態
        ┌───────────┼───────────┐
     立法機関        行政機関      基準設定機関
        │            │         ┌────┴────┐
   法律上の会計規定   会計命令   国家の委員会  私的委員会
                                 └────┬────┘
                                    会計基準

     法規範          法規範    ────→    専門規範
```

（出典）Böcking, H.-J., *Aufgaben und Bedeutung des Deutschen Standardsierungsrates*（D-SR/GASB）, München, 04. Faburar 2002, http://www.wiwi.uni-frankfurt.de/Professoren/boecking.

　会計指令法の立法過程において，正規の簿記の諸原則（GoB）委員会構想が提起されたことで，ドイツ史上，立法論としてプライベートセクターの設置構想が公に論じられるようになった[4]。

　本章は，このような背景のもとで，1970年代から1980年代に提起された正規の簿記の諸原則（GoB）委員会設定構想の各所説を取り上げるものである。しかしながら，1985年商法・会計指令法の立法過程で，当時の経済界等の賛同を得ることができず，正規の簿記の諸原則（GoB）委員会・プライベートセクター構想が一時的に挫折せざるを得なかったこと，しかし，1990年代に入っての，ドイツ会計の国際化の新しい環境変化にともなって，ふたたび，1998年のドイツの会計制度改革のなかで，プライベートセクターの設置形態に向けた議論が再開され，商法典第342条の私的会計委員会方式の根拠規定にもとづき，ドイツ会計基準委員会（DRSC）という私法上の設置形態の会計基準設定主体がドイツ版FASBとも呼称されるかたちで具体的に実現した。

　以下，本章第1節では，（1）レフソン（Leffson, U.）の「中立的機構」構想，（2）シュパンホルスト（Spannhorst, B.）の「専門的知識を有する権威ある新機関」構想，（3）経営経済学教授連合の「正規の簿記の諸原則（GoB）

委員会」構想と商法・会計指令法予備草案の「命令授権による民間機関の設置」構想,(5) ブラント (Brandt, H.) の「私的会計委員会の設置」構想について,考察を行い,その構想が何を意味していたかを究明する。さらに,本章第2節においては,1998年の会計制度改革の資本調達容易化法・企業領域統制透明化法 (KapAEG/KonTraG) の立法過程で議論がなされた商法典第342条の私的委員会方式について取り上げ,ドイツ会計基準委員会創設の過程を究明する。

〈注〉
1. Bundesregierung, Entwurf eines Gesetzes zur Durchführung der Vierten Richtlinie des Rates der Europäpischen Gemeinschaften zur Koordinierung des Gessllschaftsrechts vom 19.3.1982. Drucksache 61/82, Begründung, S.62. 拙稿「西ドイツ商法会計法の改正草案と経営経済学の役割」『新潟大学経済学年報』(新潟大学経済学部) 第7号,1982年11月を参照。
2. Pellens, B., *Internationale Rechnungslegung*, 3.Aufl., Stuttgart 1999, Vorwort.
3. 法の発見に関しては,シュナイダー・バイセ論争が正規の簿記の諸原則の獲得が経済的観察法によるか,経営経済的観察法によるかをめぐって展開されたが,このことに関しては,拙稿「現代貸借対照表法と法の発見論争」『新潟大学経済論集』(新潟大学経済学会) 第48号,1990年3月を参照。
4. ドイツにおいて,会計委員会の設置が議論された最初は,1912年のドイツ法曹会議 (Juristentag) であるが,本章が対象としている1970年代に,経済監査士(公認会計士),企業,取引所,学界の各代表から構成される会計委員会の設置の提案がなされ,株式法第149条の解釈と正規の簿記の諸原則の発展を扱う機関として議論が行われた (Breidenbach, K., *Normensetzung für die Rechnungslegung, Bisherige Ausgestaltung und mögliche Fortentwicklung in Deutschland*, Wiesbaden 1997, S.182.)。

第1節　1985年の会計制度改革とプライベートセクターの設置構想

1　レフソンの「中立的機構」構想

ドイツ史上,会計基準設定主体がはじめて議論の遡上に乗ったのは,1912年のドイツ法曹会議であったが,現代に連なる議論を提起したのは,1965年株式法の正規の簿記の諸原則 (GoB) という不確定法概念に関して,経営経済学の立場から新しい解釈論を示した1964年のレフソン (Leffson,U.) の著書,『正規の簿記の諸原則 (*Gundsätze ordnungsmäßiger Buchführung* Düsseldolf 1964.)』(初

版)を嚆矢としている。

　レフソンは,この著書のなかで,正規の簿記の諸原則(GoB)の設定主体に論究して,中立的機構による正規の簿記の諸原則(GoB)の獲得という主張を行った。レフソンによれば,正規の簿記の諸原則(GoB)は,解釈によって価値充填が必要となる不確定な法概念であって,法規効果を誘導する法源としての法的性格を有している。しかし,正規の簿記の諸原則(GoB)の内容は,商法または税法の規範から誘導され得るものではない。それは,実定法及び法原則からの法学的な方法によってでなく,法規範領域の事物の構成(Sachstruktur des Normenbereichs)や法規範に内在する法原則を解釈する客観的目的論的な基準にもとづくべきものであり,そのことが経営経済学(Betriebswirtschaftslehre)によって摘出される[1]。レフソンは,この趣旨をさらに究明し,正規の簿記の諸原則(GoB)は,単純に商人の見解または慣習から誘導され得るものではなく,個々に正規の簿記の諸原則(GoB)が何であるかということに関する決定に関しては,専門的知識を有する中立的な機構のみがその権限を有し得ると主張した[2]。では,レフソンのいう専門的知識を有する中立的な機構とはいったい具体的に何なのか。この点,かれによれば,専門的知識を有する中立的な機構とは,実質的にはもっぱら経営経済学(Betriebswirtschaftslehre)であり,形式的には判決(Urteil)である[3]。このレフソンの専門的知識を有する中立的な機構という構想に対しては,それが経営経済学の排他的な要求であるとするクルーゼ(Kruse, H. W.)の批判が見られ[4],1970年代に正規の簿記の諸原則(GoB)論争を惹起せしめた。

　レフソンの趣旨は,学界の代表,経済検査士,及び学問的に訓練された商人の協同作業によって実質的に正規の簿記の諸原則(GoB)が獲得されるという考え方であり,その認識の基礎に正規の簿記の諸原則(GoB)の源泉にもとづく経営経済学的研究(betriebswirtschaftliche Forschung aus Quelle der Grundsätze)があるということである[5]。レフソンは,正規の簿記の諸原則(GoB)・商人慣習,正規の簿記の諸原則(GoB)・商人見解というテーゼに対し,その所説には未解決の根本問題があるとし,シュマーレンバッハ的回答で

はなく，正規の簿記の諸原則（GoB）の内容を立法，判決という形式的な源泉と経営経済学という実質的な源泉から，しかも，演繹的な認識の方法によって獲得せねばならないと主張した[6]。

レフソンの経営経済学の認識方法による会計目的からの正規の簿記の諸原則（GoB）の獲得という演繹的な会計規範形成論は，初版以来の改訂を通じて一貫した論旨であり，7版（1987年）にいたった。この7版では，彼は，正規の簿記の諸原則（GoB）について，法律を補完する法規命題，したがって，強制法であって，それを遵守しなければ処罰の恐れのある直接的な規範命令であるとし，成文法規範形成の外にあって，価値充填を必要とする独立的な法の実質であると論じている[7]。それとともに，レフソンは，正規の簿記の諸原則（GoB）を不確定な法概念と捉え，その未解決な立法部分に規範構造における欠缺（Lücken im Normengefüge）があるために，立法家は，この不確定法概念の充填を裁判官に全権委任しており，裁判官による具体的な法の適用によってはじめて不確定法概念を充填され得ると考えている[8]。正規の簿記の諸原則（GoB）とは，この意味における不確定法概念に他ならず，法律と正規の簿記の諸原則（GoB）とは厳密に区別され，正規の簿記の諸原則（GoB）は法典化されていない法源で，法的拘束力を有しているという。しかし，レフソンは，この裁判官による正規の簿記の諸原則（GoB）の内容の確定という論点をさらに進めて，正規の簿記の諸原則（GoB）の演繹的決定による不確定法概念の内容充填という実質的な形成を主張し，この目的論的な解釈による正規の簿記の諸原則（GoB）の獲得を実現するのが専門科学（Fachwissenschaft）の役割であると断定する[9]。この場合の専門科学とは，レフソンの場合に経営経済学（Betriebswirtschaftslehre）のことであるが，それは同時に，法学的研究によって補完される必要があるとの論旨の補強が図られ，二つの学問の協同が必要であることが強調されている[10]。

要するに，レフソンにあっては，専門科学のみが判断形成の基準であり，経営経済学の認識という初版以来の主張が貫かれていると同時に，レフソンが強調する論点は，会計規範形成における一般的承認性，正規の簿記の諸原則

(GoB) としての基準の幅広い承認に対する基準としてのコンセンサスが必要であるということであった。正規の簿記の諸原則 (GoB) の専門科学による獲得は，単に経営経済学の認識にもとづいた演繹的方法による獲得というだけでなく，獲得された正規の簿記の諸原則 (GoB) に対する一般的承認性，コンセンサスが必要であるとされている。そして，これを実現する具体的な検証の場が学問的な議論 (wissenschaftliche Diskussion) を行う学界，経済検査士および学問的に訓練された商人の協同作業の場としての中立的機構であると結論づけていた[11]。

レフソンの初版の序文のなかで，当時のアメリカの会計基準設定主体であったアメリカ公認会計士協会の会計原則審議会の存在を重要視すべきとの指摘があったことから，後年の正規の簿記の諸原則 (GoB) 委員会設置構想に連なる主張がレフソンによって行われたと考えることができる。

〈注〉
1. Leffson, U., *Die Grundsätze ordnungsmäßiger Buchführung*, 7.Aufl., Düsseldorf 1987, S.6,S.22.
2. *Ebenda*, S.33,S.39.　　3. *Ebenda*, S.18, S.39.
4. Kruse, H.W., *Grundsätze ordnungsmäiger Buchführung*, Köln 1970, S.104ff.
5. Leffson, U., *a.a.O.*, S.18,S.20,S.36.　　6. *Ebenda*, S.38-41,S.43.
7. *Ebenda*, S.21-22.　　8. *Ebenda*, S.22-23.
9. *Ebenda*, S.25,S.31,S.35.　　10. *Ebenda*, S.36.
11. *Ebenda*, S.147-149.

2　シュパンホルストの「専門的知識を有する権威ある新機関」構想

1974年にシュパンホルスト (Spannhorst, B.) の著書，『正規の簿記の諸原則—法的性格，生成及び決定 (*Die Grundsätze ordnungsmäßiger Buchführung*, Diss. Münster 1973)』において，包括的な規範設定の機構の必要性という改革提案が出された。シュパンホルストによれば，正規の簿記の諸原則 (GoB) とは，法的には客観化された命令として法性決定され，規範目的に適合した会計規範の一般的承認によって形成され得るが，通常は演繹的および帰納的な方法によって決定されなければならない[1]。このシュパンホルストの正規の簿記の諸原

則（GoB）論は，レフソンと同様に，一般的承認性というメルクマールを重視している。しかし，彼によれば，現在の法的規範設定の判断から見れば，正規の簿記の諸原則（GoB）の確定のためのなんらの特定の機構が法律に明示されておらず，それゆえに，正規の簿記の諸原則（GoB）を誘導する社会的グループおよび専門的機構が必要であるとし，包括的な規範設定の機構の必要性が強調される[2]。その際に，規範設定の機構には多様な方式があるとされ，具体的に，①法律による正規の簿記の諸原則（GoB）の確定，②法規命令による正規の簿記の諸原則（GoB）の確定，③判決による包括的な総括，④国家外の規範設定による正規の簿記の諸原則（GoB）の確定の四つの方式がある[3]。

第1の法律による正規の簿記の諸原則（GoB）の設定方式に関しては，この方式は，変化への対応という点で問題があるという。朝礼暮改は却って法の不安定性を増し，成文法による細目の決定は著しい欠陥を伴う。正規の簿記の諸原則（GoB）の立法化は，必然的に弾力性と適合能力を犠牲にしたものである。したがって，成文法規定によって，正規の簿記の諸原則（GoB）を指示する方式が経済，技術と法との間の相互浸透と連関を最適に確保せしめると論じる[4]。第2の法規命令による正規の簿記の諸原則（GoB）の確定方式（筆者注・後年の1980年の商法会計基準法予備草案の法規命令への授権）は，目的適合性ではなく，法の前進を妨げており，順応性と適応性に欠けているという[5]。さらに，第3の判決による包括的な総括方式もまた同様に，その時々の欲求に適応した包括的な規範設定を提供するという任務を成就することはできないと論じ，すなわち，判決は新しい疑問をしばしば先送りしてしまう欠陥がある。また，正規の簿記の諸原則（GoB），つまり，商法上の事実に関して，正規の裁判所でなく，租税裁判所という特別の裁判所が判断を行っているということも不適切であると見なされる理由があると指摘する[6]。シュパンホルストは，このように，三つの方式に批判的な論究を行い，最後に，第4の国家外の規範設定による正規の簿記の諸原則（GoB）の確定方式を検討する。国家外の規範設定というのは，非国家権力的に正規の簿記の諸原則（GoB）を設定する機構を設置するという新しい構想である[7]。

シュパンホルストによれば，国家が完全な法設定によって経済および技術の発展に歩調を合わせることは，国家にとって不当な要求であるし，他方で，判決もまた現存する不安定性を排除するか，あるいは，緩和するのに適した機構ではないので，会計規範の設定を国家外の規範設定作業に委ねる他はない[8]。シュパンホルストは，このように述べているが，では，国家外の会計規範設定という機構を具体的にどのように構想しているのであろうか。

彼に従えば，正規の簿記の諸原則 (GoB) とはいかなる方法によっても曖昧さと不確実さを有するものであるが，しかし，獲得されねばならないものである。正規の簿記の諸原則 (GoB) は，例えば，権威をもった機関によって，実質的に合法であると認定された私法上の機構が具体化したものを編纂して包括的に文書上に表現したものである[9]。この場合に，私法上の団体による規範設定作業がその例である。シュパンホルストは，この非国家権力的な私法上の団体による会計規範設定というものを検討しているのである。

規範設定者は，国家の承認を受けた活動を引き受けるが，その際に重要なのは，専門的知識を有する権威[10]の所在にある。法律外の文書によって，その時々に正規の簿記の諸原則 (GoB) を確定する現行の方式は，非国家的な機構を通じて実際的に実現し，その権威に依存したチャンスのみを与え得るに過ぎないのに対し，正規の会計が私的な規範設定作業にしたがう旨を法律によって指示する方式は，実務における統一した適用の充分な安定性を付与する。しかし，会計の世界において，専門的知識を有し，かつ，中立的な機構として正規の簿記の諸原則 (GoB) の包括的なフォーミュレートおよび確定を委ねられ得るような機関が果たして存在しているかどうかが問題であるというのである[11]。

では，シュパンホルストは，この専門的知識を有する権威のある機関がいかなるものであると構想するのであろうか。先ず第1に，包括的な規範設定に対する経営経済学の適性[12]を取り上げ，経営経済学がこの専門的知識を有する権威ある機関たり得るかどうかという点に批判があるとする。すなわち，専門的知識を有する権威という点では，経営経済学は適性を認められるが，それは，

経営経済学が科学的方法をもって，正規の簿記の諸原則（GoB）を演繹的に誘導するという点においてである。しかし，経営経済学に正規の簿記の諸原則（GoB）の規範設定という任務を委ねることには批判がある。その批判は，経営経済学の一般的属性に対する事柄だけでなく，経営経済学が裁判所のように捕捉可能で，組織化された団体ではなんらないということである。次いで，経営経済学教授連合による規範設定についても，それが専門的知識を有する権威ある機関としては，規範設定に適した機関ではない。米国会計学会（AAA）がその例であるが，この団体は，確かに，統一的及び包括的な会計規範を設定するために，継続して一般的に妥当する会計原則を検証，策定，改良するという意味においては機能的能力を有しているが，しかし，幅広い基礎を代表し，協同的な研究活動のための力を結集する機構ではない。米国の経験によれば，このような団体による原則は，実際には期待された成果を上げ得ていないと指摘する[13]。

さらに，シュパンホルストは，規範設定者としてのドイツ経済検査士協会[14]という団体があるとして，以下のように検討する。一般的には，法律の基本的要求と基準を団体の任意の自己責任で設定した規範を通じて充たすことを実務と理論を体現した専門家を代表する組織された専門団体に委ねる必要があるが，この要求を充たす団体がドイツ経済検査士協会である。ドイツ経済検査士協会には，経験豊かな教育された専門委員会がある。しかし，この規範設定者としてのドイツ経済検査士協会には，利害関係従属性という障害がある。ドイツ経済検査士協会は，正規の簿記の諸原則（GoB）の規範目的適合性な決定というものに対する基本的な前提を充たしてはいるが，利害関係従属性の危険がある。また，経済検査士自身の職業上の地位が規範を設定するということがいっそうの利害対立を生み出す。したがって，ドイツ経済検査士協会に正規の簿記の諸原則（GoB）の規範設定作業の任務を委任することは支持することができない。同様に，ドイツ商工会議所のような機関もまた利害関係従属性に問題があり，正規の簿記の諸原則（GoB）の目的適合的な発展に充分に寄与するものではない[15]。

シュパンホルストは，以上のように述べて，専門的知識を有する権威ある機関は，従来の方式によっては実現不可能であると考えた。そこで，シュパホルストは，規範設定作業を行うための新しい機関の設置[16]を提案する。この新しい機関は，正規の簿記の諸原則（GoB）を策定し，検証するグループと正規の簿記の諸原則（GoB）を遵守し，適用するグループから成り，前者が経営経済学と法学の代表，後者は商人実務，経済検査士の代表によって構成される。経営経済学は，大学の経営経済学の講座代表，法学は，商法，税法学の代表，商人実務は，その組織の代表，経済検査士は，その協会の代表を指す。この機関は，対立する利害関係を考慮して目的論的に事物の本性から正規の簿記の諸原則（GoB）を誘導すべきであるとする経営経済学の長所を受け入れたディスカッションフォーラムである。経営経済学と比べ，この機関は，係争の事例でも，正規の簿記の諸原則（GoB）を統一した結論と拘束的なフォーミュレートを得ることができるという基本的な長所を有している。このような新機関によって正規の簿記の諸原則（GoB）として認められ，そして，フォーミュレートされた会計規範は，それの従事者の専門的知識や実務的連携から高い権威を有しており，したがって，税務当局もまたこの機関から出された規範を採用することになる[17]。

シュパンホルストは，私法上の団体の規範委員会による法典化の手続きをして，以上のような新しい機関の設置を提案する。同時に，そのような私法上の新機関の設置に関しても，法律上の指示というかたちでの立法機関の協力[18]が必要であることを強調している。この立法機関の協力を得た新機関による規範設定によってこそ，設定された規範が一般的承認性を得た正規の簿記の諸原則（GoB）となると考えた。シュパンホルストの所説は，具体的には，1980年商法会計基準予備草案の第290条の命令授権方式によって正規の簿記の諸原則（GoB）の確定を委任されるプライベートセクターの設置構想に連なった。

〈注〉
 1. Spannhorst, B., *Die Grundsätze ordnungsmäßiger Buchführung*, Diss. Münster 1973.

S.174.
2. *Ebenda*, S.177.　　3. *Ebenda*, S.177-180.　　4. *Ebenda*, S.177.
5. *Ebenda*, S.179.　　6. *Ebenda*, S.180.　　7. *Ebenda*, S.181.
8. 9. *Ebenda*, S.182.　　10. 11. *Ebenda*, S.183.　　12. 13. *Ebenda*, S.184-186.
14. 15. *Ebenda*, S.187.　　16. 17. 18. *Ebenda*, S.189-190.

3　経営経済学教授連合の「GoB委員会」と商法・会計指令法予備草案の「命令授権によるプライベートセクターの設置」の構想

　シュパンホルストの法律上の指示というかたちでの立法家の協力を受けた専門的知識を有する権威ある新機関の設置は，敷衍すれば，米国の財務会計審議会（FASB）のドイツ版を想起させる構想であった。この米国の財務会計基準審議会（FASB）型の構想は，具体的には，経営経済学教授連合が1979年に勧告した改革提案に盛られていた。

　経営経済学教授連合の提案は，従来の商法典，株式法，開示法，有限責任会社法といった法形態関連的ではなく，法形態および規模独立的な一般会計法の制定を提唱した[1]。この一般会計法の制定のなかで，経営経済学教授連合の提案は，正規の簿記の諸原則（GoB）の設定を図る機関を創設することを同時に提言していた。それは，正規の簿記の諸原則（GoB）を設定する任務をもった機関としての専門委員会である正規の簿記の諸原則（GoB）委員会の設置であった[2]。

　経営経済学教授連合の提案によれば，正規の簿記および貸借対照表作成の諸原則の解釈と発展のために審議機関としての委員会の設置が提案されている。委員会は，成文法において根拠を付与され，政治的に独立した，専業でなく，かつ専門的に充分に資格を有する委員から構成されるべきである。委員会の設置は，米国の財務会計審議会（FASB）に倣うことができるということであった[3]。経営経済学教授連合は，ドイツ版の財務会計基準審議会（FASB）の設置を提唱し，正規の簿記の諸原則（GoB）の獲得を実現せんとした。

　これに連なる構想は，1980年の商法・会計指令法予備草案において具体化されていた。商法・会計指令法予備草案は，経営経済学教授連合の一般会計法の

提唱を受け入れ，一般的な正規の簿記の諸原則（GoB）を法典化する必要を提案した。予備草案は，この一般的な正規の簿記の諸原則（GoB）を設定するために，命令授権による民間団体による正規の簿記の諸原則（GoB）の設定という構想を法の条文のかたちで提案した[4]。予備草案は，正規の簿記の諸原則（GoB）が今後とも不確定な法概念であるとするとともに，法規命令への授権によって確定されるとした。予備草案理由書には，本草案は，正規の簿記の諸原則（GoB）の内容について，その統一的な適用を保証するために，また，これを国際的発展に適合させるために必要である限り，これを法規命令によって確定し得ることを規定するものであると記されていた[5]。予備草案は，正規の簿記の諸原則（GoB）の法規命令への授権の明文規定を商法典第290条1項に次のように設けた。

「連邦法務大臣は，連邦経済大臣の同意を得て，年次決算書が第238条3項にいう事実関係に合致した概観を伝達することを保証するために，或いは，欧州共同体域内において正規の簿記の諸原則を調整するために必要とされる限りは，第238条2項にいう正規の簿記の諸原則を法規命令によって確定することを授権される」。

この予備草案の商法典第290条1項の規定は，経営経済学教授連合の提案にもなかった新しい観念ではあった。しかし，予備草案の商法典第290条1項の法規命令への授権規定に対しては，経済団体，ドイツ経済検査士協会からの激しい批判と削除の要求が出された[6]。しかし，予備草案の特徴は，この命令授権の一方において，会計の弾力性の確保が明記され，予備草案理由書には，命令授権は正規の簿記の諸原則の弾力性を保持するようなかたちで行われるべきある。その際に，特に法的不安定性や実務における異なった適用を伴わないように配慮されなければならないと述べられていた[7]。さらに，特徴的な点は，予備草案の商法典第290条3項において，民間団体あるいは個人の出版物への指示が規定されたことである。

「第1項による正規の簿記の諸原則の確定は，連邦法務大臣が連邦経済大臣の同意を得て，法規命令によって民間団体，あるいは個人の出版物を指示し

たり，また，このことを正規の簿記の諸原則として官報に同時に告示するといった方法によって行うこともできる」。

この予備草案第290条の規定は，連邦法務大臣の法規命令による正規の簿記の諸原則（GoB）の確定を原則とし，それからの離脱の許容と民間団体の意見書や個人の見解による確定を認める方向を打ち出したものである。しかし，この命令授権方式に対し，経済界からの批判が出された。その批判の要点は，正規の簿記の諸原則（GoB）が法規命令によって確定されるのは，会計の弾力化に反するのではないかということであった。これに対して，起草者・参事官のビーナー（Biener, H.）は，法規命令からの離脱や民間団体，個人の出版物による確定を認め，正規の簿記の諸原則（GoB）の弾力性は確保できるものと反論した[8]。しかし，予備草案に対する議論の大勢が経済界，実務界ともに予備草案第290条の命令授権の削除に強く動き，その結果，修正草案，政府草案では，この規定の明文は撤回された[9]。

〈注〉
1. Kommission Rechnungswesen im Verband der Hochschullehrer für Betriebswirtschaft e.V., Reformvorschläge zur handelsrechtslichen Rechnungslegung und 4.EG-Richtlinie mit den Gesetzestexten, in: *Sondernummer der Fachzeitschrift der Betriebswirtschaft*, Heft 1a/März, 1979, S.4.
2. *Ebenda*, S.10.　　3. *Ebenda*, S. 11.
4. Vorentwurf eines Gesetzes z zur Durchführung der ViertenRichtlinie des Rates der Europäischen Gemeinschaften zur Koordinierung des Gesellschaftsrechts vom 5.2.1980, Band 2, Begründung, S.6.
5. *Ebenda*, S.8.　　6. *Ebenda*, S.17.　　7. *Ebenda*, S.18-22.
8. Die Spitzenorganisationen der gewerblichen Wirtschaft, Erste Stellungnahme zum Vorentwurf eines Bilanzrichtlinie-Gesetzes, S.9.
9. Biener, H., Zur Transformation der 4.Richtlinie, in: *Die Wirtschaftsprüfung*, Heft24/1980, S.692.

4　ブラントによる「私的会計委員会の設置」構想の批判的検討

米国の財務会計基準審議会（FASB）を模したドイツ版の民間団体による正規の簿記の諸原則（GoB）委員会の設置構想が以上のような経緯を辿っていた時期に，ブラント（Brandt,H..）の『私的会計委員会（*Private Rechnungslegungs-*

kommission, Frankfurt a.M.1981年)』構想が提起された。ブランドは，この構想のなかで，ドイツの正規の簿記の諸原則 (GoB) と米国の一般に認められた会計原則 (US-GAAP)，英国の真実かつ公正なる概観 (true and fair view) がいずれも法律上の欠缺の充填のために解釈を必要とする不確定な概念であると認識した上で，外部会計の制度的な規範設定の方式を取り上げて，権威を有した私的会計委員会 (private Rechnungslegungsgremien mit Authorität)[1]の設置による会計規範の制度的な確定 (institutionalisiernte Festlegung von Rechnungslegungsnormen) の実現可能性[2]を論究している。ブランドの問題意識によれば，係争事件が起こった場合に，制限された立法能力では立法家自身にとっても，あるいは，判決にとっても明確に対応できない。しかし，会計実務は，この係争事件に対して裁判所が決定する前にその処理の基準を必要としている。近年，ドイツでも米国で見られる制度的な会計規範設定が注視されている所以である。この場合に，この制度的な会計規範設定が国家的機関 (staatliche Institution) か私的解決 (private Lösung) かのいずれによって具体化されるかが問題の焦点である[3]。

ブランドは，以上のように論述し，検討の対象として，私的委員会による会計規範の制度的確立を取り上げている。それは，現行の会計領域における国家による規準形成 (staatliche Regelbildung im Bereich der Rechnungslegung)[4]との対比において問題視したものである。

ブランドのいう私的会計委員会とは，私法上の団体として組織され，制度の枠内で継続して活動する会計規範の自主的確定，会計規範の設定を行う任務を有した専門家グループを指す。具体的には，米国の会計原則審議会 (APB) 及び財務会計審議会 (FASB)，英国の会計基準委員会 (ASC)，ドイツの経済検査士協会第1専門委員会 (HFA des IdW)，さらには，国際会計基準委員会 (IASC) を想定していた。そして，この私的会計委員会における規範設定または規範形成の機能には，ドイツの正規の簿記の諸原則 (GoB)，米国の一般に認められた会計原則 (US-GAAP)，英国の真実かつ公正の概観 (true and fair view) 等々の一般条項の解釈がふくまれているとともに，ブランドは，私的会

計委員会の設置を検討するに際して，先ず，私的会計委員会の規範設定機能 (Normsetzungsfunktion private Rechnungslegungskommission) において，決疑論の不可避性，規範形成決定の質の判断の困難性と価値判断性，規範形成に対する制度的要因の影響を指摘し，とくに制度的要因への規範形成の依存性が私的会計委員会の設置にどのような影響を与えるかを重視し，検討を行った[5]。

彼のいう制度的要因とは，私的規範設定を決定する民主的正当性 (demokratischen Legitimation privater Normsetzungsentscheidungen)[6]の問題に他ならない。この民主的正当性の試金石は，規範設定の承認 (Akzeptanz der Normsetzung) であるが，彼が問題にしている論点は，法律による授権 (gesetzliche Ermächtigung) またはその他の法行為によった私的会計委員会の規範設定の決定がどの程度に法的な拘束作用を獲得し得るかということである[7]。すなわち，彼によれば，民主的正当性のバロメーターとしての私的会計委員会の規範設定の法的拘束性を形成する原則的可能性 (grundsätzliche Gestaltungsmölichkeiten)[8]には，直接的方法と間接的方法がある。直接的方法とは，立法家の手を経ないで私的会計委員会のステートメントに自動的に法的拘束性を授けるもので，関係の法律において，直接的に私的団体が確定した会計規範を遵守する旨を指示しておくという方式である。これに対し，間接的方法とは，私的会計委員会のステートメントを連邦政府または連邦大臣の命令授権にもとづいて法規命令に変換してしまうという方式であり，1980年の商法会計基準法予備草案の商法典第290条の「法規命令による正規の簿記の諸原則 (GoB) の確定」構想がこれに該当していた。ブラントは，この私的会計委員会構想の二つの方式のうちの後者の命令授権方式（前述の予備草案の第290条構想）に対しては，法規命令による規範形成は最終的に決して私的ではなく，国家的立場から決定されることに他ならず，憲法上の問題からも支持できないとする。この間接方式による形成可能性として，さらに国家が公法上の団体（例・商工会議所）に授権して，私的会計委員会のステートメントを会則化して，会員に遵守させるという方法があるが，適用範囲が会員に限定されるところに難点があるとし，これも支持できないと考える[9]。

最後に，ブラントは，前者の直接方式による私的会計委員会のステートメントの法的拘束性を検討するが，ドイツの法体系においては，私的会計委員会のステートメントの一般的拘束性を認める余地はなんらないとし，税務上の判決による商法上の会計の先決化（Präjudizierung）の増大に対抗する力を私的会計委員会の制度化を通じて形成せんとする努力は，それゆえに，なんらの成果も上げ得ないと結論するにいたる[10]。

この結果から，ブラントは，さらに検討を進め，直接方式の私的会計委員会のステートメントの代替的実施の可能性（alternative Durchsetzungsmöglichkeiten privater Rechnungslegungskommission）[11]として，①ドイツ経済検査士協会の職業規則による規範設定を通じた私的会計委員会のステートメントの実施可能性，②取引所及び取引監督委員会を通じた私的会計委員会のステートメントの実施可能性，③政治機構を通じた私的会計委員会のステートメントの実施可能性[12]を論及し，しかしながら，結局のところ，これらの私的会計委員会のステートメントによる場合にも限定的な実施可能性しかもたないという結論づけを行っている。

ブラントは，上記の結論を得たのであるが，この検討のなかで，ブラントが挙げている問題点を要約して示せば，以下のような事由[13]がドイツにおける私的会計委員会構想の実現を困難にしている。

—私的会計委員会のステートメント実施の可能性は，ドイツ経済検査士協会の職業規則の枠内で決算監査の用具として認められるが，この職業規則としての規範形成は，もっぱらその地位にある職業にとって意味があり，職業団体によって形成された専門的なステートメントは職業に従事している者自身を拘束し得るだけであるから，これら以外の者に対しては，ドイツ経済検査士協会の専門的勧告の叙述は推薦的性格を有しているに過ぎない。しかし，このことは，経済検査士が職業上の会計ステートメントの遵守をケースバイケースでかれの威信と信念をもって実施することを排除していない。ただし，これには各々の企業の同意を必要としているために，利害が大きい場合には経済検査士のアピールに企業の同意を得られないこ

とが多い。ドイツにおいては，私的会計委員会のステートメントを遵守しない場合のもっとも重要な法的認証の手段は経済検査士の決算監査における確認の付記（監査意見表明）に見られる限定意見または意見の拒絶であるが，それは法律または定款への違反という価値判断によったものである。

―取引所及び取引所監督委員会を通じた私的会計委員会のステートメントの実施可能性，とくに後者の取引所監督委員会による私的会計委員会のステートメントに関しては，例えば，財務会計基準審議会（FASB）のステートメント（以前のAPBオピニオン）は，その管轄権領域の枠内で米国証券取引委員会（SEC）が会計連続通牒150によれば，財務会計審議会（FASB）の意見書や解釈にしたがう義務を付与されたことにもとづいており，米国証券取引委員会（SEC）が財務会計基準審議会（FASB）基準の実施の鍵の役割を演じている。米国証券取引委員会（SEC）の支持なしには，財務会計基準審議会（FASB）の権威は失墜することは明白である。これは，国家的セクターと私的セクターの間の内的な活動モデル，私的・公的な制度的調整であり，権威の同盟である。しかし，メトカーフレポート，チャトフの文献等で，財務会計審議会（FASB）または会計原則審議会（APB）への会計領域における規範形成機能のこのような広範囲な移転に対して，米国証券取引委員会（SEC）は許容を超えた権威の全権委任を成したとの非難がある。

―多様な利害関係から成る私的会計委員会の設置によって会計問題の一般に承認される利害の調整を行う対立規制メカニズム（Konfliktregulierungsmechanismus）を制度化したいとする意図は，ドイツの法体系のもとでは会計規範の一般的拘束性的な確定を私的に委託することはできないという理由で実現し得ない。米国の財務会計基準審議会（FASB）は，財務会計基準審議会（Financial Accounting Standards Board）ではなく，連邦会計基準審議会（Federal Accounting Standards Board）の略称であれば適しているが，私的会計委員会は会計の係争問題を拘束的に規範化することはで

きない。
— 私的会計委員会が会計領域において触媒機能（Katalysatorfunktion）を果たし得るためには，中立性と信頼性を確保していなければならず，そのために，三つの形成原則が必要である。
・私的会計委員会の独立性
・規範設定プロセスの明解性
・規範設定への会計利害関係者の参加

財務会計基準審議会（FASB）構想は，原則的に方向指示器としては有効であるが，具体的な形成を図る場合は，私的会計委員会の独立性の確保が主要な問題となる。この独立性の問題は，①会計規範の制度的確定のその時々の制定者の構成という観点，②個々の規範形成制定者の制度的価値観にもとづくという人的な観点，③資金的拘束という財政の観点において重要であるが，私的会計委員会をこの利害関係の影響から遮断したいという意図は明らかに限界がある。

ブラントは，以上のように論述し，会計規範を自動的に策定するという意味での私的会計委員会は国家の権威の支持を抜きにしては実現が難しいと結論する一方で，ドイツ経済検査士協会，取引所及び取引所監督委員会，政治機構を通じた職業規則としての私的会計委員会の代替的な実施の可能性については，米国において唯一，財務会計基準審議会（FASB）が米国証券取引委員会（SEC）の支持を得て会計ステートメントを広範に設定し得ているが，ドイツにおいてはその成功の見込みが小さいと断定しているのである。

〈注〉
1. Brand, H., *Private Rechnungslegungskommission*, Frankfurt a.M. 1981 S.4.
2. *Ebenda*, S.13.　　3. *Ebenda*, S.14.　　4. *Ebenda*, S.34.
5. *Ebenda*, S.35.　　6. *Ebenda*, S.59.　　7. *Ebenda*, S.78.
8. *Ebenda*, S.82.　　9. *Ebenda*, S.130.　　10. *Ebenda*, S.159.
11. *Ebenda*, S.164.　　12. *Ebenda*, S.243-252.　　13. *Ebenda*, S.264.

5　経済界等の批判・反対によるプライベートセクターの設置構想の挫折

　正規の簿記の諸原則（GoB）の設定を民間団体に権限委譲する私的会計委員会の設置構想は，レフソンにはじまり，シュパンホルスト，経営経済学教授連合，商法・会計指令法予備草案，ブラントの所論のなかで提唱あるいは批判的検討されてきた。この構想は，各国の企業外部会計が様々に異なった法秩序のなかでそれぞれに違った規制がなされているが，同時にまた，法律で会計規範をすべて確定できるものでもないとする認識に立った新しい問題の提起であった。

　ドイツは，成文法体系のもとで法の支配（Rechtsherrschaft）を受けて，商法会計規範の形成を図る国である。このような国の特徴は，法律の欠缺の充填および解釈を必要とする概念として，正規の簿記の諸原則（GoB）を置き，これを不確定法概念として捉えたうえで，正規の簿記の諸原則（GoB）の確定による会計法規範の形成を図るところにあった。本節で取り上げたプライベートセクター設置構想も，このドイツの商法会計規範形成システムの新しい制度装置を設計しようとした試みに他ならなかった。

　1980年に提案された商法・会計指令法予備草案の商法典第290条の国家による正規の簿記の諸原則（GoB）委員会の設置要求が外部会計の制度的規範形成の議論を活性化したことの現代的意義は，同時期に経済界等のプライベートセクター設置構想に対する反対・批判を受けて，伝統的な立法愛国主義を支持するかたちで終息したにもかかわらず，後の議論へと繋がった点で画期的な意義があったといっても過言でない。レフソンが指摘しているドイツに固有の伝統的な設定方式である立法主義を基本とした裁判官による形式的な規範形成と経営経済学による実質的な規範形成という設定機構が論争の結果として再確認されたこともこの時代の論争の意義として大きかった。とくに，1980年代にいたるこの時期において，経営経済学が企業会計法の実質内容を形成するという役割が強調されていた。換言すれば，正規の簿記の諸原則（GoB）の設定主体論争が経営経済学による新たな企業会計法の形成を期待していたともいえる。この時期の正規の簿記の諸原則（GoB）設定主体構想は，論争をしたという事実

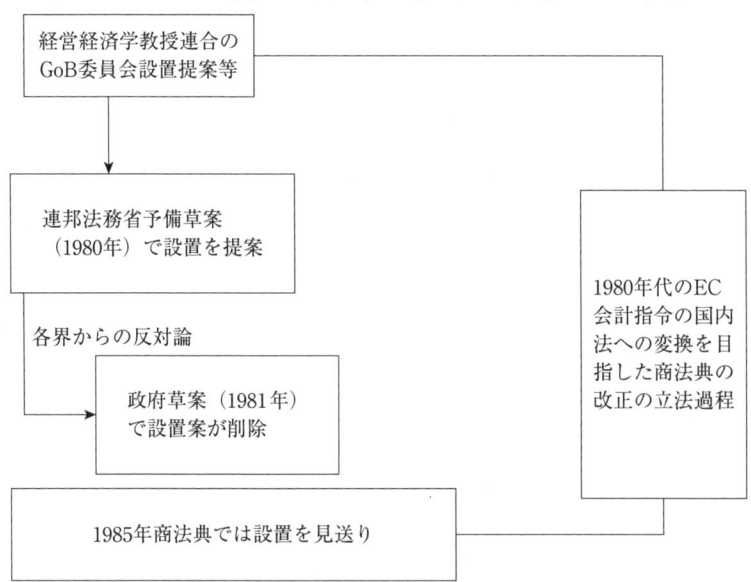

第2−2図　1980年代の会計基準設定主体の設置構想とその見送り

```
┌─────────────────┐
│ 経営経済学教授連合の │
│ GoB委員会設置提案等 │
└────────┬────────┘
         ↓
┌─────────────────┐                    ┌─────────────────┐
│ 連邦法務省予備草案  │                    │                 │
│ （1980年）で設置を提案│                    │                 │
└────────┬────────┘                    │ 1980年代のEC    │
 各界からの反対論                           │ 会計指令の国内  │
         ↓                                │ 法への変換を目  │
┌─────────────────┐                    │ 指した商法典の  │
│ 政府草案（1981年） │                    │ 改正の立法過程  │
│ で設置案が削除    │                    │                 │
└─────────────────┘                    │                 │
                                         │                 │
┌─────────────────┐                    └─────────────────┘
│1985年商法典では設置を見送り│
└─────────────────┘
```

それ自体に意味があり，会計規範形成システムについて，諸外国の設定方式の比較検討を通じて改めて確認した点に，正規の簿記の諸原則（GoB）設定主体論争の意味を見出し得る。正規の簿記の諸原則（GoB）設定主体論争が1980年商法・会計指令法予備草案に結実した[1]。

しかしながら，1985年商法・会計指令法の現実の立法過程では，この正規の簿記の諸原則（GoB）の設定主体構想・ドイツ版FASBの会計規範形成方式は，陽の目を見ることがなく，立法愛国主義にもとづく多くの批判・反対論のまえに1985年会計指令法・商法改正の審議のなかで挫折を余儀なくされ，正規の簿記の諸原則（GoB）設定主体論争に一応の終息が見られた（第2−2図）。しかし，その後の会計国際化路線のいっそうの強まりのなかで，正規の簿記の諸原則（GoB）設定主体論争が1990年代後半の会計制度改革のもとでふたたび浮上してきたのである。

〈注〉
1．拙稿　前掲論文『新潟大学経済学年報』第7号，1982年11月，45-83頁を参照。

第2節　1998年の会計制度改革とドイツ会計基準委員会の創設

1　ドイツ会計基準委員会創設の立法過程

　1980年代に展開された正規の簿記の諸原則（GoB）設定主体論争が終息した後，ふたたびドイツで議論の対象となって登場してきたのは，1990年代後半に入ってであった。この時期は，ドイツの会計国際化の第1フェーズにあたっていた。すなわち，1992年にドイツ自動車メーカー最大手のダイムラーベンツ（Daimler-Benz）社がドイツで最初に米国ニューヨーク証券取引所に上場申請を行い，米国会計基準（US-GAAP）準拠の連結決算書の作成という会計行動を採ったこと皮切りに，ドイツ企業が国際会計基準・米国会計基準（IAS/US-GAAP）準拠の選択的会計行動を採り始めた。この同じ時期の1995年にEUもまた1980年代に採ったEU会計指令の独自の開発路線を改め，国際会計基準（IAS）準拠の路線への転換するEU会計戦略転換文書を公表した。1990年代後半は，まさに，ドイツ・EUにおける会計国際化の転換期として，ドイツが1985年商法・会計指令法から新しい立法過程に入った。ここに，ドイツの会計国際化の新しい時期に対応させたかたちで，正規の簿記の諸原則（GoB）設定主体論争を再浮上させて，会計基準設定主体論争が展開されることとなった。

　この論争の決着が1998年4月のドイツ会計基準委員会（Deutsches Rechnungslegungs Standards Commitee/German Accounting Standards Comittee）の創設であった[1]。しかし，このドイツ会計基準委員会の創設をもってしても，会計規範の設定が立法機関によって行われるというドイツの立法愛国主義の憲法原則が放棄されたものでなかった。この点は，勧告を行う主体としての性格を付与されたに過ぎず，ドイツの立法権限が堅持されることになんら変わりはないとした連邦法務省当局者の明言に留意しておく必要がある[2]。

　会計基準設定主体の設置に関し，法的根拠が与えられたのは，1998年3月5

日に成立した企業領域統制透明化法（KonTraG）においてであった。この企業領域統制透明化法（KonTraG）のもとで，商法典第342条と第342a条が新設され，①私的会計委員会，②公的会計審議会のいずれかの設置形態を選択できることが明示された。そして，この設置形態の選択を受けて，前者の私的会計委員会方式の採用が優先されるかたちで，ドイツ会計基準委員会の設置が決まった。

ドイツ会計基準委員会は，商法典第342条の私的会計委員会の設置形態を適用したもので，その任務については，①連結決算書に限定して，IAS/US-GAAP適応を商法会計規範の枠組みのなかで開発・勧告し，②連邦法務省の立法行為に対し，立法助言を行い，③国際会計基準委員会（IASC）をはじめとする国際機関の場においてドイツを代表するとした点に特徴があった。

この私的委員会の設置形態のドイツ会計基準委員会の創設に関しては，ドイツにおける長年にわたる会計基準設定機関設置をめぐる検討プロセスを経て実現したものである。

具体的には，第1節で叙述したように，1964年にレフソンが中立的な機構による正規の簿記の諸原則（GoB）の獲得を提起したことにはじまり，1974年のシュパンホルストの専門的知識を有する権威ある新機関，1979年の経営経済学教授連合の正規の簿記の諸原則（GoB）委員会を経て，EC会計指令変換をテーマとした商法改正プロセスで見られた1980年2月5日の連邦法務省予備草案の命令授権による民間団体による正規の簿記の諸原則（GoB）の設定がこの時期に提案されていた。しかしながら，当時にあってこれらのプライベートセクターの設置構想の提案は必ずしも社会的なコンセンサスを得ることができず，1981年のブラントの私的会計委員会論でも批判的検討がなされた。この段階では，ドイツにおけるプライベートセクターの設置構想は，時期尚早であるとされ，1981年5月18日の商法改正政府草案で会計基準設定機関・プライベートセクターの設置が見送られた[3]。

その後，16年の歳月を経て，会計基準設定機関・プライベートセクターの設置構想が今度はIAS/US-GAAP準拠への適応というドイツ会計の国際化とい

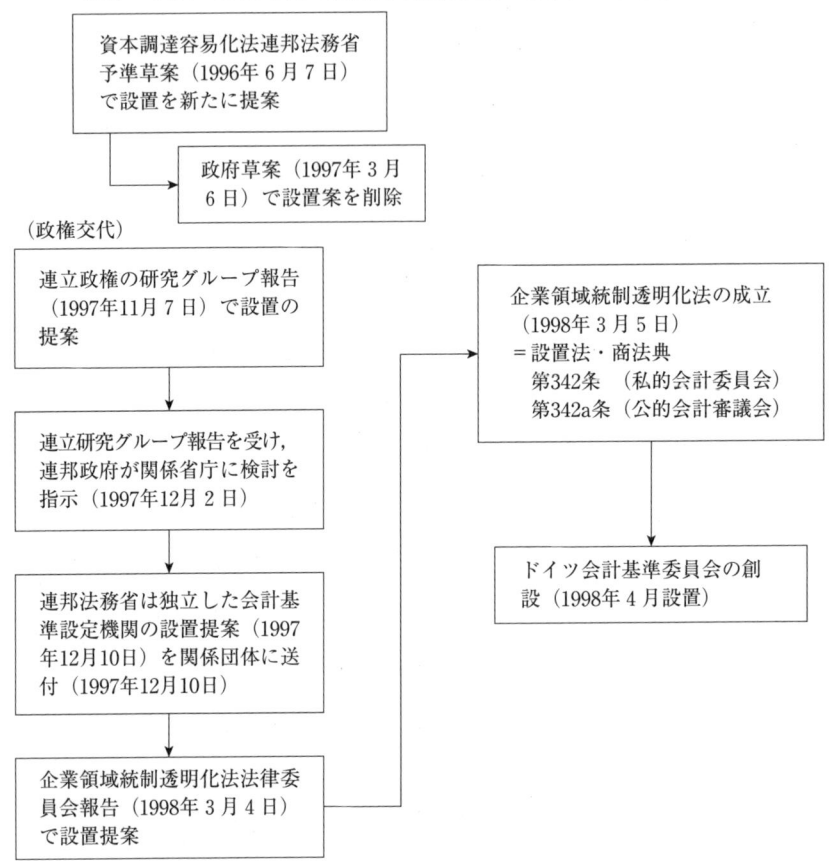

第2−3図　1990年代の会計基準設定主体の設置の立法過程

```
┌─────────────────────────┐
│ 資本調達容易化法連邦法務省 │
│ 予準草案（1996年6月7日） │
│ で設置を新たに提案       │
└─────────────────────────┘
        │
        ↓
    ┌─────────────────────────┐
    │ 政府草案（1997年3月   │
    │ 6日）で設置案を削除   │
    └─────────────────────────┘

（政権交代）

┌─────────────────────────┐
│ 連立政権の研究グループ報告 │
│ （1997年11月7日）で設置の │
│ 提案                     │
└─────────────────────────┘
        │
        ↓
┌─────────────────────────┐
│ 連立研究グループ報告を受け， │
│ 連邦政府が関係省庁に検討を │
│ 指示（1997年12月2日）     │
└─────────────────────────┘
        │
        ↓
┌─────────────────────────┐
│ 連邦法務省は独立した会計基 │
│ 準設定機関の設置提案（1997 │
│ 年12月10日）を関係団体に送 │
│ 付（1997年12月10日）      │
└─────────────────────────┘
        │
        ↓
┌─────────────────────────┐
│ 企業領域統制透明化法法律委 │
│ 員会報告（1998年3月4日）  │
│ で設置提案               │
└─────────────────────────┘
        │
        ↓
┌─────────────────────────┐
│ 企業領域統制透明化法の成立 │
│ （1998年3月5日）         │
│ ＝設置法・商法典         │
│ 　第342条　（私的会計委員会）│
│ 　第342a条（公的会計審議会）│
└─────────────────────────┘
        │
        ↓
┌─────────────────────────┐
│ ドイツ会計基準委員会の創 │
│ 設（1998年4月設置）      │
└─────────────────────────┘
```

う新たな時代背景のもとで浮上してきたのである。

　第2−3図は，ドイツの会計国際化の第2フェーズの時期にふたたび取り上げられることとなった会計基準主体・プライベートセクターの設置構想の立法過程を示したものである。1996年6月7日に資本調達容易化法（KapAEG）の連邦法務省参事官草案によって会計基準設定機関の設置の必要性が提起されたことで議論が新たな展開を見せはじめた。その後，1997年3月6日に出された資本調達容易化法（KapAEG）の政府草案では，この構想は削除され，会計基

準設定機関の設置構想そのものは，企業領域統制透明化法案のなかに移され，実現に向けた検討がなされた。

　1997年11月27日に発表された連立政権の研究グループの報告（「いっそうの雇用創出をめざしたグローバル資本市場政策」）のなかで会計国際化への対応として会計基準設定機関の必要性が提起されたことを受けて，1997年12月2日に連邦政府はただちに検討を開始し，連邦法務省が1997年12月11日付の文書通知で独立した会計基準設定機関の設置に関する法律上の規準をつくる旨の提案を関係団体に送付した。この連邦法務省の1997年12月10日提案は，商法典第264条の改正のなかで会計基準設定機関の新設を提唱し，さらに，その範囲を資本会社のすべてと連結・個別決算書にまで及ぶものとするとともに，1997年12月17日の修正素案（Rohentwurf）では，連邦法務省の設置する機関のほかに，私法上の機関が代替的に認められるといた点が特徴的である。

　しかし，その後，関係各界の意見を聴取した結果を踏まえて，1998年1月16日の修正素案（Rohentwurf）では，根拠規定を商法典第264条に代えて，商法典第342条（私的会計委員会）と商法典第342a条（公的会計審議会）として新設することとし，さらに，連結・個別決算書の分離を図って，連結決算書に限定する方向に改め，個別決算書の税務上の利益計算への基準性原則を堅持することが提案された[4]。

　そして，1998年1月30日の法律委員会勧告（Beschlußempfehlung des Rechtsausschusses）によって，この2つの方式のうちで，商法典第342条の私法上の機関の設置の方が優先的に採用されるとし，商法典第342a条の公的会計審議会の設置が代替的な機能（Subsidiarität）を果たすものとされた。

　以上の立法過程を経て，商法典第342条の私的会計委員会と商法典第342a条の公的会計審議会の2つの方式が1998年3月5日の企業領域統制透明化法の新設条項として，連邦議会で可決成立したのである。

　以下，会計基準設定主体創設にいたった，資本調達容易化法連邦法務省参事官草案（1996年6月7日）から企業領域統制透明化法（1998年3月5日）における立法過程について考察しておきたい。

〈注〉
1. Ackermann, G., Nun werden auch die Deutschen aktiver, in; *Der Betrieb*, Heft 22/1998, S.1.
2. Funke, R., Noch einmal ; Wer entscheidet im Bilanzrecht ?., in; *Der Betrieb*, Heft 24/1998, S.1.
3. 拙稿「西ドイツにおける会計規準形成―現代GoB論と法的規準の設定」(第9回公認会計士協会研究大会　研究発表論文集) 1986年を参照のこと。
4. Zitzelberger, S., Überlegungen zur Einrichtung eines nationalen Rechnungslegungsremiums in Deutschland, in; *Die Wirtschaftsprüfung*, Heft 7/1998, S.246-250.

2　資本調達容易化法連邦法務省参事官草案 (1996年6月7日) における会計基準設定機関の設置構想

　国際資本市場におけるドイツのコンツェルンの競争力の改善及び資本調達容易化のための法律草案が連邦法務省参事官案として1996年6月7日に示されたが，この参事官草案の目的とするところは，ドイツ企業の外国の資本市場における競争条件の改善のために商法を改正し，IAS/US-GAAPに適応した決算書を作成する法的根拠を付与することにあった。このなかで，参事官草案は，外国通貨換算，リース，セグメント報告，資金計算書，金融派生商品等について数多くの欠缺があり，このため，ドイツ企業は外国の法律上の規範または外国で一般に認められている会計原則，たとえば，IAS/US-GAAPを適用する傾向にあると指摘したうえで，IAS/US-GAAPのような国際または外国の会計原則をドイツの立法権限に抵触することなくいかにして受け入れることのできる可能な途があるかを検討する必要があると問題提起し，外国または国際的に認められた基準設定機関の会計基準がドイツで承認された基準設定機関を通じてのみドイツの基準となることができるとの考え方を明らかにしたのである。すなわち，ドイツ法に規範が欠けているか，または選択権が存在し，かつ反するような規範がない限り，IAS/US-GAAPの適用に異議はないが，しかし，国内法にしたがうことを義務づけられている商人や国内法によって活動している決算監査人が外国の法を直接に適用することが許されるかどうかについては疑義が起こり得るため，将来，外国の法律上の規範やIAS/US-GAAPといったような一般に認められた会計原則の適用に明確な法的根拠づけが行われ

第2章　ドイツ版プライベートセクターの形成過程　63

るべきであるというのが参事官草案の考えであった。そして，このような方法で外国の会計原則が一般的承認を得ることで国内の正規の簿記の諸原則(GoB)となることができ，また法律による確定を避けることができるというものであり，このことは規制緩和からも支持されるとした[1]。

　その際に，参事官草案は，IAS/US-GAAPに見られる国際または外国の会計基準のドイツへの受け入れがリーガルテストによってではなく，一般的承認性による国内の正規の簿記の諸原則（GoB）化というかたちを通じて行われるべきであるから，会計基準設定機関の設置がそのために必要となっていると提案したのである。しかしながら，同時に，そのようなかたちでの国際または外国の会計基準の受け入れそのものがドイツの立法権限を放棄するものであってはならないことも併せて強調していた。公益を堅持したうえで，商法典第264条2項による会計の目標が達成される限りで外国の会計原則の許容がなされるべきであるとしたところに参事官草案の特徴があった[2]。

　参事官草案は，その具体的な措置として，IAS/US-GAAP適応条項について，①商法典第264条の3項と4項に新たに挿入すること，②商法典第292条の5項に新たに挿入することの2つの提案を行った。この提案は，IAS/US-GAAP適応条項を個別決算書と連結決算書の両方にわたって新設した点に特徴が見られるものであるが，この提案にかかわって，参事官草案が提起したのがドイツで承認された基準設定機関の設置[3]である。参事官草案の理由書は，この点についてつぎのように述べている[4]。

　ドイツにおいて法律上の規範が不完全であるため，商人はしばしばどのようにしてこの欠缺を充填すればよいかという問題に直面している。外国の会計原則の適用は，とくに，それが国際的にも認められている場合には現行の商人実務に合致しており，しかも，これによって国際的調和化が促進され，会計の質の改善が図られ得るという理由から歓迎されるべきものである。しかしながら，ドイツの正規の簿記の諸原則（GoB）または法律上の規定が存在しているか，あるいは，外国または国際的規範がドイツ法に合致していないときにはその適用は許容されない。法の欠缺の充填の場合に外国の法の適用が可能である

と一般に考えるならば，法律上の規範はもっぱら宣言的な意味を有しているに過ぎない。だが，法律上の規範は，それが適用に関し限定的なメルクマールを有しているため，そしてまた，それが引き続き外国の方法をドイツの読者に適切なかたちで表現している新しい提案の第284条2項1号による義務づけのための基礎になるため有意義であるとあると思われる。

しかも，基準は会計方法のランク付けをこれまで以上に明白に改善するのに役立っている。商法典には，その適用領域で活動しているすべての商人に対し，年次決算書および連結決算書の作成にあたって正規の簿記の諸原則（GoB）を遵守しなければならないことを義務づけている。法律上の規定もまたこの正規の簿記の諸原則（GoB）に属している。法律や法規命令によって確定されていない正規の簿記の諸原則（GoB）は，実務のなかで発展し，そして，それがいかなる立場からも拘束的なかたちで反映も公表もなされないという問題が起きる場合には，一般的承認を受けることで正規の簿記の諸原則（GoB）となる。係争事件の場合には，裁判所が決定するが，その裁判所の判決は文献や公示の前提を充たしている。ドイツ標準規格協会による標準規格の領域におけるものと違って，ドイツには公開の手続きを採るというかたちで会計基準を開発し，文書でこれを衆知させ，一般的承認と適用を通じて正規の簿記の諸原則（GoB）となり得るよう要請を受けた承認された機関はなんら存在しない。このため，とくに，デリィバテイブ会計の例に見られるように新しく発生した会計問題については，商人は，自己の責任でひとりまたは他の商人と一緒に，ドイツの会計の目標設定に合致する会計方法を開発し，適用しなければならない。このような状態のもとで，商人が外国または国際的に認められた会計方法に関し意思決定する場合には，この方法がドイツ法に合致している限り，それが調和化に役立つという理由から，商人が会計方法を開発し，適用することは歓迎されるべきである。しかしながら，適用される外国の規準または基準に対し，商人が自己の責任で開発した会計方法として高い質をなんら与えるものではない。法律上の基準が立法を通じてのみドイツ法になることができるように，他の国で認められた基準設定機関による会計基準もまたドイツで認

第2−4図　会計基準設定機関を通じたIAS/US-GAAPのGoB化（参事官草案）

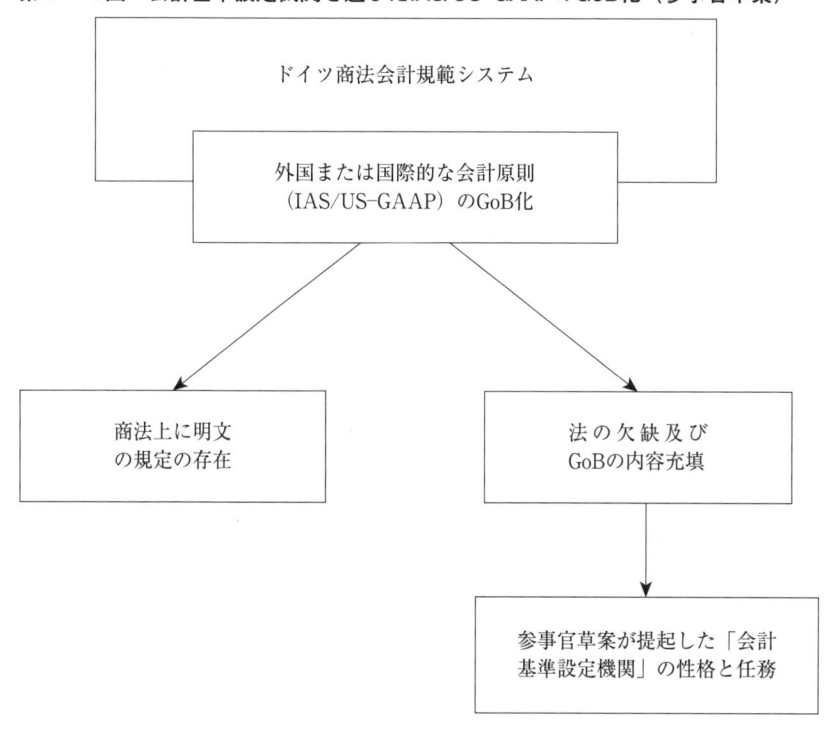

```
┌─────────────────────────────────┐
│     ドイツ商法会計規範システム              │
│  ┌──────────────────────────┐   │
│  │  外国または国際的な会計原則          │   │
│  │  （IAS/US-GAAP）のGoB化          │   │
│  └──────────────────────────┘   │
└─────────────────────────────────┘
         ↙                    ↘
┌──────────────┐      ┌──────────────┐
│ 商法上に明文    │      │ 法の欠缺及び   │
│ の規定の存在    │      │ GoBの内容充填  │
└──────────────┘      └──────────────┘
                              ↓
                      ┌──────────────────┐
                      │ 参事官草案が提起した「会計 │
                      │ 基準設定機関」の性格と任務 │
                      └──────────────────┘
```

められた基準設定機関を通じてのみ，この機関がドイツ語への翻訳を行い，公表し，そして，ドイツ基準として表わされるときに，ドイツの基準となることができる。そのときにはじめて，最初は外国の基準であったものがドイツの正規の簿記の諸原則（GoB）となるというチャンスが生まれる。

　1996年6月7日の資本調達容易化法（KapAEG）の参事官草案理由書は，このように述べて，第2−4図のように，外国または国際的な会計規範または基準（IAS/US-GAAP）をドイツの立法権限に反することなく，ドイツの正規の簿記の諸原則（GoB）化する方法として受け入れるためには，ドイツで認められた基準設定機関の設置が望ましいとする提案を行ったのである。

〈注〉
1．2．Bundesministrium der Justiz, Referentenentwurf eines Gesetzes zur Verbesserung der Wettbewerbsfähigkeit deutscher Konzerne an internationalen Kapitalmärkten und zur erleichterden Aufnahme von Gesellschafterdarlehen (Kapitalauf-ahmeerleiterungsgesetz) mit Begründung, (Stand von 7.Juni 1996., S.22-24. S.28-30.
3．*Ebenda*, S.30.　　4．*Ebenda*, S.28-30.

3　企業領域統制透明化法（1998年3月5日）における会計基準設定機関の設置構想

1996年の連邦法務省の資本調達容易化法（KapAEG）の参事官草案において，ドイツで承認された会計基準設定機関の設置が提案されたが，この資本調達容易化法案をめぐる議論のなかで，この構想に対し各界から反対意見が出された。その結果，1997年3月6日の政府草案では設置構想が削除された。これは，参事官草案が商法典第264条3項及び4項の新設を提案し，連結決算書の免責条項によるIAS/US-GAAP適応だけではなく，これを越えてさらに個別決算書にまで拡大適用の途を開こうとしたことへの反対がつよく出されたからである[1]。だが，政府草案の段階で，商法典第264条3項，4項の新設は撤回されたが，設置構想そのものについては，連立政権の研究グループ報告によっても支持され，そして，これを受けて政府内部で引き続き検討がなされたることになり，かくして，1998年3月5日に企業領域統制透明化法（KonTraG）のなかでドイツで承認された会計基準設定機関の設置が商法改正を行うかたちで実現したのである。

　この企業領域統制透明化法（KonTraG）は，商法典第3篇の第4章に続けて第5章を新たに設け，第2-5図のように，私的会計委員会もしくは公的会計審議会の設置を選択的に認める第342条と第342a条の条項を新たに挿入した[2]。前者の第342条による私的会計委員会は，ドイツ版FASB構想を継承した組織を実現させたものであり，これに対し，第342a条による公的会計審議会は，我が国の企業会計審議会に類した組織であるが，それぞれについては，つぎのような内容であると規定されている。

　第342条の私的会計委員会とは，連邦法務省が私法により組織した機関とし

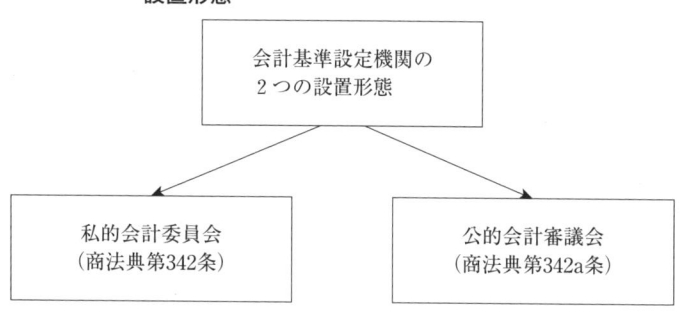

第2－5図　企業領域統制透明化法による会計基準設定機関の設置形態

```
        会計基準設定機関の
         2つの設置形態
         ／        ＼
  私的会計委員会      公的会計審議会
 (商法典第342条)   (商法典第342a条)
```

て創設が認められたものであり，①連結会計に関する諸原則の適用のために行う勧告を開発する，②会計規定に関する立法行為に際し連邦法務省に助言を与える，③国際的な基準設定機関においてドイツを代表するといった任務がこの機関に委任されているが，ただし，この機関が行う勧告が専門的に利害関係を有する公衆を含めるという手続きのなかで会計人により独立的かつ排他的に開発され，決定されることを保証しているような機関として設置が認められ，企業または会計人の組織がこの機関の構成員である場合は，構成員の権限は会計人によってのみ行使されることが許される（第342条1項）。そして，連邦法務省から公告され，第1項1文によって認められた機関の勧告が導き出される限り，連結会計に関する正規の簿記の諸原則が遵守されていると推定される（第342条2項）。

この第342条による私的会計委員会に対し，第342a条に公的会計審議会の設置が代替措置として認められた（第342a条1項）。この公的会計審議会とは，連邦法務省の下のもとに第342条1項1文による任務を有した機関として設置が認められるもので（第2項），審議会の構成は，①委員長として連邦法務省の代表1名，ならびに連邦大蔵省及び連邦経済省の代表各1名，②企業代表4名，③経済監査職業人代表4名，④大学教授代表2名の計13名から成る（第2項）。公的会計審議会の構成員は連邦法務省により任命され，構成員には会計人のみが任命されるものとする（第3項）。公的会計審議会の構成員は独立し

ており，機関に拘束されない。審議会における構成員の活動は無給である（第4項）。連邦法務省は審議会に関する規則を命令することができる（第5項）。公的会計審議会は一定の専門領域に関し専門委員会及び作業部会を設けることができる（第6項）。会計審議会とその下部の専門委員会及び作業部会は，構成員の少なくとも3分の2の出席のもとに議決することができ，議決権の過半数によって採決を行い，可否同数の場合は委員長がこれを決する（第7項）。公的会計審議会の勧告に関しては，第342条2項を準用する（第8項）。そして，この公的会計審議会の設置に関しては，連邦法務省が第342条1項による機関の設置を認める限り，公的会計審議会を設置しないものとする（第9項）。

このように，企業領域統制透明化法（KonTraG）によって，商法典第342条の私的会計委員会もしくは第342a条の公的会計審議会の2つの方式が選択的に設置できる道が開かれた。

〈注〉
1. Zitzelsbeger, S., *a.a, O.*, S.246.
2. Gesetz zur Kontrolle und Transparenz im Unternehmensbereich（KonTraG）vom 1998.

第3章

ドイツ会計基準委員会の設置の意味と役割
―1998年のDRSC創設と2003年改訂への展開―

は じ め に

　本章は，ドイツ会計基準委員会の設置の意味と役割について論究するものである。ドイツ会計基準委員会(Deutsches Rechnungslegungs Standards Committee/DRSC)は，第2章において考察したように，1980年代のGoB委員会設置構想を経た後に，ドイツ会計制度改革の進展に関連して，1998年の創設と2003年の改組において，その役割に重点の移行が見られた。このため，2つの時期区分によって，ドイツ会計基準委員会の役割について考察を行う。

　1998年3月5日の企業領域統制透明化法（KonTraG）の成立により，商法典が改正されたが，この商法改正のもとで，商法典第342条の私的会計委員会方式（privates Rechnungslegungsgremium）と第342a条の公的会計審議会方式（Rechnungslegungsbeirat）の2つの会計基準設定機関の導入（Einführung eines Rechnungslegungsgremiums）が提示された。しかし，規制緩和（Deregulierung）と脱官僚化（Entbürokratierung）という時代の要請[1]を受けて，ドイツが実際に選択した会計基準設定機関の設置形態は，このうちの私的会計委員会方式であり，1998年4月にドイツ会計基準委員会が会員組織の私法上の団体として創設された[2]。この限りで，ドイツ会計基準委員会は，私的会計委員会（プライベートセクター）方式という私法上の組織であり，そのことから，ドイツ版FASBと呼称されることもあるが，設置の際に，連邦法務省との間で締結された基準設定契約（Standardisierungsvertrag）に縛られているため，アングロサクソン流の市場の解決（Marktlösung）よりもむしろ協調による解決（Kooperations-

lösung)という意味での政府の統制がつよく働く私的会計委員会方式であった[3]。
　ドイツ会計基準委員会が目標とするところは，国際的な先例にならって独立性を有し，社会的に認められた専門家から成る機関[4]として設置され，商法典第342条1項において，ドイツ会計基準委員会に対し，以下の3つの任務が付託されていた，

① 連結会計の原則の適用に関する勧告の開発 (Entwicklung von Empfehlungen zur Anwendung der Grundsätze über die Konzernrechnungs-legung)，

② 連邦法務省への立法行為に対する助言 (Beratung des Bundesministriums der Justiz bei Gesetzgebungvorhabe zu Rechnungslegungsvorschriften)，

③ 国際的な基準設定機関におけるドイツ代表 (Vertretung der Bundesrepublik Deutschland in internationalen Standardierungsgremien)

　この付託された3つの任務は，1998年創設時から2003年改組時へと継承されているが，ドイツ会計基準委員会の1998年創設時から2003年改組時への展開において，3つの任務のどれに重点をおくかをめぐって大きく変容した。
　1998年の創設時に付託された3つの任務のうち，ドイツ会計基準委員会が当初最も重要視したのは，第1の任務である商法準拠の連結会計の原則の適用に関する勧告の開発であった。このため，ドイツ会計基準 (Deutscher Rechnungslegungsstandards/DRS) と呼ばれる新しい概念がドイツの法規範に対する専門規範として規範性[5]を与えられた。これは，会計基準 (Rechnungslegungsstandards/accounting standards) という概念にもとづく会計規範設定方式を採用して，国際的な発展に対応させることで，証券市場の投資家保護のために会計を規制するというアングロアメリカの私的規制ルールを取り入れたもので，商法会計規範システムのなかで伝統的に維持されてきた債権者保護の会計規制とのコントラストを成し，このことのために，設置の形態のうえでは，プライベートセクター方式としてドイツ会計基準委員会が創設された。
　このことから，1998年創設時に，ドイツ会計基準委員会の権限問題とドイツ会計基準の性格を軸に，つまり，第1の任務規定をめぐっての論争が展開されたのである。当時の論争からも，ドイツ会計基準委員会の創設が単純に投資家

保護の市場規制のためのプライベートセクターの会計基準設定方式への転換であると捉えることは正鵠を射ておらず,むしろ,ドイツの会計規制システムの全体のなかで捉えて,立法愛国主義[6]（Gesetzgebungspatoritismus），つまり,ドイツの伝統的な商法会計規範システムの枠組みのなかで位置づけることが肝要であるとされていたことが分かる。この点,ドイツ会計基準委員会の創設時に,以下の指摘がなされていたことが注目される[7]。

(1) 資本市場指向の会計を発展させ,資本市場目的に水準点として有効な国際基準に近づけることの意義が認められるとしても,商法確定決算基準（商事貸借対照表の税務貸借対照表に対する基準性原則）が存在するため,資本市場を指向しない企業の利害も考慮する必要があり,このような資本市場指向の国際基準への接近が連結決算書に留め置くことが重要であり,個別決算書にまで及ぶことのないように留意すべきである。

(2) 会計規範の設定主体が誰か,換言すれば,ドイツ会計基準委員会が会計規範の設定主体となったのか。ドイツの立法権限への懸念がある。

前者の批判的指摘に関しては,1998年創設当時は,ドイツ会計基準委員会の第1任務が連結会計の原則に関する勧告の開発に限定されていることが強調されることで,個別決算書への波及を懸念する問題は一応の回避を見せた。また,後者に関しては,長年の懸案であったドイツ版FASB構想が具体的に実現したことで,外国の基準設定機関の影響をつよく受けたドイツ会計基準委員会がドイツ商法会計規範システムの設定主体となり,ドイツの立法府の権限が軽視されるのではないかといった懸念が指摘されたが,この点は,連邦法務省の立法当局者がつよく否定し,ドイツの立法権限になんら変化がないことが強調されていた[8]。

しかしながら,1998年のドイツ会計基準委員会の創設以降,ドイツを取り巻く会計国際化の環境条件が変化し,EUの新会計戦略の影響を受けて,EUのIAS/IFRSの承認（Übernahme/Adoption）への路線の切り替えが明確になった。その結果,ドイツ会計基準委員会に付託された第3の任務である国際的な会計基準設定機関におけるドイツ代表の役割・機能の方が第1の任務よりも優

先されるべきであると考えられるようになった。2003年にドイツ会計基準委員会が改組されたのは，このようなEUのIAS/IFRS承認路線という新しい会計戦略の作用にもとづくものであった。

本章以下では，ドイツ会計基準委員会の1998年創設から2003年改組へと展開していくなかで，どのような意義と役割が期待されてきたかを究明している。

〈注〉
1. Zitzelsberger, S., Überlegungen zur Einrichtung eines nationalen Rechnungslegungsgremiums in Deutschland, in: *Die Wirtschaftsprüfung*, Heft 7/1998, S.219.
2. ドイツ会計基準委員会の2005年度の業務報告書によれば，会員組織の内訳は，法人会員58社，個人会員69名，団体会員8団体であった。また，財政収入の規模は，2005年度決算で，2,140千ユーロであったが，これはドイツ会計基準委員会の財政基盤が弱いことを示すものであった。さらに，私法上の団体ということから，ドイツ会計基準委員会は，監査法人（FGS Revisions-und Treuhandgesellschaft mbH）から決算監査を受けている。
3. 協調による解決とは，強制的な国家の統制から手続きによる社会的自主的統制への移行のもとで国家の規制責任を前提にしている（Berberich, J., *Ein Framework für das DRSC*, Berlin 2002, S.158. Hommelhoff, P./Schwarb, M., Gesellschaftliche Selbststeuerung im Bilanzrecht, in: *Betriebswirtshaftliche Forschung und Praxis*, Heft 1/1998, S38.）。
4. Ackermann, G., Nun werden auch die Deutschen aktivier in: *Der Betrieb*, Heft 23/1998, S. 365.
5. ここで，会計基準方式というのは，法規範（Rechtsnorm）に対し，専門規範（Fachnorm）として新たに会計基準設定機関（Rechnungslegungsgremium）によって会計基準が設定されるというアングロアメリカ方式を指している。ドイツでは，立法機関または行政機関が法律または命令のかたちで会計規範をつくってきた。
6. Niehus, R.J., Der Reformbedarf im deutschen Bilanzrecht, in: Kleindiek, D./Oehler, W., *Die Zukunft des deutschen Bilanzrecht*, Köln 2000, S.28.
7. Zitzelsberger, S., a.a.O.,, S.246. Schön, W., Wer entscheidet im Bilanzrecht ?, in; *Der Betrieb*, Heft 11/1998. S.1.
8. Funk, R., Noch eimal; Wer entscheidet im Bilanzrecht ?, in: *Der Betrieb*, Heft 24/1998, S.1.

第3章 ドイツ会計基準委員会の設置の意味と役割 73

第1節 ドイツ会計基準委員会の創設
―1998年の会計制度改革による私的会計委員会の設置の意義―

1 ドイツ会計基準委員会設置の時代背景

ドイツ会計基準委員会が1998年にドイツ史上はじめて私法上の組織として財団方式のプライベートセクター（privates Rechnungslegungsgremium）として創設されたが，このドイツ会計基準委員会の成立には，つぎのような時代背景があった。

第1は，EUにおける独自の調和化作業の放棄とIASCの将来像への対応といったEUの会計戦略転換の提起といったドイツを取り巻く国際的な環境条件の変化があったことである。

EUの会計指令を通じた域内の会計基準調和化路線が破綻し，IAS（国際会計基準）との間におけるいっそうの発展への転換が図られ，1995年にEG（ヨーロッパ共同体）は戦略文書[1]を公表し，独自の会計基準の域内調和化の作業をやめ，IASCの会計基準設定プロセスに参加する方向への方針転換を打ち出した。この方針転換の背後には，ヨーロッパの企業がグローバルな資本市場での資金調達へのシフトをつよめ始めたこと，そして，IOSCO（証券監督者国際機構）がIASCとの間で合意し，IASをコアスタンダードとして承認したことが挙げられる。この結果，会計基準のグローバルスタンダードをめぐる米欧の覇権争いがIASCの国際会計基準の設定プロセスを舞台に繰り広げられる構図が明らかになり，グローバルスタンダードをめぐる覇権争いの場がIASCの将来像の機構改革構想に結び付いていっそう激しくなってきたのである。

そして，このEUのIASへのシフト路線・IASCの将来像[2]への対応にともなって，ドイツに要請され，ドイツが主体的に取り組んだ課題がドイツにおけるプライベートセクターの設置であった。

第2は，ドイツ企業のIAS/US-GAAPへの選択的適用が1990年代以降に一段と進展したが，その一方において，そのことに対応した商法上の適応化の条

項が法的に不安定な状況にあったことである。

　1993年のDaimler-Benz社のニューヨーク証券取引所上場を皮切りに，同じく1993年にPuma社がIAS適用をはじめ，1994年にBayer社，Schering社，Heidelberger Zement社がHGB/IASの併用，1996年にDeutsche Telekom社がUS-GAAP適用を行うなど，さらに，1997年にドイツ国内の取引所のNeuer Markt（新興企業市場）でIAS/US-GAAPの適用がもとめられることとなった。この結果，ドイツの大手上場企業が相次いで，ドイツの商法に準拠した国内基準を単独適用することでなく，IAS/US-GAAPに準拠した財務報告の作成を行なう連結決算書実務が展開した。ドイツの大手上場企業のDAX30社の1998年度の連結決算書実務の事例を調べて見ると，30社のうちの12社がドイツ商法基準を単独適用した企業であるのに対し，18社はIAS/US-GAAPを適用した企業であった。さらに，18社の内訳を見ると，IASを適用したのは12社であり，US-GAAPを適用したのが6社であることが分かる。しかも，IAS適用の12社を調べると，10社がIASのみを適用，2社がドイツ商法基準とIASを併用している。他方，US-GAAP適用の6社については，US-GAAPのみを適用したのが2社，商法基準とUS-GAAPを併用しているのが4社であった。このようなDAX30社のIAS/US-GAAP適用の状況の外に，IAS適用の企業数に関する1999年のIASCの統計資料にもとづけば，ドイツ企業98社（実施予定も含む）がIAS適用会社とされているのである。この1990年代のドイツ企業の適用状況を見る限り，商法基準適用，IAS適用，US-GAAP適用の3つのグループに分化していることが判明する[3]。

　このような時代背景から読み取れる論点は何かというと，ドイツが資本市場指向の連結決算書への対応にいかに腐心せざるを得なかったということである。1985年の会計指令法（Bilanzrichtlinien-Gesetz）としての商法改正では，このようなグローバル資本市場指向の連結決算書に制度的な支持・法的安定性を与えることが困難であるという現実が生まれたのである。

　ドイツ大手上場企業の連結決算書実務がこのような適用会計基準の選択行動をめぐって，決定的に重要な論点として，これらの実務が商法に適法であるか

どうかという点で，1990年代後半に法的に不安定な状況に陥ったということである。1998年の商法改正の以前にあっては，商法上の選択権を行使したとして，IAS/US-GAAPの適用を法解釈してきたが，IAS/US-GAAPの適用に関する明文の根拠規定を欠いていた。このため，IAS/US-GAAPの適用を認める明文の根拠規定が商法典第290条（HGB基準にもとづく連結決算書の作成の義務）からの免責条項として新設されることがもとめられた[4]。

1998年のドイツ会計制度改革は，これらの点に対応して，ドイツが必要な国内法の整備を図ったもので，具体的な立法措置として，資本調達容易化法と企業領域統制透明化法の2つの法律が成立した。

資本調達容易化法の重要なポイントは，商法典第292a条の新設であった。商法典第292a条の新設によって，ドイツ企業がIAS/US-GAAP（国際的に認められた会計基準）にもとづく連結決算書の作成が商法典第290条の義務からの離脱することが名実ともに可能となり，改正前の商法上の選択権の行使の枠内でという法解釈論が必要とされなくなった。その立法化の意図について，株主及び投資家がドイツの上場企業について国際的に認められた基準（IAS/US-GAAP）による連結決算書を投資の意思決定に有用な情報として利用することができるという国際的な要請に応えることで，ドイツの上場企業の国際競争力の強化が期待されるところにあった。

しかし，商法典第292a条の免責条項の新設は，1990年代に急速に進んだドイツ企業のIAS/US-GAAP準拠の連結決算書実務の会計行動に対する商法上の法律の不備・欠缺を補充した2004年までの立法措置に過ぎず，このため，この時限立法の措置のなかで，1998年当時すでに，1995年と2000年のEUの会計戦略転換文書にもとづくIAS/IFRS基準のEU法化に対応させた本格的な商法改正を行う2005年のドイツ会計制度改革の近未来の方向性が展望されていた。

この資本調達容易化法にもとづく商法典第292a条の免責条項の新設とともに成立したのが企業領域統制透明化法にもとづく商法典第342条と第342a条であった。商法典第342条と第342a条の新設のもとで，私的会計委員会（privates Rechnungslegungsgremium）と公的会計審議会（Rechnungslegungsbeirat）の2

つの設置形態の会計基準設定主体がドイツ史上はじめて立法措置として提示された。企業領域統制透明化法によって，国際的な競争力を強化するために，ドイツ企業に企業の戦略と発展に関し投資家とのインセンテイブのあるコミニュケーションとあらゆる企業領域における透明化を実現する必要があるということが立法化の意図であるとされ，その具体的な措置の1つとして，商法典第342条の私的会計委員会方式の会計基準設定主体が採用された[5]。

〈注〉
1. EU-Kommission, Mitteilung der Kommission, Harmonisierung auf dem Gebiet der Rechnungslegung: Eine neue Strategie im IIinblick auf die internationale Harmonisierung, Brüssel 1995.
2. IASC, *Shaping IASD for the Future*, London 1998.
3. 拙著『適用会計基準の選択行動』（森山書店）2004年を参照。
4. Ernst, C./Seichert, U./Stuckert,F., *KonTraG, KapAEG,StückAG,EuroEG-IDW Textgabe*, Düsseldorf 1998, S.6–7.
5. Mitteilung des Bundesministrium für Justiz vom 6.November 1997 und vom 7.Juni 1998.

2 商法典第342条の根拠規定にもとづき設置したドイツ会計基準委員会

ここで，改めて確認しておきたい点は，ドイツの規範形成システムの構造が重層的であるということである。すなわち，ドイツの規範形成システムの形態から見た場合に，第3－1図のような4つの形態，すなわち，①立法機関による規制(Regulierung durch den Gesetzgeber)，②行政機関による規制(Regulierung durch Regierung und Bürokratie)，③公的審議会・委員会による規制(Regulierung durch Beitrat und Kommission)，④私的委員会による規制（Regulierung durch private Gremien）がある[1]。このことから，会計規制の形態に敷衍して考えれば，第1の立法機関による会計規制とは，商法会計規範を連邦議会で立法化するということである。1794年のプロイセン一般国法（Allgemeinen Preußisches Landrecht）にはじまり，1861年のドイツ普通商法典（Allgemeine Deutschen Handelsgesetzbuch），1897年の商法典（Handelsgesetzbuch），1870年，1884年，1937年および1965年の株式法（Aktiengesetz），1985年の会計指令法（Bilanz-

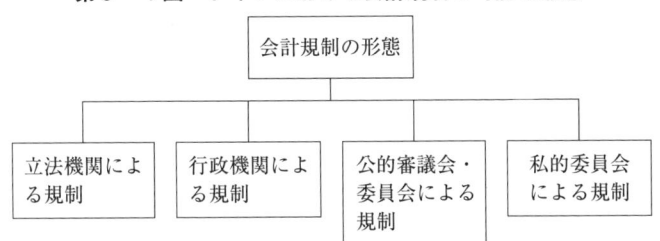

第3－1図　ドイツにおける会計規制の可能な形態

```
        会計規制の形態
    ┌─────┬─────┼─────┬─────┐
 立法機関によ 行政機関によ 公的審議会・ 私的委員会
  る規制    る規制   委員会による による規制
                    規制
```

(出典) Hoffmann, J., *Das DRSC und die Regulierung der Rechnungslegung*, Frankfurt a. M. 2003, S. 41-43. にもとづき作成。

richtlinien-Gesetz），1998年の資本調達容易化法・企業領域統制透明化法 (KapAEG/KonTraG) といった成文法を指している。この場合に，ドイツの会計規制が税の算定に密接に結びついていることから国家に主体があるとされてきた。立法による正当化の機能 (legislative Funktion) は，連邦参議院の同意を得た連邦衆議院のもとにある。法律は，連邦議会と連邦政府の密接な連携によって成立するが，なかでも，連邦政府・各省庁による法案提出が立法過程において決定的に重要な影響力を有している[2]。

　第2の行政機関による会計規制とは，立法過程の影響にとどまらずに，行政 (Exekutive) が独自の規制権限（Regulierungsmacht) を有しており，そのことが基本法第80条1項2文において法規命令 (Rechtsverordung) への授権というものである。この法規命令への授権がドイツの法の設定 (Rechtsetzung) において決定的な役割を果たしているが，会計領域では，連邦財務省の税法の施行命令等がそれに該当している[3]。

　この2つの規制形態は，これまで，ドイツの立法愛国主義の伝統的な規制形態であったが，これに対し，第3の公的審議会・委員会による規制は，ドイツの政治化過程において重要な役割を果たしているが，しかしながら，この公的審議会・委員会は，独自の規制権限をなんら有しておらず，間接的に立法および行政に対する助言 (Beratung) を通じてしか影響力をもち得ない。連邦政府は，商法典第342a条において，連邦法務省に設置した公的会計審議会で専門的

商法典第342条（私的会計委員会）
第1項　連邦法務省は，私法上の組織した機構を契約によって認めることができ，以下の任務をその機構に委任することができる。
　　1　連結会計に関する諸原則の適用に関する勧告の開発
　　2　会計規定について立法行為を行う際の連邦法務省に対する助言
　　3　国際的な基準設定機関においてドイツ連邦共和国を代表
　　しかし，その機構の定款にもとづいて，勧告が独立し，かつ排他的に会計人によって専門的に関心のある公衆が関わる手続きで開発されることを保証している機構だけが認められる。会計人の企業または団体がこの機構の会員である限り，会員の権限は会計人によってのみ行使することが許容される。
第2項　連邦法務省によって第1項1文で認められる機構の勧告が公示される限り，連結会計に関する正規の簿記の諸原則が遵守されているものと推定される。

　知識をもとめようとしたが，公的会計審議会は，次善の措置であるとして，具体実施がなされなかった[4]。この結果，第4の私的委員会による規制形態として，商法典第342条の私的会計委員会の設置形態が実現した。

　1998年の企業領域統制透明化法にもとづき成立した商法典第342条（私的会計委員会方式）がドイツ会計基準委員会設置に関する根拠規定である。企業領域統制透明化法では，①商法典第342条の私的会計委員会（privates Rechnungslegungsgremium）と②商法典第342a条の公的会計審議会（Rechnungslegungsbeirat）という2つの設置形態の選択肢が認められていた。この2つの設置形態の選択肢に関し，前者の私的会計委員会方式について，商法典第342条は，以下のように定めていた。商法典第342条の私的会計委員会については，連邦法務省が私法により組織した機構を契約によって設置を認めるもので，この私的会計委員会に対し，（1）連結会計に関する諸原則の適用に関する勧告を開発する，（2）会計規定に関する立法行為に際に，連邦法務省の助言を与える，（3）国際的な会計基準設定機関においてドイツを代表するといった3つの任務が付託された。そして，連邦法務省より公告（Bekanntmachung）されたドイツ基準が遵守される限りで，それが連結会計に関する正規の簿記の諸原則を遵守したものであると推定（Vermutung）されると明示した。第1の任務は，勧告の開発機能（Entwicklungsfunktion），第2の任務は，立法助言機能

(Beratungs-funktion), 第3の任務は, 代表機能 (Vertretungsfunktion) と言われるものであった。

この商法典第342条の私的会計委員会方式に対し, もう1つの方式として, 商法典第342a条の公的会計審議会の設置が認められた。この公的会計審議会については, その任務が私的会計委員会と同じものであるとされた外は, 公的規制のつよい組織として設置されることが規定されている。公的会計審議会の構成員として, 連邦法務省の代表が会長となる外, 連邦財務省と連邦経済省から各1名が委員となり, 企業代表（4名）, 監査界代表（4名）, 大学教授（2名）が委員となるとともに, 委員の任命権者は連邦法務省である。また, 委員は独立不偏の会計人から成る。

しかし, 公的会計審議会という第2の選択肢については, 私法による解決が不可能となる場合に, 連邦法務省の指揮下での公法をベースとした会計審議会を設置するという選択肢だけが商法典第342a条によって考えられる。しかし, この道ははたしてより良い解決方法であろうか[5]の考え方から, 私法的解決として商法典第342条の私的会計委員会が選択され, その具体的な設置形態としてのドイツ会計基準委員会 (DRSC) が創設された。

〈注〉
1. 2. 3. 4. Hoffmann, J., *Das DRSC und die Regulierung der Rechnungslegung*, Frankfurt a.M. 2003, S.41-43.
5. Funke,R.,Noch einmal; Wer entscheidet im Bilanzrecht ?, in: *Der Betrieb*, Heft 24/1998, S.1.

3 連邦法務省との契約により承認を受けたドイツ会計基準委員会

連邦法務省は, 商法典第342条のもとづきドイツ会計基準委員会をドイツの会計基準設定主体を立ち上げたが, その設置に際し, 1998年9月3日にドイツ会計基準委員会との間に基準設定契約[1] (Standardisierungsvertrag) を取り交わし, ドイツ会計基準委員会が政府から独立した常設の機関の承認 (Anerkennung eines unabhändigen Standardsierungsgremiums) であることが明

記された。

　連邦法務省とドイツ会計基準委員会の基準設定契約のなかで，ドイツ会計基準委員会の内容が以下のように明らかにされた[2]。

　―ドイツ会計基準委員会に対し，商法典第342条の3つの任務が付託されているが，その際，公共の利益を考慮して任務を遂行し，連結会計に関する基準の開発にあたって司法，立法及び行政の利益を考慮することがもとめられている。

　―連邦法務省は，ドイツ会計基準委員会の独立性を認めた上で，ドイツ会計基準委員会の会議に議決権をもたないが，出席することができ，また，会計に関する立法過程にドイツ会計基準委員会を適切なかたちで参加させる。

　―ドイツ会計基準委員会は，連邦法務省に対し，すべての草案及び決定した基準を送付するとともに，決定した基準が連邦法務省によって提示されるかどうかを報告する。

　―ドイツ会計基準委員会は，連邦法務省の諮問に応じる外に，基準設定機関によるその他の意見書に関しても報告する権限を有する。

　―ドイツ会計基準委員会は，基準設定作業に対する連邦法務省の要請に適切なかたちで優先的に応えることができるよう配慮し，連邦法務省は，基準設定作業を行なうために適度な期限を付すことができる。

　―ドイツ会計基準委員会は，その活動に関し公衆に情報を提供する義務を有する。

　―ドイツ会計基準委員会は，基準の完成にあたって基準が法規定に矛盾していないことを顧慮するとともに，正規の簿記の諸原則（GoB）の重要な発展というものを排除しない。

　―ドイツ会計基準委員会の機関を構成するにあたって，会計作成者，経済検査士及び会計利用者の利益を保護することを顧慮し，ドイツ会計基準設定委員会（Dentscher Standardisierungsrat/DSR）または作業部会における委員に会計人を選任する。

―ドイツ会計基準委員会は，連邦法務省に対し，ドイツ会計基準設定委員会を通じて国内及び国際的な基準設定の動向に関する情報の提供を行うとともに，会計領域に対する審議と意見勧告をドイツ会計基準設定委員会がもとめに応じて無償で行う。

―連邦法務省は，ドイツ会計基準委員会の利益にかない，そして，それに反する重要な理由ない限り，会計領域における重要な経過及び発展に関し，また，それに関連している規定及び会計領域のEU指令に関し，ドイツ会計基準委員会の下部機関のドイツ会計基準設定委員会に周知する。

―連邦法務省は，ドイツ会計基準委員会の下部機関のドイツ会計基準設定委員会に対し，基準設定の問題及びそれに関連した手続規定に関する国際協定や公式の国際組織の活動の重要な経過及び発展に関し周知するとともに，ドイツ会計基準委員会の任務の履行のために必要であり，かつそれに反する重要な理由がない限り，ドイツ会計基準設定委員会に参加する。

―ドイツ会計基準委員会は，連邦法務省の提議にもとづき，ドイツ会計基準設定委員会を通じて，または，そのなかに設けた専門委員会を通じて連邦法務省に助言を与えるとともに，国際機関においてドイツを代表するが，それに係る財政負担はドイツ会計基準委員会が負う。

―ドイツ会計基準委員会は，基準設定の会計領域における国際的な協調に貢献するよう努め，国際協定にもとづき連邦法務省が負っている会計における調和化及び基準設定の義務について，ドイツ会計基準委員会の基準がこれを支持する。

―ドイツ会計基準委員会は，ドイツの基準設定活動，そして，ドイツ会計にとって意義がある限りにおいて，外国及び国際的に認められた基準設定機構の基準設定活動に関する情報と文書を提供する場所として基準設定の情報システムを構築する。

　以上がドイツ会計基準委員会が連邦法務省との間に取り交わした基準設定契約の内容である。その内容から分かることは，商法典第342条に掲紀された連結会計に関する諸原則の適用のための基準の開発，会計規定に関する立法行為

の際の連邦法務省への助言,国際的な基準設定機関におけるドイツ代表といった3つの任務について,ドイツ会計基準委員会が連邦法務省との密接な連携のもとでいかに具体的に遂行していくかを取り決めたということである。ドイツ会計基準委員会は,連邦法務省に対し,連結決算書に限定した基準の勧告の開発を行い,立法行為に対しても助言を行う任務を有し,立法過程による会計規範形成プロセスに組み込まれた新しい組織として立ち上げられたことが理解できる。

たしかに,私法上組織されたという性格を捉える限り,会計人によって構成された常設の政府から独立した機関である点では,ドイツ版FASBとも呼ばれる所以である。

この点については,ドイツ会計基準委員会定款(Satzung des Vereins)によっても確認することができる。ドイツ会計基準委員会定款の前文[3]によれば,ドイツ会計基準委員会は,

―企業及びコンツェルンの会計に対し,商人及び関係者の自己規制の方法で,とくに責任をもって活動するか,または監査,助言,教授を行っている者,あるいは,企業の財務報告にもとづいて意思決定をしている者の利益を擁護するために会計の発展が必要であるという認識のもとに,

―グローバル及び国内の市場の欲求に,とくに国際的調和化にとっては,国際的及び国内の立法を通じてよりもいっそう良く照応することができるという経験からして,もっぱら公認の専門家から成る独立機関によって,アングロサクソン的及び国際的な先例にしたがって基準設定を導入し,そして,資金の調達を図るという目的をもって,

―会計人,会計を義務づけられた企業,そして,この領域で助言を行ない,監査をする会社が適度な範囲で委員会に加入し,財政を支援し,それとともに,委員会の目標を幅広い基礎にもとづき達成し,そして,立法の範囲をミニマムなものにすることができという期待のもとに,

と記されており,この限りで,ドイツ会計基準委員会が外形的に私的会計委員会・ドイツ版FASBとして描かれていたと言えよう。しかしながら,同時に,

ドイツ会計基準委員会定款[4]によれば，ドイツ会計基準委員会は，
  —立法機関と裁判所の権限がこのことによって侵害されるということがなく，連邦政府が委員会をドイツの基準設定主体として認め，委員会の目標を支持し，そして，専門家から成る委員会を利用するとういう目標をもって，

と記されているように，立法権限・裁判権限の侵害がないことが明確に確認されていることが分かる。立法の範囲をミニマムなものにすることができるという期待のもとで，ドイツの立法愛国主義を制約条件として，一定の自主規制組織としてドイツ会計基準委員会が立ち上げられたものであって，連邦法務省が公告（Bekanntmachung）したドイツ会計基準が商法会計規範の法の欠缺の部分を補充するものであった。この意味で，ドイツ会計基準委員会は，連邦法務省の公的規制・国家の規制責任（Regulierungsverantwortung）のもとに置かれた私的会計委員会という点で，ハイブリッド方式の会計基準設定主体の設置[5]ということの方が的確である。

このように，ドイツ会計基準委員会は，ハイブリッド方式の会計基準設定主体として連邦法務省の規制を受けて設置されたが，ドイツ会計基準委員会のもう1つの特徴点は，定款によって
  —国際的な調和化が国際機構における協力によって，そして，他の基準設定機関との協働によって，また研究の振興によって促進し，とくにヨーロッパ連合における基準設定機関の形成に影響を与えるという意図のもとに，

設立がなされたということである[6]。2000年以降，EUのなかで進展したIAS/IFRSの承認という会計戦略転換に関わって，ドイツ会計基準委員会が果たした役割の大きさから見て，ドイツの国際的利害への役割期待が1998年創設時からいかに重視されていたかを鮮明にしていた。

〈注〉
1. Bundesministerium der Justiz, Standardierungsvertrag zwischen dem Bundesministrium der Justiz und dem Deutschen Rechnungslegung Standards Committee vom 7. September 1998.

2. DRSC, Satzung des Vereins-DRSC vom16. Dezember 1998.
3. DRSC, Prämbel, Sazung des Vereins-DRSC vom 16. Dezenber 1998.
4. DRSC, Satzung des Vereins-DRSC.
5. McLeay, S., *Accounting Regulation in Europe*, London 1999, p.374.
6. DRSC, Satzung des Vereins-DRSC.

第2節　ドイツ会計基準委員会の2003年改組
―2005年の会計制度改革に向けた国際化路線への切り替え―

1　ドイツ会計基準委員会の2003年改組の時代背景

　1998年のドイツ会計基準委員会の創設以降，ドイツ会計を取り巻く国際的環境が大きく変化した。すでに1998年当時から会計基準の規範形成(Normsetzung)のグローバリゼーションが進展していたが，その変化・進展の契機となったのは，1995年・2000年のEU委員会のヨーロッパにおける会計戦略文書に関する公表と，これを受けて出された競争力のあるヨーロッパの資本市場の構築を目指したEUの一連の金融市場促進の行動計画・IAS適用への戦略転換のもとで，ドイツが上場企業の資本調達行動における国際的・国内的拡大化に伴い採った適用会計基準の選択行動の広がりであった[1]。

　2002年7月にEUの新しい会計戦略を決定づける大きな前進として，ヨーロッパ議会・理事会命令が出され，IAS/IFRSの適用がEU域内の資本市場指向の企業の連結決算書に対し，2005年度決算から強制されることとなった。加盟国立法選択権として，非資本市場指向の企業にもIAS/IFRSの任期適用が認められるとともに，企業選択権も許容され，個別決算書に関しても，それが情報提供目的である限りで，IAS/IFRSの任意適用も認められた。その結果，ドイツでは，配当計算・税務計算の目的のための個別決算書については，これまで通りのHGBへの準拠が維持された。この2002年7月のEUのIAS適用命令を転機に，ドイツの会計規範形成にIAS/IFRSが決定的な意義をもつにいたり，ここに，ドイツ会計基準委員会とその下部組織のドイツ会計基準設定委員会は，基準設定主体としてのみずからの活動を戦略的に新たに方向づける誘因を見出し

た。ドイツ会計基準委員会・ドイツ会計基準設定委員会は，国際会計基準とのコンバージェンスを果たし，ドイツの利益を代表するために，IASB及びその各国の基準設定主体との協力をいっそう強める新しい方向にシフトした[2]。

このような1998年以降の状況の進展を背景として，ドイツ会計基準委員会は，2003年に新たな組織改定を行った。以下，ドイツ会計基準委員会の報道発表[3]の「ドイツ会計の基準設定主体の新しい構成（2003年3月28日）」によって，2003年改定の概要を確認しておきたい。この2003年改組の中心テーマは，ドイツ会計基準委員会の新組織による国際化への重要なフォーカス(internationale wesentlicher Forkuss bei Neuorganisations des DRSC) であった。

ドイツ会計基準委員会の新理事長（Prof.Dr.Harald Wiedmann）は，この報道発表のなかで，2003年改組の趣旨についてつぎのように説明している[4]。

ドイツ会計基準委員会は，会計の国際的な変化に内容及び組織的な新方向をもって対応する。IASBやFASBのような国際的基準設定主体に対し，ドイツ経済の利益を代表することがドイツ会計基準委員会の中心的な目標である。ドイツ会計は，国際的な比較において高い水準にある。このことは，とくに近年におけるドイツ会計基準委員会とその活動の成果であるが，会計における国際化がいっそう進展しているなかで，この要請に応えることがドイツ会計基準委員会の新方向である。このため，ドイツ会計基準委員会は，連邦法務省と協力してドイツの競争力ある解決を発展させていきたい。

会計における国際的な変化の過程とドイツの企業へのそれの影響に関して2つの発展が重要である。1つは，2005年以降すべてのヨーロッパの資本市場指向の会社が連結決算書をIASで作成しなければならないとう義務づけを与えた法律上の行動であり，いま1つは，米国の取引所に上場するドイツ企業が増加したことである。この結果，US-GAAPによって年次報告書および中間報告書がすくなくとも調整計算書のかたちで提出する義務が生じた。

ドイツ会計基準委員会の改組には，国際的な慣習への基準設定プロセスの適応また属している。それゆえ，将来，会計基準の開発のすべてのフェーズは，公開で行われる。すなわち，すべての関係者，とくに企業，団体，学界に意見

書及び意見陳述の機会が与えられる。ドイツ会計基準委員会内の独自の基準設定組織であるドイツ会計基準設定委員会は，基準設定契約（Standardierungsvertrag）の枠組みのなかで，公開の討論過程の終了によって固有の法律上の基礎を与えられる。このような基準設定のプロセスをもって効率的な方法で企業の需要ならびに必要な国家の枠組み条件が一体的かつ共同的に変換されることになる。

この新理事長の発言は，ドイツ会計基準委員会の2003年改組が明らかに1998年創設時の任務ではEU-IAS/IFRS承認路線に対応しきれないこと，さらに，ドイツの利益を国際的会計基準設定機関のなかで積極的に主張していくことの必要性の高まりに対応してバージョンアップしてくことを意識したものであったことを表明していた。

〈注〉
1．拙著　前掲書（森山書店）2004年，参照。
2．Organisation und Ziele des DRSC, http://www.standardsetter.de/drsc/docs/news/news.php
3．4．Pressemittei-lung vom 28.3.2003 zur Umstrukturierung des DRSC, Standardseter der deutschen Rechnugslegung in neuer Struktur, Internationalisierung wesentlihces Forkus bei Neuorganisation des DRSC. なお，同趣旨のことは，2003年7月22日のドイツ会計基準委員会の報道発表にあった（http://www.standardsetter/de/ drsc/docs/news/news.php）。

2　ドイツ会計基準委員会の組織構造

この報道発表文書に示されたように，ドイツ会計基準委員会（DRSC）は，国際化路線の取り組みを強める方向に重点をおきはじめたことから，1998年創設時の組織を改組するかたちで，2003年に組織の改定を行った。2003年改組によってドイツ会計基準委員会の国際化路線がいっそう鮮明になったが，このことを確認するために，1998年創設時と2003年改組後のドイツ会計基準委員会の組織構造を比較検討しておきたい。

ドイツ会計基準委員会は，1998年に政府から独立した常設の機関として設立されたものであり，専門家として認められた会計人によって構成され，会費制

第3章　ドイツ会計基準委員会の設置の意味と役割　87

第3－2図　1998年創設時のドイツ会計基準委員会の組織図

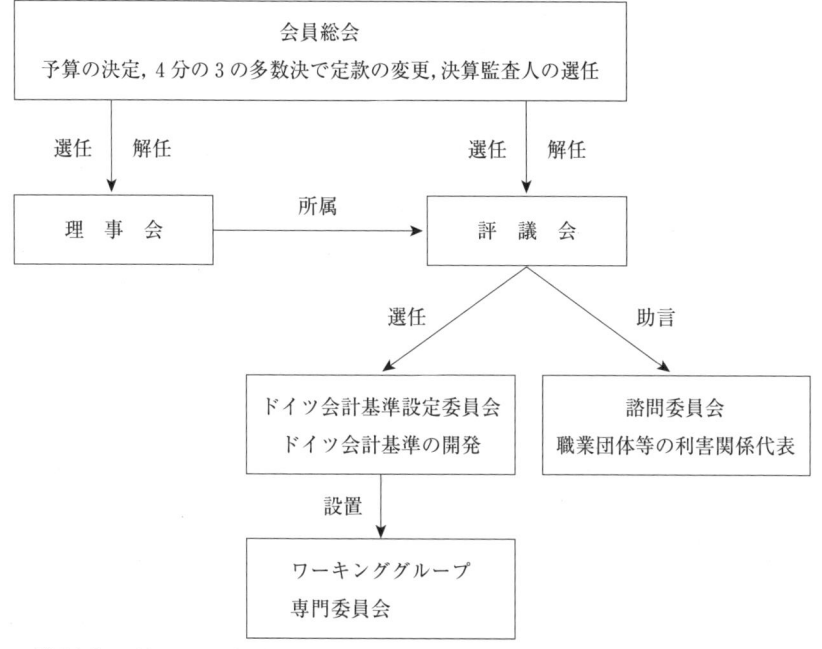

```
                    会員総会
        予算の決定，4分の3の多数決で定款の変更，決算監査人の選任

        選任  解任              選任  解任
          ↓                       ↓
         理事会      ─所属→      評議会

                             選任      助言
                              ↓         ↓
                 ドイツ会計基準設定委員会    諮問委員会
                  ドイツ会計基準の開発    職業団体等の利害関係代表
                         ↓設置
                    ワーキンググループ
                     専門委員会
```

（出典）http://www.standardsetter.de/drsc/docs/news/news.php

の自主財源を確保して立ち上げられた。1998年創設時におけるドイツ会計基準委員会の組織については，ドイツ会計基準委員会定款[1]において，第3－2図のような組織図が示されていた。

このドイツ会計基準委員会の1998年創設時の組織図から分かるように，ドイツ会計基準委員会には，①理事会（Vorstand），②評議会（Verwaltungsrat），③会員総会（Mitgliederversammlung）の3つ機関が設置された。この組織図で，会員総会が予算を決める外，ドイツ会計基準委員会定款の変更や決算検査人の選任を行うとともに，理事会と評議会の3年任期の役員を選任する。理事会は，ドイツ会計基準委員会を内外に代表するとともに，委員会の業務執行者を監督し，帳簿を作成する。理事会は，理事長，副理事長，財務担当理事，その他の理事の4名によって構成され，理事会が事務局長（Generalsekretär/in）

を任命する。評議会は，ドイツ会計基準委員会の任務を確定する権限を有し，その構成員として，理事会の4名の理事の外に14名の役員が会員総会により選任される。また，ドイツ会計基準委員会の機関のもとに，ドイツ会計基準設定委員会と諮問委員会（Konsultationsrat）が設置される。ドイツ会計基準設定委員会の構成は，評議会により選任された7名の委員から成り，このドイツ会計基準設定委員会がドイツ会計基準について，調査，確定，解釈を行う。そして，このドイツ会計基準を諮問する委員会が設けられる。諮問委員会の構成は，評議会から任命された委員から成るが，委員はすべて会計領域の専門家または利害関係代表者である。諮問委員会の会議は，ドイツ会計基準設定委員会の委員長が主宰する。この外，ドイツ会計基準設定委員会の下部組織として作業部会が設けられ，創設時には，銀行部会，金融商品部会，キャッシュフロー計算書部会，連結会計部会，セグメント報告書部会の5つの部会が設置された。

1998年創設時に，このような組織をもってドイツ会計基準委員会が立ち上げられたが，その後の会計国際化のいっそうの進展に伴なって，2003年にドイツ会計基準委員会の組織改定が実施された[2]。第3－3図は，2003年に改組されたドイツ会計基準委員会の組織図である。

1998年創設時の組織と2003年改定の組織との大きな違いは，ドイツ会計基準委員会の組織構成について，1998年組織が①理事会（Vorstand），②評議会（Verwaltungsrat），③会員総会（Mitgliederversammulung）の3つの機関から成るとしたのに対し，2003年組織は①理事会（Vorstand）と②会員総会（Mitgliederversammlung）の2つの機関（Organ）に変更され，評議会（Verwaltungsrat）が廃止されたことである。また，1998年創設時に設けられた④ドイツ会計基準設定委員会を継承するとともに，新設の⑤会計解釈委員会（Rechnungslegungs Interpretations Committee/RIC），⑥理事会執行委員会（Vorstandsausschuss）の3つの委員会（Gremimus）が立ち上げられた。

ドイツ会計基準委員会の2003年組織における各委員は，自然人である会計人（Rechnungsleger）から成り，会計人とは，商業帳簿・その他資料の作成有資

第3－3図　2003年に改組されたドイツ会計基準委員会の組織図

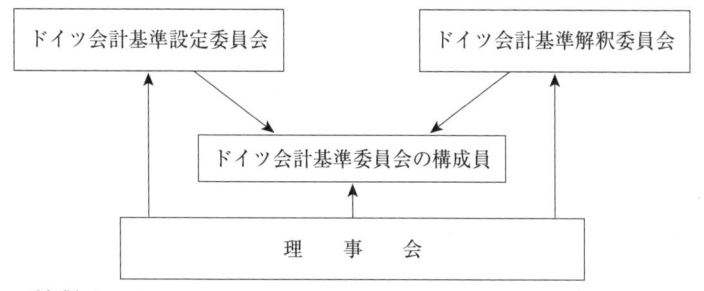

```
┌──────────────────────┐              ┌──────────────────────┐
│  ドイツ会計基準設定委員会  │              │  ドイツ会計基準解釈委員会  │
└──────────────────────┘              └──────────────────────┘
           │           ↘            ↙           │
           │            ↘          ↙            │
           ↓         ┌──────────────────────┐   ↓
                     │ ドイツ会計基準委員会の構成員 │
                     └──────────────────────┘
                                ↑
                     ┌──────────────────────┐
                     │       理　事　会       │
                     └──────────────────────┘
```

（出典）http://www.standardsetter.de/drsc.docs/news/news.php

第3－1表　2003年改組時のドイツ会計基準委員会のメンバー

理　事　長	Prof. Dr. Harald Wiedmann
事 務 局 長	Dr. Helmut Perlet
財務担当理事	Dr. Werner Brandt
理　　　事	Prof. Dr. Clemens Boreisig（Deutsche Bank），Prof. Dr. Adolf Coenenberg（Uni. Augsburg），Dr. Manfred Genz（Daimler-Chrysler） Larl-Ludurg Klez（Lufthansa），Heinz Joacim Neubürger（Siemens） Prof. Dr. Bernhard Pellens（Ruhr-Uni. Bochum），Dr. Klaus Sturanz（RWE），Hans Wagener（Pricewaterhause Coopers）

（出典）http://www.standardsetter.de/drsc/docs/news/news.php

格者，経済検査士，宣誓帳簿監査人，税理士，弁護士，国際会計領域での比較可能な有資格者である監査人，コンサルタント，教育者，監督者，アナリストである。理事会は，最低7名から最高14名の委員，すなわち，委員長，事務局長，財務担当理事および4名から11名の委員によって構成される。理事会の任務は，ドイツ会計基準委員会の業務の原則を確定し，ドイツ会計基準設定委員会とドイツ会計基準解釈委員会の委員を任命することにある。ドイツ会計基準委員会の業務執行のために，理事会に事務局長をおく。第3－1表は，2003年の改組時のドイツ会計基準委員会のメンバーを一覧したものであるが，その後，2006年現在のドイツ会計基準委員会（DRSC）のなかのドイツ会計基準設定委員会（DSR）と会計解釈委員会（RIC）の2つの委員会は，第3－2表の

第3－2表　ドイツ会計基準設定委員会（DSR）と会計解釈委員会（RIC）の
　　　　　委員会メンバーの構成（2006年現在）

ドイツ会計基準設定委員会（DSR）
　　委員長　Prof. Dr. Harald Wiedmann
　　委員　　Norbert Barth（DZ Bank），Martin Edelmann（Deutsche Bank）
　　　　　　Dr. Christoph Hütten（SAP），Dr. Susanne Kanngiesser（Allianz）
　　　　　　Johen Pape（Pricewaterhause Coopers），Prof. Dr. Claus-Peter Weber
　　　　　　（Gouter&Partner）
会計解釈委員会（RIC）
　　委員長　Dr. Stefan Schreiber（DRSC　議決権がない）
　　委員　　Dr. Andreas Barckow（Deloitte&Touche），Dr. Norbert Breker
　　　　　　（IDW）
　　　　　　Rolf Funk（Bayer），Prof. Dr, Sver Hayn（Ernst&Young）
　　　　　　Dr. Heinz Hermann Hense（Thyseen Krupp），
　　　　　　Dr. Elisabeth Schmalfuss（Siemens）
事務局長　　Liebsel Knorr

（出典）DRSC, *Quartalsbericht*, Q1/2007, S. 16-17.

ようなメンバーで構成されている。

　会員総会は，ドイツ会計基準委員会の理事を選任する。理事は，会計領域の有資格者または経験者で，ドイツ会計基準委員会の目標に賛同するすべての自然人であるが，条件によっては企業も委員になることができる。

　ドイツ会計基準設定委員会は，ドイツ会計基準委員会の目標を達成するために必要な任務を遂行する。ドイツ会計基準設定委員会の委員は，独立して，その活動を行う。ドイツ会計基準設定委員会の委員は，理事会，会員，連邦法務省またはその他の組織の指図になんら従う必要はない。ドイツ会計基準委員会の目標を達成するために，ドイツ会計基準設定委員会の下部組織として，作業部会を設置することができる。ドイツ会計基準設定委員会は，理事会から4年以内の任期の委員として選任される7名の委員から構成される。ドイツ会計基準設定委員会の委員長と副委員長は，互選により選出される。さらに，ドイツ会計基準設定委員会は，会計人2名の委員を協力者とすることができる。ドイツ会計基準設定委員会の委員は，国際会計の専門的な資格と専門的知識によって秀でており，国際会計基準・財務報告基準の新しい発展に関する理解を有し

ている会計人である。ドイツ会計基準設定委員会の委員は，特殊な分析能力を有し，かつ公開のコミュニケーションと議論によって，非公開・公開の会議で，ドイツ会計基準委員会の目標を遵守して，意思決定を行うことができる。

　ドイツ会計基準設定委員会の基準及びその他の意見書の議決要件は，委員の3分の2の賛成が必要であり，委員長，副委員長の選任を含めて，その他の場合は，委員の2分の1の賛成がなければならない。ドイツ会計基準設定委員会の業務は，委員長の同意のもとで事務局長が行う。

　商法典第342条にもとづき，ドイツ会計基準設定委員会は，以下の任務を有している。

　　─連結会計に関する諸原則の適用に関する意見書（基準）の開発
　　─会計のすべての問題における連邦法務省への助言
　　─国際的な会計基準設定機関におけるドイツ代表

　会計解釈委員会は，国際会計基準理事会の国際財務報告解釈委員会ならびにその他各国のリエゾンパートナーの委員会との密接な協力のもとで重要な会計問題の解釈の国際的なコンバージェンスを促進し，かつ現行の国際財務報告基準（IFRS）の枠内で，ドイツ会計基準との合致にもとづき特殊な各国の取引について判断を下すという任務を有している。

　会計解釈委員会は，委員長と理事会が会計人のなかから4年以内の任期で選任した6名の委員から構成する。委員長（Vorsitzende des RIC）には議決権がない。その他の委員は，出身の企業・団体の利害から独立して行使する議決権を有する。会計解釈委員会の議決は，議決権の4分の3の多数をもって行う。

　ドイツ会計基準設定委員会は，会計解釈委員会の意見書に対し，拒否権を有する。

　2003年改組後のドイツ会計基準委員会の新組織は，以上のような内容であるが，その改組の狙いが何処にあったかが重要なポイントである。この点について，1998年創設時と比べて，明らかに活動の重点任務がドイツ会計基準の開発という国内問題からIAS/IFRSへの適応という国際問題に移行したことに改組の狙いがあった。ドイツ会計基準委員会は，その狙いについてつぎのように述

べている[3]。

　1998年のドイツ会計基準委員会創設以来，会計をめぐる環境は大きく変化した。すでに当時から，会計規定のグローバリゼーションが予見されてはいたが，このような変化が急速に進むことは過小評価されていた。とくに近年のヨーロッパレベルでの発展は，ドイツ会計基準委員会の活動プログラムが大きく国際的な課題に費やされることをもたらしている。

　この点は，2005年11月25日改定のドイツ会計基準委員会の修正定款を1998年12月16日の旧定款と比べてみると，つぎのように明白に確認することができる[4]。

（１）　旧定款で，ヨーロッパ会計基準委員会の創設を構想していたのに対し，修正定款では削除されている。

（２）　旧定款と修正定款を比べると，目標の実現に向けた項目に関して，修正定款では，公共の利益のもとに会計と財務報告の質を高め，そして国内規準と国際的な会計規定とのコンバージェンスを図るという目的が第１項目に格上げされている。

（３）　旧定款で，IASCならびにその他の基準設定主体との協力と記されていたのに対し，修正定款では，これを補充・修正して，ワーキング委員会での積極的な共同作業とIASCFおよびその他の基準設定主体に対する会計利害（Rechnungslegungsinteresse）を代表することを含めて，IASB及びその他の国際的基準設定主体との協力とされている。

（４）　旧定款に記されていた３つの任務に関しても，修正定款では，修正が施されるとともに，任務の順序の変更がなされている。３つの任務のうち，第１の任務とされた連結会計に関する原則の適用についての勧告・基準の開発について，修正定款はそのまま継承したが，第２の任務の会計規定についての国内及び国際的なレベルでの立法に際して連邦法務省への助言について修正を行い，すべての会計規定において，ならびに加盟国選択権のある場合の会計規定の変換に関して国内およびEUレベルでの立法助言とした。さらに，旧定款で，第３の任務として，国際的な

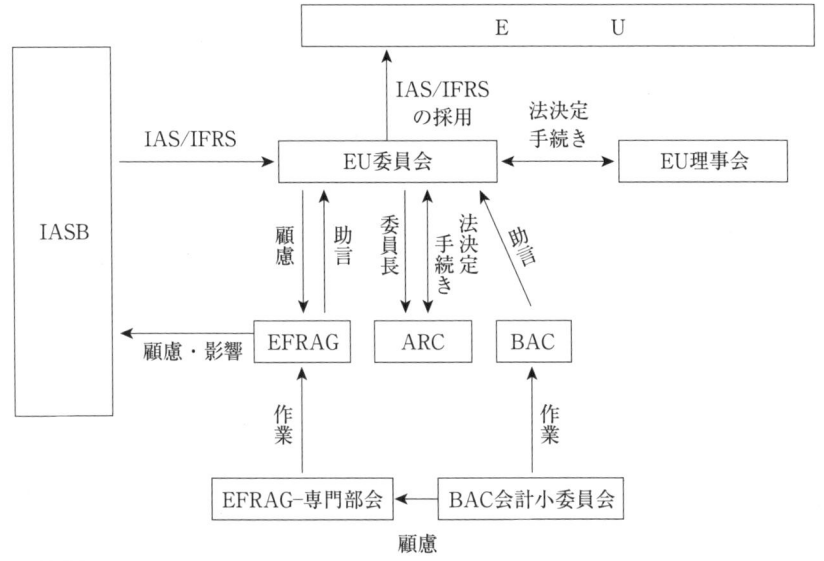

第3－4図　EFRAGの枠組みにおけるエンドースメントメカニズム（2006年）

```
                                    E    U
                              ↑
                        IAS/IFRS
                         の採用     法決定
            IAS/IFRS                 手続き
IASB ──────────────→ EU委員会 ←──────────→ EU理事会
                      ↑ ↓ ↑ ↓ ↑
                    顧 助 委 法 助
                    慮 言 員 決 言
                        長 定
                          手
                          続
                          き
  ←─顧慮・影響── EFRAG    ARC    BAC
                    ↑              ↑
                    作              作
                    業              業
              EFRAG-専門部会 ←── BAC会計小委員会
                            顧慮
```

（出典）DRSC, *Quartalsbericht*, Q1/2006, S. 11.

　　基準設定主体および調和化を促進する機関におけるドイツ連邦共和国代表とされていたことについても，修正定款では，国際的な基準設定主体および国際的な会計基準のコンバージェンスを促進する機関におけるドイツ連邦共和国代表という修正がなされた。

　　しかも，修正定款では，任務の順序について，立法助言の任務よりも，ドイツ代表の任務の方が上位に入れ替えられた。

以上から分かるように，2003年修正定款で，ドイツ会計基準委員会は，連結決算書に関するドイツ会計基準の国内基準の開発という任務については，仕切りなおしが必要であると考え，むしろ，時代の要請となったIAS/IFRSのIASB・EUレベルへの対応を図るという方針転換に大きく舵をきり，このための組織変更を行ったのである。この結果，第3－4図のように，2002年のEUのIAS/IFRS適用命令にもとづくEFRAGを軸としたEU承認IFRSのエンドースメントメカニズムの形成がなされ，このEFRAGの枠組みのなかで，EU-

IAS/IFRSの承認という国際重視路線がドイツ会計基準委員会の新しい方向づけとなったのである。

〈注〉
1．DRSC, Satzung des Vereins-DRSC vom 16. Dezember 1998.
2．3．この改組によるドイツ会計基準委員会の組織に関する概要は，DRSCのホームページに掲載されている（http://www.standardsetter.de/ drsc/docs/news/news.php）。
4．DRSC, Satzung des Vereins-DRSC vom 25. Januar 2005.

第3節　ドイツ会計基準委員会に付託された3つの任務
―2003年組織改定による3つの任務の重点移行―

1　連結会計に関する諸原則の適用についてのドイツ会計基準の開発

　ドイツ会計基準委員会(DRSC)の創設時に付託された第1の任務は，商法準拠の連結会計に関する諸原則の適用についての勧告の開発(Entwicklung von Empfelungen zur Anwendung der Grundsätze über die Konzernrechnungslegung)である。この第1の任務にもとづき，ドイツ会計基準委員会が連邦法務省による公告（Bekanntmachung）にもとづき公表したドイツ会計基準は，第3－3表に一覧した通りである。

　ドイツ会計基準は，専門的に関心のある公衆の参加する手続きで会計人が独立して，排他的に開発したドイツ会計基準公開草案として公表するもので，これを受けて，連邦法務省が公告することで，ドイツ会計基準となる。このドイツ会計基準委員会の会計基準設定手続き（Verfahren der Standaradisierung）は，一般に，アングロサクソン方式のデュープロセス（due process）と呼称されているもので，第3－5図は，ドイツにおけるデュープロセスの概要である。

　ドイツのデュープロセスは，ドイツ会計基準設定委員会がテーマごとにワーキンググループを立ち上げ，ワーキンググループが背景説明（Hintergrundpapier），ポイントアウトライン（Point Outlinie），基準草案の提案（Vorschlag

第3章　ドイツ会計基準委員会の設置の意味と役割　95

第3－3表　ドイツ会計基準の一覧

第1号	商法典第292a条による免責連結決算書	2000年7月22日
第1a号	商法典第292a条による免責連結決算書 ―暖簾及び固定資産としてのその他の無形資産	2002年4月6日
第2号	キャッシュフロー計算書	2000年5月31日
第2－10号	信用機関のキャッシュフロー計算書	2000年5月31日
第3号	セグメント報告書	2000年5月31日
第3－10号	信用機関のセグメント報告書	2000年5月31日
第3－20号	保険会社のセグメント報告書	2000年5月31日
第4号	連結決算書における企業買収	2000年12月30日
第5号	リスク報告書	2001年5月29日
第5－10号	信用機関・金融サービス会社のリスク報告書	2000年12月30日
第5－20号	保険会社のリスク報告書	2001年5月29日
第6号	中間報告書	2001年2月13日
第7号	連結自己資本及び連結損益	2001年4月26日
第8号	連結決算書における共同企業持分の処理	2001年5月29日
第10号	連結決算書における繰延税金	2002年4月29日
第11号	利害関係者に関する報告	2002年4月10日
第12号	固定資産としての無形資産	2002年10月22日
第13号	継続性原則と誤謬の考慮	2002年10月23日
第14号	外貨換算	2004年6月4日
第15号	状況報告書	2005年2月26日
修正第1号	ドイツ会計基準の修正状況	2004年7月1日
修正第2号	第1号及び第1a号の廃止	2005年2月14日
修正第3号	第2号から第14号の修正	2005年8月31日

（出典）http://www.standardsetter.de/drsc/docs/news/news.php

für einen Standardentwurf) を作成して，これを受けたドイツ会計基準設定委員会がドイツ会計基準草案を決定し，公表する。このドイツ会計基準公開草案に対し，一般公衆からの意見書を募集する。その後に，ドイツ会計基準委員会において，提出された意見書について検討を行い，評価をする。この段階で，重要な変更が必要でないとした場合には，諮問委員会に付されるが，変更が必要であるとなった場合は，ドイツ会計基準　設定委員会に差し戻される。諮問委員会の意見をドイツ会計基準設定委員会が検討し，評価した後に，ドイツ会計基準設定委員会が公開の会議でドイツ会計基準を可決する[1]。

　以上は，2003年の改定前のドイツ会計基準委員会が採用した会計基準設定の手続き・デュープロセスであるが，2003年の改定後のドイツ会計基準のデュー

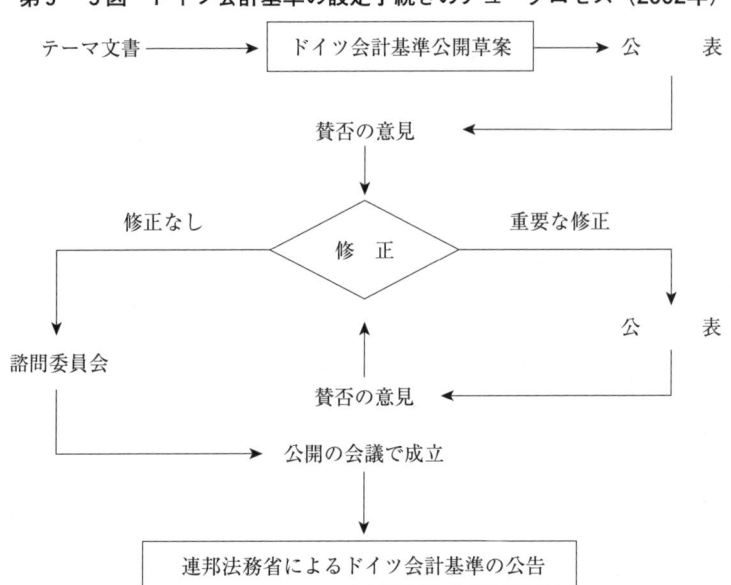

第3−5図 ドイツ会計基準の設定手続きのデュープロセス（2002年）

```
テーマ文書 ─────→ ドイツ会計基準公開草案 ─────→ 公    表
                              │
                              ↓
                        賛否の意見 ←─────┐
                              │           │
        修正なし     ┌────修 正────┐  重要な修正
              ↓     │              │           ↓
        諮問委員会                      公    表
              │                              │
              │          賛否の意見 ←────┘
              └────→ 公開の会議で成立
                              │
                              ↓
                連邦法務省によるドイツ会計基準の公告
```

（出典）Böcking, H.-J., *Aufgaben und Bedeutung des Deutschen Standardisierungsrates（DSR/GASB）*, Muünchen, 04. Februar 2002, http://www.uni-frankfurt.de/Professoren/boecking

プロセス（DRS-Konsultionsprozess/GAS-due process）は，利害関係のある公衆の参加がいっそう拡充されたことが特徴的である。

　第1の任務であるドイツ会計基準の開発のデュープロセスのなかで，連邦法務省の公告の要請の具体内容が法律上に明示されていなかったことが1998年創設時からドイツ会計基準の勧告の法的性格と適用範囲をめぐって，以下のような懸念・批判の議論を呼び起こした。

　ドイツ会計基準委員会の任務は，新たな正規の簿記の諸原則（GoB）を形成するというものではない。ドイツ会計基準委員会の勧告であるドイツ会計基準を遵守する場合には，それが連結会計に関する正規の簿記の諸原則（Grundsätze ordnungsmäßiger Konzernrechnungslegung）の内容であると推定されるというものである。だが，このことは，ドイツ企業に対し，ドイツ会計基

準を遵守することを強制するものでない。裁判によって判決が最終的な決定を行う。このため，非拘束的な意見表明という意味での適用の勧告を権威づけること（Autorisierung von Anwendungsempehlungen i.S. einer unverbindlichen Meinungsäußerung）であって，それ以上のことは，憲法上の理由から主張することができない。この限りで，この第1の任務は，事実上，ドイツ会計基準委員会が国際的な先例に関わって，IAS/US-GAAP基準にもとづいて生じる連結会計の未解決問題を議論し，このことに関する解決提案を立法者に提示するということに限定されている。

　さらに，必要な会計規定のフォーミュレートのために立法者を支持することがドイツ会計基準委員会に付託された明示的な任務である。法律の優先性は，私的会計委員会の設置と権威づけ（Einsetzung und Autorisierung）ということを背景としても依然として存続しており，公表されるドイツ会計基準も現行の法律上の規定の枠内のものでなければならない。商法上の規定に反するような個別の規準がドイツ会計基準のなかに組み込まれる場合には，法律の改正がまずはじめに必要である[2]。

　この結果，ドイツ会計基準の目標は，連結会計に存している選択権及び裁量の余地を受けて解釈することに置かれている。

　また，連結決算書に限定したドイツ会計基準の開発かどうかについても，個別決算書への拡大適用がなされるのではないか。個別の会計がドイツ会計基準委員会の責任の範囲の外にあるにもかかわらず，長期的に考えれば，個別決算書，したがって，税務上の利益計算にも影響が及ぶこととなる。ドイツ会計基準委員会は，この点について，将来を未解決としたまま，定款の目的を中立的に会計のドイツ基準の調査，確定及び解釈としてフォーミュレートしている。ドイツ会計基準設定委員会の第1の任務が連結会計に関する諸原則の開発にあったため，最初は，個別決算書をドイツ会計基準設定委員会の活動の埒外に置いていた。ドイツ会計基準設定委員会が発表し，連邦法務省が連邦官報に公告した基準に関し，正規の簿記の諸原則との一致の推定（Vermutung der GoB-Konformität）がなされるため，ドイツ会計基準設定委員会は，正規の簿記の諸

原則に取り組む必要がある。それゆえに，ドイツ会計基準の個別決算書への拡大適用の作用（Ausstrahlungswirkung von den DRS auf den Einzelabschluss）がなされることが期待されなければならない[3]。さらに，多くの企業が国際資本市場で競争に晒されることになるため，個別企業の現実の，あるいは潜在的な株主にとって，個別決算書が連結決算書よりも意思決定に適合した情報（entscheidungsrelevante Informationen）を低くしかなぜ伝達されないのか，その理由が不明である。個別決算書のいっそうの発展が連結決算書に類似して，個別企業の株主の視点から歓迎されなければならない。ドイツ会計基準設定委員会自身は，ドイツ会計基準が個別決算書に対しても妥当すべきであるとの意見である。その理由として，

— 個別決算書に関する多くの規定に対する商法典第298条の指示
— 個別決算書と連結決算書に関する会計システムの相違がもたらす混乱
— 個別企業にとっても資本市場の利用が増大
— 個別決算書と連結決算書の国際的な慣行の等価値
— 内部統制目的に対する外部会計データの有用性

が挙げられる[4]。

　このように，第1の任務に関して，ドイツ会計基準の個別決算書への拡大適用の作用が重要なテーマとして議論されたが，そのことへの懸念は基準性原則の問題にあった。連結決算書と同様に商法上の個別決算書が国際的な会計慣行に従うべきであるとすれば，個別決算書が税務決算書の基準として妥当となり得ないということである。その場合には，ドイツ会計基準設定委員会が必要な経過措置を作成することが可能であるが，しかしながら，ドイツ会計基準設定委員会は，基準性原則の廃止をすることに問題があると考えていない。

　以上のような懸念・批判は，①私的規制の合憲性（Verfassungsmäßigkeit privates Regulierung），②利害関係の調整の毀損（Gefährung des Interesenausgleichs），③個別決算書への反作用と基準性の毀損（Rückwirkungen auf den Einzelabschluß und Gefährung der Maßgeblichkeit）という3つの危機を第1の任務に関し指摘したものであった[5]。

だが，このような懸念・批判が指摘されたにもかかわらず，ドイツ会計基準委員会に対して，さらに重要な任務が期待されていた。
「ドイツ会計基準は正規の簿記の諸原則（GoB）を確定するものではないが，高い事実上の拘束力をもった会計基準を策定することができる。このような任務がドイツ企業会計法において予想される大きな変革の後には，比重が小さくなるとしても，以下のことは，引き続き重要視されるであろう。
（1）ドイツ会計基準設定委員会は，2005年以降も，IASBのなかでドイツを代表するという重要な任務がある。
（2）私的会計基準設定主体が正規の簿記の諸原則（GoB）の決定の帰納的な要素の規制緩和と提起に貢献することができる。
（3）ドイツ会計基準設定委員会とワーキンググループは，会計の領域における，たとえば，商法決算と税務決算の分野に関するプロジェクトについてノウハウの蓄積を行う」[6]。

以上から分かるように，ドイツ会計基準の法的性格に関しては，創設当初より，それが法的拘束力をものではなく，事実上の拘束力をもつ専門規範であるとされてきたが，他方で，ドイツ会計基準の適用範囲については，連結決算書に限定されていたのが，2003年改組を契機にして，個別決算書への拡大適用を容認する任務の見直しが期待されたのである。そのうえに，ドイツ会計基準委員会の代表機能の新たなステージへの期待が表明されていた。

〈注〉
1. Sing, V., *Die Neuorientierung des DRSC im Kontext der internationalen Harmonisierung der Rechnungslegung*, Hamburg 2004, S.60.
2. 3. 4. Baetge,J./Krumnow,J. /Novelle,J., Das Deutsche Rechnungslegungs Standards Committee（DRSC）, in: *Der Betrieb*, Heft 15/2001, S.773-774.
5. Hoffmann, J., *Das DRSC und die Regulierung der Rechnungslegung*, Frankfurt a.M. 2003, S, 55-71.
6. *Ebenda*, S.99.

2　会計規定の立法行為に関する連邦法務省への助言

　ドイツ会計基準委員会の創設時の第2の任務は，会計規定の立法行為に際し連邦法務省に対する助言を与えることであった。この場合，ドイツ会計基準設定委員会の助言活動（Beratungstätigkeit des DSR）という第2の任務は，第1の任務のように，連結決算書に明示的に限定されておらないため，個別決算書，したがって，基準性原則を通じて税務決算書に対しても間接的な影響可能性[1]が存している。

　ドイツ会計基準設定委員会は，この助言機能（Beratungsfunktion）によって，会計に関する新しい法律が国際的慣行と発展を考慮することに貢献することができ，とくに，2004年12月31日以降にIASに準拠してすべての連結決算書が作成されなければならないというEU委員会の命令を背景として，この第2の任務に大きな意義があると考えられた。

　第3-4表は，連邦法務省・連邦財務省に対するドイツ会計基準委員会の意見書の一覧を示したものである。

　ドイツ会計基準委員会が公表した意見書・草案は，第3-4表の一覧を含めて，第4号・第7号会計指令に対する意見書，コーポレートガバナンスの質問事項に対する意見書，会計国際化に関する法律草案，商法典における公正価値修正指令の変換に関する草案，金融商品及びその他の類似商品に関する情報開示に関するEU委員会勧告に対する意見書，ユーロ導入への会計規定の適応，外国企業の支店の開示の規制緩和，組合の監査団体に対する質の統制に関する法律草案に対する意見書があり，さらに，会計国際化に関する法律草案(Gesetzentwurf zur Internationalisierung der Rechnungslegung)では，対象を連結決算書とし，商法典の枠内での統一化，選択権の排除を立法の目標とした立法提案を行った。

　そして，2004年1月22日には，ドイツ会計基準委員会から，企業会計法改革法と企業会計統制法の政府草案に対する2つの意見書が提出されたが，これは，ドイツ会計基準委員会の第2の任務にしたがった，連邦法務省に対する具体的な立法助言機能をしめすものであった。

第3章　ドイツ会計基準委員会の設置の意味と役割　　101

第3−4表　連邦法務省・連邦財務省に対するドイツ会計基準委員会の意見書

2002年 9月21日	コーポレートガバナンス	
2002年10月24日	IASに関するEG命令	
2004年 1月22日	IAS導入及び決算監査人の質の向上のための法律（企業会計法改革法）草案	
2004年 1月22日	企業決算書の統制に関する法律（企業統制法）草案	
2004年12月 7日	EU第4号，第7号指令修正提案	
2005年 4月28日	電子商業登録及び組合登録に関する法律草案	
2005年 5月 3日	企業会計法現代化法に関する提案	
2006年 5月 3日	保険会社会計命令の改正に関する第2次命令	
2006年 5月 3日	EU透明化指令の変換に関する法律の討議案	

（出典）http://standardsetter.de/drsc/docs/news/news.php

　企業会計法改革法政府草案に対する意見書[2]において，ドイツ会計基準委員会は，企業会計法現代化法草案が近い将来に成立が見込まれるが，企業会計法改革法政府草案による国際的な発展へのドイツ連結会計の接近を歓迎するとしたうえで，ドイツにおける統一的な連結会計の立場からは，企業会計法改革法がIAS命令の対象企業だけでなく，非資本市場指向企業にもIAS/IFRS適用をしたことを支持するとコメントし，個別意見を添付していた。

　企業会計統制法政府草案に対する意見書[3]においても，ドイツ会計基準委員会は，金融拠点としてのドイツの資本市場と国際競争力を強化する連邦政府の目標を歓迎し，会計と財務報告の質の向上のために，国内基準と国際的な会計規定（とくにIAS/IFRS・US-GAAP）との収斂を行うことに支持するとし，企業会計統制法政府草案が提起している第1段階のエンフォーメントに積極的に協力するとコメントした。

　この2つの意見書をはじめとして，連邦法務省に対し，多くの意見書がドイツ会計基準委員会から出された。このことは，ドイツ会計基準委員会に付託された第2の任務である連邦法務省に対する助言機能が重要な役割を期待されていたことを意味している。しかも，注目されるのは，2002年のEUのIAS/IFRS適用命令の以降に多くの重要な意見書が出されている点である。第1の任務であった商法準拠の連結決算書に関するドイツ会計基準の開発の意義が次第に低

くなっていくなかで，第2の任務とされたドイツの企業会計法の改革への助言機能に対する期待が高まってきたということであった。ただし，ドイツ会計基準委員会の立法助言機能が期待されたような成果を実際に上げえたかどうかについては，否定的な評価を下す指摘もあった[4]。

この第2の任務であるドイツ会計基準委員会の連邦法務省に対する助言機能について，もう1つの問題点として，立法者が会計のいっそうの発展にあたってドイツ会計基準委員会による助言を得る際に，ドイツの会計基準設定機関の独立性と利害関係の均衡の保証[5]ということが重要であることが指摘されている。すなわち，独立性と利害関係の均衡の保証があってはじめて，ドイツ会計基準委員会は，その助言者としての機能を意味のある方法で果たすことでき，いわゆる会計の政治化問題が指摘されている[6]。

〈注〉
1．Baetge,J./Krumnow,J./Noelle,J., Das Deutsche Rechnungslegungs Standards Committee (DRSC), in: *Der Betrieb* 15/2001, S.772-773.
2．Deutsches Rechnujgslegungs Standards Committee, Entwurf eines Gesetzes zur Einführung internationaler Rechnungslegungsstandards und zur Sicherung der Qualität der Abschlussprüfung (Bilanzrechtsreformgesetz-BilReG) vom 15.12.2003, Berlin, 22.Januar 2004.
3．DRSC, Entwurf eines Gesetzes zur Kontorolle von Unternehmensabsclüssen (Bilanzkontrollgesetz-BilKoG), Berlin,22.Januar 2004.
4．Küting,K./Dürr.U./Zwirner,C., Das Deutsche Rechnungslegungs Standards Committee- Standortbestimmung und künftige Ausgabenschwerpunkte, in: *Betrieb und Wirtschaft*, Heft 4/2003, S.137.
5．6．Paal, B.P., *Rechnungslegung und DRSC*, Baden-Baden 2001, S.51.

3　国際的会計基準設定機関におけるドイツの代表

ドイツ会計基準委員会創設時の第3の任務は，国際的な会計基準設定機関においてドイツを代表する (Vertretung der Bundesrepublik Deutschland) ということ，すなわち，ドイツ企業の利害のメガホン (Sprachrohr der Belange deutscher Unternehmen) としての役割を果たすことであった。

このドイツ会計基準委員会の第3の任務の1つに，ドイツ会計基準委員会の

第3-5表　ドイツ会計基準委員会の国際機関に対するコメント活動（2006年）

DRSCのIASBに対するコメント	32件
RICのIFRICに対するコメント	21件
DSRのEU/FEE/CESRに対するコメント	4件
DSRのEFRAGに対するコメント	15件
DSRのFASBに対するコメント	1件
DSRのCNCに対するコメント	1件

（出典）http://www.standardsetter.de/drsc/docs/news/news.php

　国際化活動として，国際的な機関に対するコメント活動を通じたドイツの利害の主張が行われた。第3-5表は，ドイツ会計基準委員会の各国際機関に提出したコメント数[1]をまとめたものである。

　ドイツ会計基準委員会のコメント活動は，第3の任務のドイツ代表機能の1つを示したものであるが，さらに，IASBやEU/EFRAGなどの国際的な会計基準設定機関に対し，ドイツ委員を送り込むとともに，IASBプロジェクトをはじめとした国際的なプロジェクトに積極的に関与することを通じてドイツの発言力を強めた。

　このことは，2003年の改組に関する報道発表で強調されているところであるが，ドイツ会計基準委員会の国際活動の拡充は，第3の任務がドイツのアイデンティティを確保しながらますます重要なものとなっているを意味するものであった。

　「第3の任務は，商法典第292a条の期限後の2005年以降も，IAS/IFRSが資本市場指向の企業の連結会計の基礎となることに関連している。つまり，このことから，アングロアメリカの会計思考の凱旋行進に無条件に従属することのないように，IAS/IFRSの前進に対するドイツの利益を代表する必要性が生じてくる」[2]。

　この指摘からも分かるように，国際的な会計基準設定機関に対し，ドイツが重要な影響を及ぼすということが第3の任務の核心であった。

　しかし，このような第3の任務を遂行していくという路線転換にあって，もう1つの重要な点は，国際的な会計基準設定機関におけるドイツ会計基準委員

会の受け入れを高めるためには，国内レベルでのドイツ会計基準委員会の活動に対するより強い承認がなされていなければならないということであった。この点で，法的な権威づけと規範設定権限が欠如していることによって（durch seine fehlende rechtliche Autorität und Normsetzungsbefugnis），国際的なレベルで実際に影響力がないとの疑念が生じたり，また，国際的に開発された提案をドイツの会計規範の改正のために変換することも保障できないと指摘されている[3]。

この点で，連邦法務省の支持がドイツ会計基準委員会に対し，法的権威づけと規範設定権限を与えることで，ドイツの特殊な立場を国際的に主張することができると考えられる。

「連邦法務省がドイツの会計利害（Rechnungslegungsinteresse）をフォーミュレートすることをもとめられるが，連邦法務省はドイツ会計基準委員会を通じてドイツの主張を行うことができる。また，連邦法務省の支持がなければ，ドイツの特殊な立場を主張したことにはならない」[4]。

ドイツ会計基準委員会がドイツの利益を代表して，ドイツの特殊な立場を主張する国際的な会計基準設定機関というのは，具体的にIASBである。IASBは，国際会計基準委員会（IASC）の後継者として2001年4月1日以降活動している独立したプライベートセクターとしての基準設定主体であるとともに，世界的なレベルのコンバージェンスを達成するために，各国の基準設定主体の代表であるリエゾンパートナー8名（ドイツ会計基準設定委員会から1名）がIFRSの開発・成立に大きな影響力を発揮している。

第3－6図は，IASBの新しい枠組みのなかでの関係する機関の構成を示したものであるが，IASBによる新しい枠組み条件（neue Rahmenbedingungen durch das IASB）については,，IASBの任務設定（Aufgabenstellung des IASB）として，①質的に高価値の会計基準の開発（Entwicklung von qualitativ hochwertige Rechnungslegungsstandards），②世界レベルに異なった会計のコンバージョン（Konvergenz der weltweitunterschiedlichen Rechnungslegung）の2つがあり，さらに，IASBの役割の理解（Rollenverständnis der IASB）のため

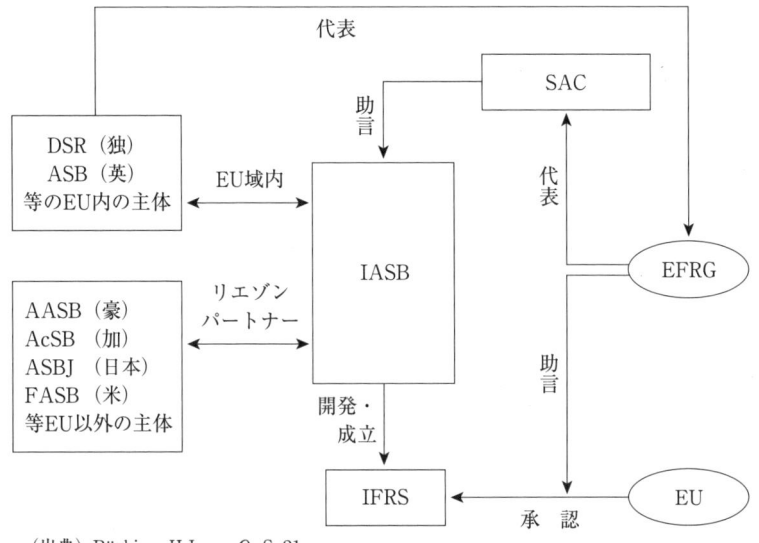

第3章　ドイツ会計基準委員会の設置の意味と役割　105

第3-6図　国際的文脈のなかでのIASBの新しい枠組み

```
                        代表
        ┌─────────────────────────────┐
        │                              │
                       助言      ┌──────┐
                    ┌──────────→│ SAC  │
                    │            └──────┘
 ┌──────────┐       │              │
 │DSR（独） │       │           代表│
 │ASB（英） │ EU域内 │              ↓
 │等のEU内の│←─────→│           ┌──────┐
 │主体      │       │           │ EFRG │
 └──────────┘    ┌──────┐       └──────┘
                 │      │          │
 ┌──────────┐    │ IASB │          │
 │AASB（豪）│リエゾン    │       助言│
 │AcSB（加）│パートナー  │          │
 │ASBJ（日本）←─────→│          │
 │FASB（米）│    │      │          │
 │等EU以外の│    └──────┘          │
 │主体      │       │              │
 └──────────┘    開発・             │
                  成立              │
                    ↓              ↓
                 ┌──────┐        ┌──────┐
                 │ IFRS │←───────│  EU  │
                 └──────┘  承認  └──────┘
```

（出典）Böcking, H-J., *a,a.O.*, S. 21.

に，①各国の規準設定主体とのパートナーシップとしての協力（partnerschaftliche Zusammenarbeit mit nationalen Standardsettern），②協調（Koordinierung），③執行責任（Führungsantwortung）の3つがあるとされた[5]。

そして，このIASBによる新しい枠組み条件のもとで，IFRSの開発・成立に対し，リエゾンパートナーとして，EU域内のDSR（ドイツ），ASB（イギリス）等，EU以外のAASB（オーストラリア），AcSB（カナダ），ASBJ（日本），FASB（アメリカ）等の各国の会計基準設定主体が積極的に関与している。このIASBの新しい枠組み条件のもとで，とくに注目されるのは，EUが2002年のIAS/IFRS適用命令を契機に，EUのエンドースメントメカニズムのもとに，IASB–IAS/IFRSの承認路線（Übernahme/Adoption）にシフトする新会計戦略に切り替えたことであり，その後のEU委員会のIFRSの継続的な適用のためのラウンドテーブルの設置であった。

なかでも重要な役割を担ったのは，EUが立ち上げた組織，EFRAGであっ

た。EFRAGは，EU域内の基準設定主体，会計人，公認会計士，財務アナリスト等の専門家から構成された私経済的に組織された機関であり，11名の委員（ドイツ会計基準設定委員会代表を含む）から成り，その任務として，①規準委員会に対する助言，②EU会計指令に合致した公表IFRSの判断，③会計指令の修正に関する委員会への助言，④IASBの基準設定手続きの場合の積極的な影響が付されていた[6]。

第3-7図は，IASB・EUのIFRSのデュープロセ（2005年現在）の新しい枠組みを示したものである。

このようなIASB・EUのIAS/IFRSの国際的文脈のなかで，ドイツ会計基準委員会がリエゾンパートナーとして，また，EFRAGのメンバーとして，ドイツの利益を代表する任務を付託されたのである。このため，国際的文脈のなかでのドイツ会計基準委員会の意義（Bedeutung des DRSC im internationalen Kontext）の新しい枠組み条件[7]が国際化路線へのシフトに向けて要請された。

そのドイツ会計基準委員会の新しい枠組み条件[8]とは，

(1) IASBの活動範囲
- 財務報告のすべての重要な側面についての国際会計基準の開発と継続的な検証
- 執行する基準設定主体としてのプロジェクトの承認
- 各国の企業設定主体の議論の考慮
- 共通した問題に対する意見の形成
- 共通の基準の統一的な解釈と適用の保証

(2) 各国の基準設定主体（リエゾンパートナー）の活動範囲
- 他の基準設定主体または管轄権が該当しない各国の事実に対する規準
- コンバージェンスの達成のための他の基準設定主体とのワーキングプログラムの調和化
- 国際的なワーキングプログラムのプロジェクトの承認
- 各国レベルにおける意見提起
- 共通の基準の統一的な解釈と適用の保証

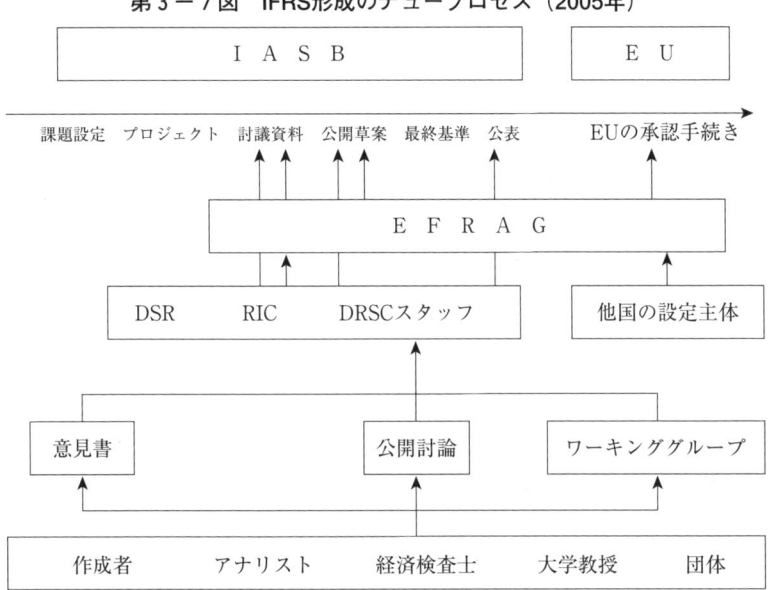

第3-7図　IFRS形成のデュープロセス（2005年）

```
┌─────────────────────────┐    ┌─────────┐
│        I A S B          │    │   E U   │
└─────────────────────────┘    └─────────┘
───────────────────────────────────────────▶
 課題設定 プロジェクト 討議資料 公開草案 最終基準 公表   EUの承認手続き
         ▲       ▲     ▲     ▲    ▲                ▲
┌─────────────────────────────────────┐
│            E F R A G                │
└─────────────────────────────────────┘
           ▲                              ▲
┌────────────────────────────┐   ┌──────────────┐
│ DSR   RIC   DRSCスタッフ    │   │ 他国の設定主体 │
└────────────────────────────┘   └──────────────┘
         ▲
┌──────┐     ┌──────┐    ┌──────────────┐
│ 意見書 │    │公開討論│    │ ワーキンググループ │
└──────┘     └──────┘    └──────────────┘
   ▲           ▲              ▲
┌─────────────────────────────────────────────┐
│ 作成者  アナリスト  経済検査士  大学教授  団体 │
└─────────────────────────────────────────────┘
```

（出典）DRSC, *Jahresbericht* 2005, Ⅲ.（一部修正）

といったものである。

　ドイツ会計基準委員会の第3の任務について，このようなIASB・EUのIAS/IFRSの承認路線という国際的文脈における協調メカニズム[9]（Koordinationsmechanismus）の新しい枠組み条件のもとで，ドイツ代表として積極的に関与するという新方向[10]が期待されたのであるが，その任務を遂行していくために必要な要件が連邦法務省による支持であり，国内・国際レベルにおける法的権威の支持であった。

〈注〉
1．コメントは，ドイツ会計基準委員会の公表した各分野ごとの数をまとめたものである（http://standardsetter.de/ drsc/docs/news/news.php）。
2．Sing, V., *a.a. O.*, S.42-43.
3．Baetge,J./Krumnow,J./Noelle,J.,*a.a. O.*, S.773.
4．Sing, V., *a.a. O.*, S.43-44.
5．6．7．Böcking,H-J., *Aufgaben und Bedeutung des Deutschen Standardsierun-gsrates*

München, 04. Februar 2002, S.21. (http://www.standardsetter/drsc/docs/news/news.php)
8. *Ebenda*, S.18-20.   9. Baetge,J./Krumnow,J./Noelle,J.,*a.a. O.*, S.774.
10. Pellens, B., *Internationale Accounting Standards* Committee: Deutscher Einfluß auf Arbeit und Regelungen, in:*Der Betrieb*, Heft 6/1996, S.285.

第4章

ドイツ会計基準委員会と会計規制論

はじめに

　ドイツ会計の制度的仕組みを特徴づけているのは，商法会計規範の枠組みなかで，法規範と専門規範が一体の混成システムとして位置づけられる点である。ドイツ会計は，1861年のドイツ普通商法典の時代から今日に至る歴史のなかで，成文法の法規範体系にもとづき制度化され，この法規範のなかに正規の簿記の諸原則（Grundsätze ordnungsmäßiger Buchführung/GoB）と呼ばれる不確定な法概念を解釈し，法の欠缺を充填することで現実に起きている会計処理問題に柔軟に対応してきた。その際，法の欠缺を充填する有力な媒介環として裁判所の判決があり，また商人の慣習・経営経済学の認識があった。

　しかし，1980年代末以降に顕著になってきたドイツ会計の国際化対応のもとで，大きな検討課題となってきたのは，正規の簿記の諸原則（GoB）を解釈し，内容を充填するための媒介環に関し，独立した機構を設置することの必要性が内外から生じたことである。1980年代の商法改正時に提唱された「正規の簿記の諸原則（GoB）委員会構想」がそれであり，さらに，1998年会計改革関連法（商法典第342条）で実現したドイツ会計基準委員会（Deutsches Rechnungslegungs Standarads Committee/DRSC）の創設であった。

　ドイツ会計基準委員会は，連結決算書の原則の適用に関する勧告（ドイツ会計基準公開草案）を開発し，これを連邦法務省が公告（Bekanntmachung）して後にはじめてドイツ会計基準となるという基準設定メカニズムのもとにある。この意味で，ドイツ会計基準委員会が商法典第342条の私的会計委員会方式と

して創設され，また，デュープロセスを採用しているにもかかわらず，その実質内容において,アメリカの財務会計基準審議会(Financial Accounting Standards Board/FASB) と同じような基準設定権限を有するプライベートセクターであると見ることはできない。ドイツ会計基準委員会から開発されたドイツ会計基準公開草案が連邦法務省の公告を経てドイツ会計基準となるということ，さらに，ドイツ会計基準委員会が立法行為に関する助言を連邦法務省に対し行い，連邦法務省，連邦議会（衆議院・参議院）が立法権限を有する立法手続きを経て，法的会計規範が制定されるということを考慮すれば，ドイツの場合は，ドイツ会計基準委員会と連邦法務省・連邦議会とのプライベートセクターとパブリックセクターが融合したハイブリット方式が採用されたという捉え方が正鵠を射ているといえる。ドイツ会計基準委員会もまた,立法愛国主義[1]（Gesetzgebungspatriotismus）の枠のなかで，その役割が期待されている。

本章は，このような環境要因のなかで創設されたドイツ会計基準委員会に関し，会計規制の立場から公的規制論と私的規制論の研究を行った所説を取り上げる。

会計規制の必要性[2]（Notwendigkeit der Regulierung der Rechnungslegung）を理由づけている論点は，市場の失敗（Marktversage）ということである。会計規制が自己目的なのではなく，情報開示とか，会計システムに関する市場の失敗があることから，情報開示の規制，会計システムの規制が必要となったということである[3]。

本章は，会計規制論の視点からドイツ会計基準委員会の設置に関する研究について，以下の所説を考察する。

第1節は，1992年に公的な会計規制論を提起したフェルトホフ（Feldhoff, M.）の所説,『会計の規制（*Die Regulierung der Rechnungslegung*, Frankfurt am Main, Bern, New York 1992.）』[4]を取り上げる。このフェルトホフの所説は，ドイツ会計基準委員会の設置の以前に公的会計規制の必要を論究したものであるが，後のドイツ会計基準委員会に対する公的規制の必要性を考えるうえで重要な問題提起を行ったものである。

第2節は，1999年に私的会計規制論を提起したエムリヒ（Emmrich, M.）の所説，『ドイツにおける外部会計改革の傾向と展望（*Ansätze und Perspektive einer Reform der externen Rechnungslegung in Deutschland*, Aachen 1999.）』[5]を取り上げている。このエムリヒの所説では，ドイツの会計制度改革の方向性としてドイツ会計基準委員会設置を支持する私的会計規制論を展開している。

第3節は，1997年に私的会計規制論のなかで立法権限の堅持を提起したブライデンバッハ（Breidenbach, K.）の所説，『会計に対する規範設定（*Normsetzung für die Rechnungslegung*, Wiesbaden 1997.）』[6]を取り上げている。

第4節は，2002年にドイツ会計基準委員会に対する国家の規制責任論を提起したベアベリヒ（Berberich, J.）の所説，『ドイツ会計基準委員会に対するフレームワーク（*Der Framework für das DRSC*, Berlin 2002)』[7]を取り上げている。

本章は，私的会計委員会としてのドイツ会計基準委員会に対する国家の有力な権威の支持が必要であることを強調した点で，どくに，ブライデンバッハとベアベリヒの所説に注目している。

〈注〉
1. Niehus, R.J., Der Reformbedarf im deutschen Bilanzrecht, in: Kleindiek,D./Oehler,W., *Die Zukunft des deutschen Bilanzrechts*, Köln 2000, S.28.
2. Hoffmann, J., *Das DRSC und die Regulierung der Rechnungslegung*, Frankfurt a.M. 2003, S.5.
3. *Ebenda*, S. 181-182.
4. Feldhoff, M., *Die Regulierung der Rechnungslegung*, Frankfurt a.M., 1992.
5. Emmrich, M., *Ansätze und Perspektive einer Reform der externen Rechnungslegung in Deutschland*, Aachen 1999.
6. Breidenbach, K., *Normensetzung für die Rechnungslegung. Biaherige Ausge-staltung und mögliche Fortentwicklung in Deutschland*, Wiesbaden 1997.
7. Berberich,J., *Der Framework für das DRSC. Modell einer verfassungskonformer gesellschaftlichen Selbststeuerung im Bilanzrecht*,Berlin 2002.

第1節　会計規制における国家の介入
──フェルトホフ の『会計規制』(1992年)──

1　フェルトホフの所説の論点

　本節で取り上げるフェルトホフ（Feldhoff, M.）の『会計規制論（*Die Regulierung der Rechnungslegung,*, Frankfurt am Main, Bern, New York 1992.)』は，アメリカ会計規制論を検討しながらドイツの公的会計規制の正当性を論拠づけることを意図しているものである。このようなフェルトホフの問題認識については，本書の冒頭に序文を寄せているバルヴィーザー（Ballwieser, W.）の一文に窺い知ることができる[1]。

　バルヴィーザーは，ドイツにおける会計の公的規制について，契約当事者にそのことを委ねる代わりに，立法機関が会計を規制するという考え方が長年にわたって確固たるものとなってきたとし，つぎのように叙述している。基準の設定によって軽減されるという利益や規範化した会計がなければ不都合であるという経験が規制を原則として支持している。有限責任会社に対する開示の義務やこれによって遵守されねばならない開示の永久化にもつづきある特定の形態の規制への疑義が生じた。このことについて，キックオフを必要と考えるとき，他の国々ですでに積極的に行われた開示を一般に命令することにより得られた経済的メリットに関する議論がドイツにおいてもなされるべきであろう。フェルトホフの著書は，この議論に新しい刺激を与えるのに適している。規制理論と国の介入の形態に関する概観から，これまでの会計に対する国の介入がどのような要素を有しているかが明らかにされる。その際，一般に法律上に命令された情報の供給（開示の規定）がどのように市場による情報の供給に比べてメリットが大きいかが検討されている。個人および集団の情報の効用の相違を検討することを通じてモデルが提示されている。このモデルは，開示の義務が情報の過多を生みだし，これに対し，市場による解決が情報の過小をもたらすことを示している。国による情報の生産をサポートすることは全体の福祉と

いう観点から楽観的な決定を促し得ることができるという点で大きな関心が持てる。

バルヴィーザーは，このように述べて，国の介入による会計規制というドイツシステムに一定の意義があるとし，フェルドホフの会計の公的規制論を肯定的に評価している。

本節は，マーケットへの参加者として，国の介入による会計規制というドイツシステムの優位性を論じたフェルドホフの所説を考察していくものである。

〈注〉
1．Feldhoff, M., *Die Regulierung der Rechnungslegung*, Frankfurt a.M., 1992, Geleitwort von Ballwiesser, W.

2 公的規制システムとマーケットにおける契約関係論

フェルトホフは，企業会計制度を構築するための誘因が3つの理由[1]から成っていると考える。すなわち，第1に，企業指揮にとって意思決定にレリバントなデータが必要とされ，成果のある企業執行のため，情報に対する企業指揮の自己の利益が妨げとなっていること，第2に，会計によるデータの測定が必要となっているのは，企業への参加者の間における契約による結び付きがあること，すなわち，企業には多くの人々の協同があって，異なった方法で企業行動に参加しており，この協同を実施するためにいろいろの参加者の権利と義務の契約関係が明らかにされる必要があり，企業の発展に関するデータを会計が提供することで権利と義務の確定のための出発点が示され，コンフリクトの解消が図られること，第3に，企業の会計に対する法律上の規定が理由となっていること，すなわち，会計は工業国で長年にわたって法規定やその他の国の介入によって影響を受け，この経済主体と市場の関係に対し，国が介入することを規制と呼ぶが，この国の規制がどの程度に妥当であるかどうかについては，会計の領域でこれまで考慮されておらず，近年になって会計への国の役割が大きな関心を集めるようになったことである。

フェルトホフは，このように会計の公的規制の必要となった3つの理由を挙

げているが，その際に，マーケットのなかでの契約関係から会計を規制するにあたっての国家の役割に関し，エージェンシー理論にもとづく契約上の会計条項の存在と国家の介入の有効性の2つの問題が考えられるとしている[2]。

前者のエージェンシー理論にもとづく契約上の会計条項の存在というのは，法律上の規準がなくても，会計は成立するし，最適の状況で達成するのであれば，会計条項が各企業ごとに個別に交渉されねばならないということであり，このような契約理論の研究の成果に対し，国家の介入についての理由づけがつよくもとめられるということであるが，国家の秩序の枠組みの契約による解決がどの程度に必要とされるか，あるいは，国家が直接介入することで経済主体の場合よりも改善された成果をどの程度に獲得することができるかということがはじめに示されなければならないというものである[3]。

後者の国家の介入による会計に対する役割の有効性については，ドイツ法へのヨーロッパ会計指令の変換の際の経験のなかで，立法手続きの困難さが関係団体のロビー行動に見られ，規定の部分領域における法律の幅広い軽視が窺えたことである。この経験から，国家の介入の有効性に対しつよい疑義が生じたことを受けて，現実のなかで考慮されるべき国家の行為がどのように記述または説明できるかといった問題が提起されている[4]。

フェルトホフは，このような観点に立って，会計に対する国家の行為の記述と説明を行うことが著書のテーマであるとし，その限りで，どのような前提で国の介入が是認されるかという問題について，規範的な理論（normativ Ansatz）と実証的な理論（positiv Ansatz）からのの2つのアプローチ[5]が考えられるとしている。具体的には，会計の概念を定義づけるとともに，会計を規制する場合の国の役割に関する理論（Theorie über die Rolls des Staates bei der Regulierung）[6]が規範的理論と実証的理論の2つの面から取り上げられている。会計規制が何かを理解したうえで，会計の規制に国家の介入を可能とする国家の装置（Instrumentarium）[7]を検討し，ドイツの場合に，国家がどのように会計規制に介入しているかについて，会計領域における規制の歴史的な考察を実証的な問題として捉え，他方で，規範的な問題として企業開示の問題を取り上

げ，これが国家の介入とどのような関係にあるかを検討するとしている。フェルトホフは，契約関係という枠組みのなかで，市場に対する会計の作用を認識する際に国家の介入がどのような意義をもっているかについて究明することが重要であると主張する。これは，ドイツの会計制度の在り方を会計の国家による規制というテーマをいかに説明づけることができるか，マーケットの契約関係論[8]を通して考察しているものである。

フェルトホフは，以下，会計の定義づけ，規制理論，国家の介入という点について論究している。

〈注〉
1. Feldhoff, M., *a.a. O.*, S.1-2.
2. 3. *Ebenda*, S.2.-3,S.178.
4. 5. 6. 7. 8. *Ebenda*, S.2-3.

3 会計の定義と規範的規制理論・記述的規制理論による国家の介入論

会計という概念は，フェルトホフによれば，統一した定義があるわけでないが，経済的にレリバントに集約かつ文書化された企業データをすべて包摂している情報のシステムであると定義づけができる[1]。かれは，シュナイダー (Schneider, D.) のことばを引用して，会計とは経済執行の成果に関する報告責任 (Rechenschaft über die Ergebnisse der Wirtschaftsführung)[2] であると解している。この場合に，報告責任というのは，課題を充足するために必要な検証可能な認識を指している。会計より得られたデータの公示 (Offenlegung) とその検証可能性 (Nachprüfbarkeit) および信頼性 (Glaubwürdigkeit) に関する問題が会計の他の構成部分を形成している[3]。

フェルトホフは，会計を企業内部者と企業外部者の間における会計報告責任 (Rechenschaft) であると考えないで，むしろ制度派経済学 (Institutionenökonomie) の観点が考慮されるべきであるとしている。この制度派経済学では，企業は，その企業の環境とは厳格に限定区分されず，契約関係で結ばれた集団の網状組織として考えられる。企業の枠内においても，知識の不平等分配

を伴い，会計報告と統制が必要とされる代表派遣の関係[4]（Delegatioinsbeziehungen）が現われると言う。このことを会計規制に当てはめると，内部者と外部者の関係に限定して考えるのではなく，国家の介入が企業内部の領域にも関係していると捉えるべきであると言うことになる[5]。

フェルトホフは，会計というものを経済的にレリバントな結果のデータを外に表示するところに意義があると捉えたうえで，そのことが資本会社の会計の利益配当測定機能に関連して，会計の立法化（Eingang in die Gesetzgebung zur Rechnungslegung）をもとめる点で，さらには，税額測定が国家なしに考えられないという点で，会計への国家の介入が起きていると解している[6]。

フェルトホフは，会計への国家の介入を支持する立場を以上のように明らかにする一方で，会計も市場のなかで捉えられるべきものであるとし，市場の規制を受けるものと捉える。フェルトホフにあって，市場の規制とは目標の達成のために意識的に設定される媒体であると考えられており[7]，この場合に，どのような状態でその媒体の設定がなされるべきかを研究するのが規範的規制理論（normative Theorie der Regulierung）であり，これに対し，観察可能な国家の介入を説明するのが記述的規制理論（beschreibende Theorie der Regulierung）であると位置づけられている[8]。

フェルトホフは，規範的規制理論から国家の介入が理由づけられるとし，以下のような論述を行っている。国家は，その介入によって福祉全般の改善が図られるときに市場に介入する。この考え方は，国家がいつ市場に介入すべきかを確定することをめざすという点で規範理論と特徴づけられ，応用厚生経済学に属している。国家サイドの市場介入を必要とする理由については，経済学の観点から市場の不完全性がレリバントであり，市場の失敗が挙げられ[9]，この市場の失敗には，①長期の失業とインフレ，②市場の不完全性，市場競争の欠落による市場へのマイナス作用，④財の生産と消費のコストベネフィットの乖離，⑤公共財と私的財との区別，⑥消費者の情報不足といった6つの理由から起きている[10]。その結果，市場の失敗を解消すべく国家の介入が必要とされる。さらに，国家の介入については，公正性の考慮（Gerechtigkeitsüberlegung）

第4章　ドイツ会計基準委員会と会計規制論　　117

が理由として挙げられる。立法機関は，不公正とみなされた所得，財産およびその分配を是正すべく介入を行う[11]。この場合に，いかなる尺度によって公正性が測定できるかといったことが問題となるが，測定を行う尺度については単なる公正性だけではなく，福祉の考慮も入れなければならない[12]。

　フェルトホフは，以上のように，市場の失敗という理由から国家の介入を正当づけるとともに，国家の介入に対し公正性と福祉を考慮した判断が必要であるとし，さらに，この場合に，規範理論における国家の行為について市場の失敗の理論が結び付いているとする[13]。

　すなわち，市場の失敗とは，市場がある一定の状況のもとでは全体経済の最適を失うというものであり，国家が全体の福祉の観点から改善を加えるべく介入を図らねばならない。そこでは，その行為の中心点に公共の利益または全体の幸福をもとめて全智無私の人により規制が行われる。国家のこのような崇高な観念は現実的ではなく，アメリカでは，国家の干渉が大きい程，それだけ全般の幸福が小さくなり，反対に，規制する者と規制の恩恵を受ける者の幸福が大きくなると推論されている[14]。また，理想的な規制の観念に対し抱かれるこのような疑念とともに，モデルの枠組みのなかでも理想的な規制の観念に反論するつぎのような議論がある。市場の失敗のモデルをはじめとする経済的モデルのほとんどにおいて，経済主体が第一義的または独占的に人間の効用極大化という目標にしたがっているという仮定がおかれているが，このような人間行為の観念は理論の中心的構成部分の1つに過ぎない。ドイツ文献では，これをホモエコノミックス（homooeconomics），そして，アングロサクソンの文献では，レム（remm/rational, evaluating, maximingman）と呼んでいる[15]。

　フェルトホフは，このように述べ，さらにつぎのように論述する。人がこのような単純さによったモデルのなかで作動し，理想的な規制がどのような作用を有するかを考察するならば，明示的に2つの異なった相反する単純な構造をもった1つのモデルのなかで人は行動する。すなわち，その1つは，すべての経済主体は独占的に自己の幸福を追求するということであり，他は，規制に携わる者は共同の幸福だけを考えているということである。この2つを結び付け

ることは，確かに厳密な意味では相反するものではないが，しかし，説明の必要（Erklärungsbedarf）がもとめられる。すべての市場参加者が利己的な目標だけを追求する一方で，規制機関において利他的な目標だけが追求されるということをどのように説明すべきであろうか。1つの可能な説明は，規制者がかれの行為に際し共同利益の目標だけを追求する利他者に過ぎないことを保証する選択メカニズムが存在するということであるが，第1に，そのような間違いのない選択メカニズムをどのように把握できるか分からない，第2に，利己の目標を共同の利益に従属させるような人間がはたして存在するかどうかといった2つの点でこの説明には欠陥があると考えられる。規制のなかで利他者だけが行動するという前提から離れれば，人間は自己利益という目標への原則的な思想傾向にもかかわらず，規制の枠組みのなかでは共同利益の目標だけを追求するということを伴う条件について論究しなければならない。この点については，規制を受ける者の自己利益の目標が共同利益の目標と一致するような動機づけのシステム（Anreizsystem）を構築する必要がある。規制を行う者の側では，全体の幸福を追求する行動をとることを支持するようなポジティブな動機づけがなされなければならない。そのようなシステムをどのように洞察することができるかは完全には明らかではないし，また，全体の幸福を測定することも実際には不可能である。したがって，規制者は，規制するにあたってなんらの自己利益を追求しないことに加えて，規制される市場への参加者として現われることが必要である。このことを資本市場において仮定すれば，規制者は資本の提供者または信用の需要者として現われる必要はない[16]。

〈注〉
1．2．3．Feldhoff,M.,*a.a. O.*, S.5.　　4．5．*Ebenda*, S.6.
6．*Ebenda*, S.7.　　7．8．9．*Ebenda*, S.9.　　10．*Ebenda*, S.9-13.
11．*Ebenda*, S.13.　　12．13．*Ebenda*, S.13-18.　　14．*Ebenda*, S.18-19.
15．*Ebenda*, S.19.　　16．*Ebenda*, S.19-20

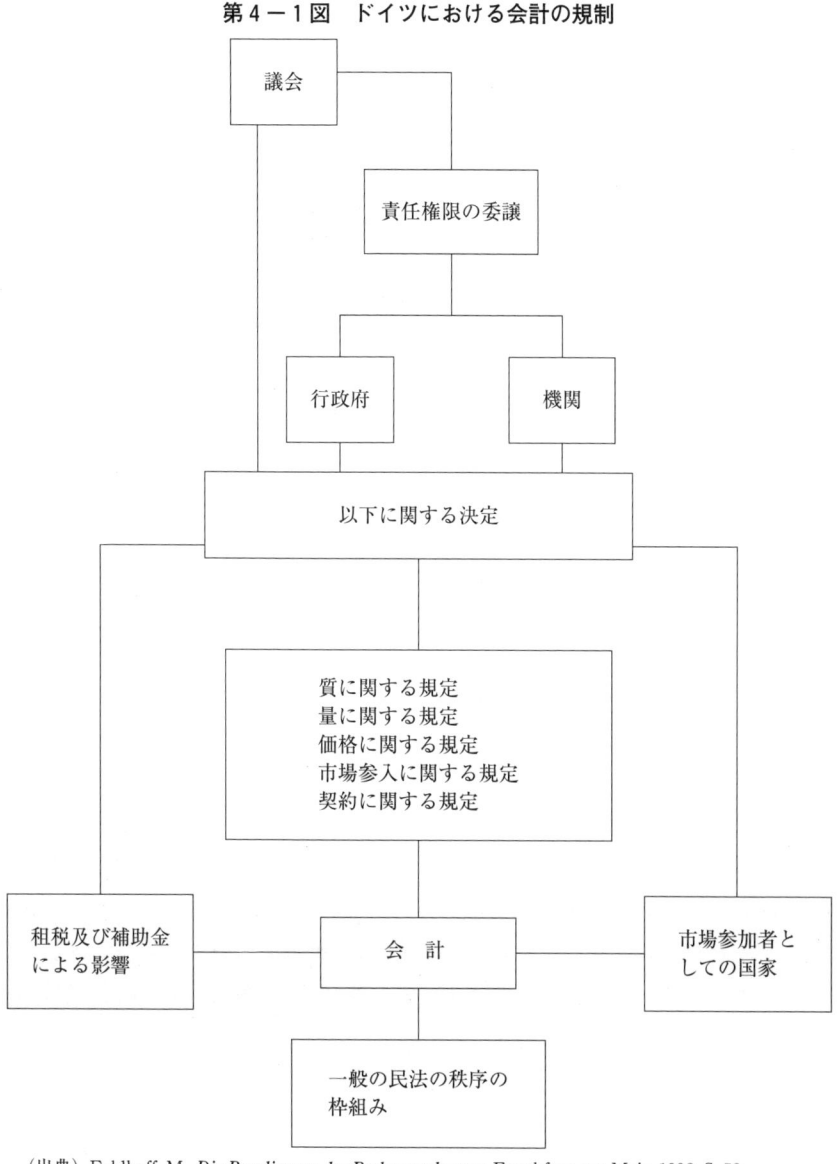

第4-1図　ドイツにおける会計の規制

```
          議会
           │
           ↓
      責任権限の委譲
       ┌───┴───┐
       ↓       ↓
      行政府    機関
       └───┬───┘
           ↓
      以下に関する決定
           │
           ↓
    質に関する規定
    量に関する規定
    価格に関する規定
    市場参入に関する規定
    契約に関する規定

  ┌────────┬────────┐
租税及び補助金   会計    市場参加者と
による影響              しての国家
           │
           ↓
    一般の民法の秩序の
    枠組み
```

（出典）Feldhoff, M., *Die Regulierung der Rechnungslegung*, Frankfurt am Main 1992, S. 58.

4 フェルトホフの所説の特徴

フェルトホフの所説は，以上のように，国家の積極的な市場参加者としての介入というものがドイツの会計規制の方法として有効であることを立論したもので，結論的に，第4－1図のようなドイツにおける会計規制の仕組みを示した。

第4－1図は，一般的な民法の秩序の枠組みのなかに会計を位置づけを包括したうえで，第1に，議会もしくは権限を委譲された行政府または機関が制定した質・量，価格，市場参入，契約に関する規定を通じて会計規制規制を行う立法行為，第2に，租税及び補助金を通じた会計への影響，第3に，市場参加者としての国家の会計への介入というルートがあったが，フェルトホフが強調した点は，国家の特別的な市場参加による会計規制の手段が望ましいとしたことである。

第2節　私的な会計規制論
——エムリヒの『ドイツにおける外部会計の改革の傾向と展望』（1999年）——

1 エムリヒの所説の論点

本節で取り上げるエムリヒ（Emmrich, M.）の『ドイツにおける外部会計の改革の傾向と展望（*Ansätze und Perspektive einer Reform der externen Rechnungslegung in Deutschland*, Aachen 1999.）』は，1997年の法状況にもとづき執筆したものであり，そのため，商法典第342条の私的会計委員会方式・ドイツ会計基準委員会の創設に向けたドイツ会計制度改革の傾向と展望を論究している。

その所説の全体的な趣旨は，情報提供機能と支払い測定機能（利害調整機能）との間になんら強制的な対立はないから，会計基準をベースとして作成した年次決算書にもとづいても，支払い測定機能としての会社法上の利益処分に供することができるというものである。このことから，ドイツとアングロサクソンの会計観を二項対立的に捉えるのではなく，改良の道を追究することが大事であるとしている[1]。

エムリヒは，1993年のダイムラーベンツ社がNYSE上場に伴い事態が一変し，連結会計に関して外国の法規範の受け入れと承認をめぐる議論がなされているが，ドイツの会計制度改革を促す重要な要因として，①国際的な文脈で承認されていないドイツの企業は，年次決算書情報の非常に限定された比較可能性しか有していないので，外国の投資家や資本市場の情報ニーズに対応できない，②慎重原則や債権者保護と違って，会計作成者に幅広い形成可能性を認めているドイツ会計の内部矛盾と不透明性は，年次決算書の支払い測定機能と矛盾しているという2つの点を指摘している[2]。そのうえで，外国の資本市場に上場を図るドイツ企業の比較可能な年次決算書の情報に対する投資家の要請がドイツ会計改革を促していると言う。そして，具体的に，エムリヒがドイツ会計の改革提案として考えている論点は，ドイツ会計が引き続き成文法化（Kodifizierung）によるべきなのかどうかということであり，将来方向が成文法化でなく，会計基準をベースとした（auf Basis von Rechnungslegungsstandards）会計が決定的に重要であるとしている[3]。この会計基準ベースの会計のなかに，ドイツの会計制度改革の支柱があると考え，会計基準設定機関の設置がドイツにおいて妥当性を有していると立論している。

エムリヒが会計の規範化（Normierung der externen Rechnungslegung）[4]を会計基準設定機関の設置に結実を図る立論を行うに際し，その類型について，

―私的契約上の協定にもとづく会計の規範設定（第1類型）
―私的機関による拘束力のある規準にもとづく会計の規範設定（第2類型）
―厳格で，包括的な成文法にもとづく会計の規範設定（第3類型）

という3つの外部会計の可能な形態（mögliche Ausgestaltung der externen Rechnungslegung）[5]があることを明らかにしている。エムリヒは，第1類型が適用会計処理ルールを個々の経済主体の個別の私的契約上の協定にもとづき規範化する方式であり，第3類型もすべての可能な会計処理を厳格で包括的な成文法で規範化する方式で，極端な解決であるのに対し，第2類型は中間的な解決として私的機関による会計の規範化を行うものであるとし，ドイツの会計改革の将来方向への展望として，第3類型の成文法主義から第2類型の会計基準

ベースに転換していくことを主張の要点としている[6]。

〈注〉
1. Emmrich, M., *Ansatze und Perspektive einer Reform der externen Rechnungslegung in Deutschland*, Aachen 1999. Geleitwort von Siglich, J.
2. *Ebenda*, S.1-2.　3. *Ebenda*, S.250.　4. 5. 6. *Ebenda*, S.6.

2　会計基準委員会の設置を通じたドイツの会計改革

エムリヒは，ドイツにおける外部会計の改革の論点として，（1）改革の代替的選択の合目的性（Zweckmäßigkeit der Reform alternative）[1]，（2）基準設定の制度化と統合（Institutionalisierug und Integration des Standardsetting）[2]，（3）会計基準に関する委員会の設置（Errichtung einer deutschen Kommission für Rechnungslegungsstandards）[3]について論究している。

エムリヒは，第1の点を論究するにあたって，会計改革が年次決算書の利用者の利益に適うべきもので，慎重主義を見なおし，基準性原則の維持にも問いかける必要があるとし，一世紀以上にわたってドイツの会計を特徴づけてきた会計の幅広い恣意的な分野を体系的な規準によって解消し，成文法による規定の膨大化を克服すべきであると改革の目標を指摘する[4]。そのうえで，この改革の目標に関連して，現実的には，一連の異なった行動様式が3つの改革の代替的選択肢があるしている。具体的には，①IAS/US-GAAP準拠の免責連結決算書の実務の開放（第1方式），②連結決算書に関する規定の改革（第2方式），③個別決算書・連結決算書の全体の改革（第3方式）があるとする[5]。

エムリヒは，この3つの代替的選択肢に関し，以下のようにコメントする[6]。第1方式のIAS/US-GAAP準拠の実務開放については，外国の資本市場に上場する企業にとってメリットがあるが，連結決算書を二元的に作成するという点で根本的な解決にはならない。このため，この連結決算書の実務開放方式の改革は適切ではない。第2方式の連結決算書に関する規定の改革については，利用者の観点から生じた不充分さは克服できるが，個別決算書への影響がなく，基準性原則にもとづく税務上の算定基礎への影響がないままの改革であ

る。この2つの方式の改革に比べれば，個別決算書を含めた改革が望ましい。コンツェルン特殊な問題を除けば，個別決算書に限定した支払い測定機能が，慎重な利益計算という意味でなく，妥当なものとして考えられるような新しいコンセプトをドイツ会計は必要としている。このため，個別決算書レベルでの会計の包括的な新しいコンセプトのみがドイツの現在の基本的な困難を除去することができる。

　エムリヒは，このように述べて，個別決算書レベルの会計改革の道を支持するのである。そして，第2の論点として，この個別決算書レベルの会計改革に関連して，①会計の成文法化（Kodifizierung）というドイツの法の伝統（Rechtstradition）の維持[7]，②会計基準（Rechnungslegungsstandards）にもとづく会計改革[8]のいずれが選択されるべきかを論究していく。前者が法律による改革（gesetzliche Reform）で，新しい条文が成文法に設けられるのに対し，後者は，会計基準設定機関による改革（institutionelle Reform）であり[9]，会計基準の設定がなされる。エムリヒは，この2つの改革の選択肢のうち，商法の規定の改正を行う第1の選択肢については，それが一時的な状況の改善しかもたらさないことを挙げて，会計基準設定のシステムへの移行（Übergang zu einem System der Standardsetting）[10]の第2の選択肢を採るべきであると考える。しかも，エムリヒは，この会計基準設定システムへの移行に関しても，さらに，第3の論点として，第4-2図のように，3つの代替的選択肢があると

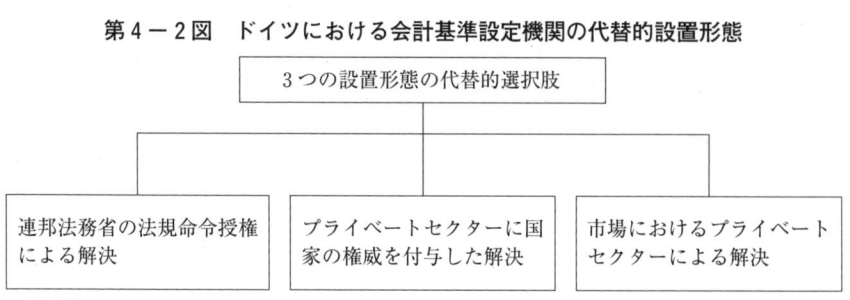

第4-2図　ドイツにおける会計基準設定機関の代替的設置形態

```
        ┌─────────────────────────┐
        │  3つの設置形態の代替的選択肢  │
        └─────────────────────────┘
           │            │             │
┌──────────┐  ┌──────────────┐  ┌──────────────┐
│連邦法務省の法規命令授権│ │プライベートセクターに国│ │市場におけるプライベート│
│による解決      │ │家の権威を付与した解決 │ │セクターによる解決   │
└──────────┘  └──────────────┘  └──────────────┘
```

（出典）Emmrich, M., *Ansätze und Perspektive einer Reform der externen Rechnungslegung in Deutschland*, Aachen 1999. S. 192.

している[11]。すなわち，ドイツにおける会計基準設定機関の代替的選択肢として，①連邦法務省の法規命令授権による解決，②プライベートセクターに国家の権威を付与した解決，③市場におけるプライベートセクターによる解決があるが，第2の選択肢であるプライベートセクターに国家の権威を付与する解決の方が他の選択肢よりも評価することができると結論づけている[12]。

〈注〉
1．Emmrich,M.,*a,a. O.*, S.183.　　2．*Ebenda*, S.187.　　3．*Ebenda*, S.196.
4．*Ebenda*, S.183.　　5．*Ebenda*, S.184.　　6．*Ebenda*, S.185-187.
7．8．9．10．*Ebenda*, S.188.　　11．*Ebenda*, S.189.　　12．*Ebenda*, S.196.

3　会計基準をベースとしたドイツ会計の展望

エムリヒは，国家の権威を付与されたプライベートセクター方式が採用されるべきであるとしたうえで，さらに，このプライベートセクターのもとで会計基準をベースとした会計(Rechnungslegung auf Basis von Rechnungslegungs-standards)[1]を構築する方向を将来展望している。そこで，まず，ドイツの年次決算書の改革の関連の枠組み(Bezugsrahmen der Reform des deutschen Jahres-abschlusses)[2]ということを以下のように考える。

ドイツの会計改革を考える際に，IAS/US-GAAPの考慮が改革の関連の枠組みとして必要であるとの基本的認識に立つことが重要である。第4-3図は，ドイツ会計の関連の枠組みを示したものであるが，エムリヒは，関連の枠組みを考慮する場合に，IAS, US-GAAP, EG会計指令の関連の枠組みを抜きにして，ドイツ国内だけの新しいコンセプトと発展から会計改革，つまりドイツ会計の独自の改革と発展（eigenständige Reform und Fortwicklung der deutschen Rechnungslegung）といったことはあり得ないと主張している[3]。

このようなドイツ会計改革のIAS/US-GAAP, EG会計指令との関連の枠組みをもとに，現行法における会計基準の統合(Integration der Rechnungslegungs-standards im geltenden Recht)[4]のなかで，エムリヒは，会計規範の階層的構(hierarchische Struktur der Rechnungslegungsnormen)[5]が考えられるとする。

第4－3図　ドイツの会計改革の関連の枠組み

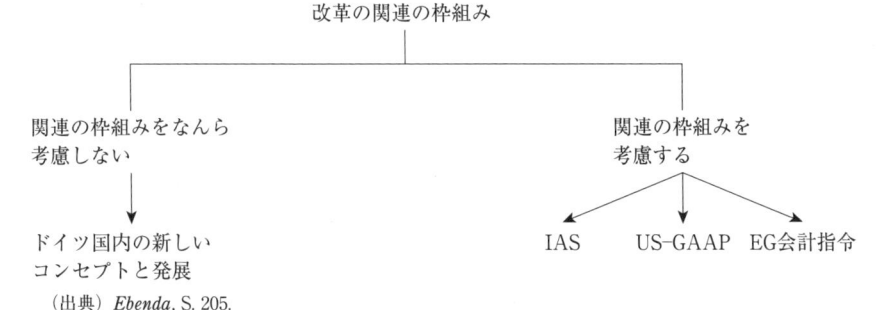

```
          改革の関連の枠組み
         ┌──────┴──────┐
   関連の枠組みをなんら      関連の枠組みを
   考慮しない            考慮する
       │            ┌───┼───┐
   ドイツ国内の新しい    IAS  US-GAAP  EG会計指令
   コンセプトと発展
```

（出典）*Ebenda,* S. 205.

エムリヒが描く，会計規定の階層 (Hierarchie der Rechnungslegungsbestimmungen) とは，成文法レベルにおける会計に関する法律上の義務とプライベートな会計基準レベルの4つのレベル，すなわち，①会計の義務，②会計の枠組み原則，③計上・評価の原則，④個別基準によって構成されるものである[6]。

エムリヒは，第4－4図のような成文法レベルと会計基準レベルから構成されるドイツの会計規定の階層構造を示した後，後者の会計基準の法律上の義務づけ (gesetzliche Verbindlichkeit der Rechnungslegungsstandards)[7]に重要な意義があると指摘する。そして，会計基準の法律上の義務づけを根拠つける可能な方法として，以下の第4－5図のようなものがあるとしている。

第4－5図に示されたように，会計基準委員会からだされた規範の義務づけは，直接的な方法として，①一般的な義務の宣言（Allgemeinverbindlicherklärung），②併合（Inkorporation），③命令（Verordnung），④指示（Verweisung）によって，また，間接的な方法によって行われる。しかし，エムリヒは，これらの会計基準の法律上の義務づけの可能性に対し，そのすべてが妥当なものであると考えてはならないと指摘する。すなわち，ドイツの法治国の原則にもとづく規範設定の民主的な正当性が重要であるし，他方で，会計の領域における立法は，少なくとも法律の留保（Gesetzvorbehalt）の対象ではなく，そのため，会計の規範化は法律ベースで強制的に行われてはならないと言う[8]。

第4-4図　ドイツの会計規定の階層構造

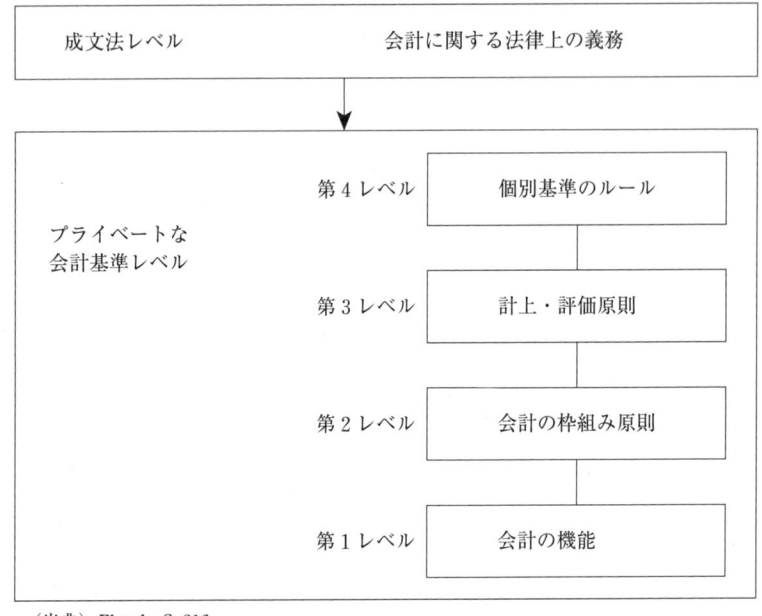

```
┌─────────────────────────────────────────────────────────┐
│  成文法レベル         会計に関する法律上の義務           │
└─────────────────────────────────────────────────────────┘
                              ↓
┌─────────────────────────────────────────────────────────┐
│                                                         │
│                  第4レベル    │ 個別基準のルール │      │
│  プライベートな                                         │
│  会計基準レベル   第3レベル    │ 計上・評価原則  │      │
│                                                         │
│                  第2レベル    │ 会計の枠組み原則│      │
│                                                         │
│                  第1レベル    │ 会計の機能      │      │
└─────────────────────────────────────────────────────────┘
```

（出典）*Ebenda*, S. 216.

第4-5図　会計基準の法律上の義務づけの可能な変換

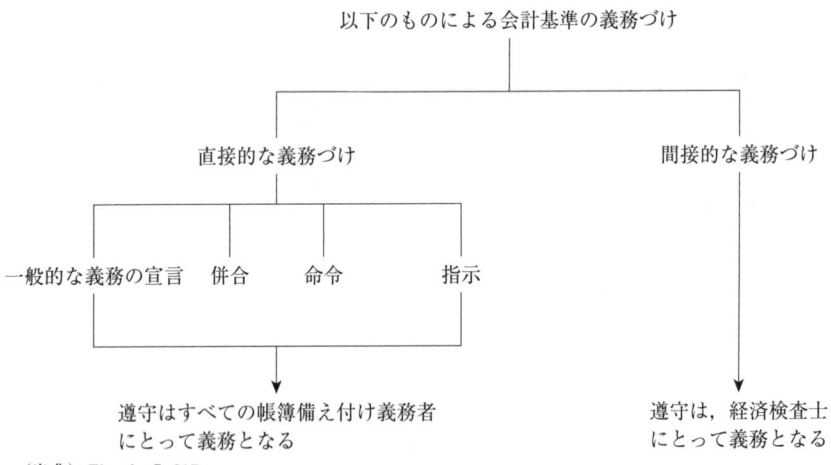

以下のものによる会計基準の義務づけ

直接的な義務づけ　　　　　　　　　　　間接的な義務づけ

一般的な義務の宣言　併合　命令　指示

遵守はすべての帳簿備え付け義務者　　　遵守は，経済検査士
にとって義務となる　　　　　　　　　　にとって義務となる

（出典）*Ebenda*, S. 217.

この観点から，エムリヒは，一般的な義務づけの宣言によって会計基準委員会から出された規範の狭義の義務づけは達成されるが，この一般的義務づけの宣言は，憲法上の疑義と衝突するとし，併合については，憲法上の疑義はなく，併合によって会計基準委員会により開発された規範が立法の正常な過程を通じて商法典の構成部分として挿入され，義務的な規定となる。しかし，このような立法過程の息の長い手続きは成文法会計の決定的な克服すべき欠陥を有しているため，このような解決可能性は，排除されると述べている。エムリヒは，さらに，プライベートな会計規範の義務づけが命令（Verordnung）によっても可能であるとしたうえで，しかし，この命令は，立法者でなく，連邦法務省によって行われるため，会計の領域における命令への幅広い授権に対し，憲法上の疑義がある。だから，このような行政命令への強い依存を好ましいものと判断することができないと断じる。その結果，エムリヒが1つの打開策として考えられるとしたのが指示（Verweisung）という方法であった[9]。

エムリヒが掲げる指示という概念は，直接的な指示（unmittelbare Verweisug）と間接的な指示（mittelbare Verweisung）から構成される[10]。前者の直接的な指示には，①静的な指示（statische Verweisung）と②動的な指示（dynamische Verweisung）があるが，静的な指示は立法時点ですでに存在する法状況を指示するもので，必要とされる速やかな発展を妨げるため合目的でない[11]。動的な指示は不十分な適応可能性という点で意味があるが，民主主義原則と法治国原則に反しているため，憲法上の疑義がある。エムリヒは，このように述べて，妥当な解決方法として，間接的な指示が単なる事実上の強制をもとめるものではあるが，1つの妥協的解決を図る打開の道であるとしている[12]。

〈注〉
1．Emmrich, M., *a.a. O.*, S.250.　2．*Ebenda*, S.205.　3．*Ebenda*, S.206.
4．*Ebenda*, S.210.　5．*Ebenda*, S.215.　6．*Ebenda*, S.216.
7．*Ebenda*, S.216.　8．*Ebenda*, S.218.　9．*Ebenda*, S.218-219.
10．11．*Ebenda*, S.219.　12．*Ebenda*, S.220-221.

4 エムリヒの所説の特徴

　以上がエムリヒの所説であるが，ドイツ会計の改革をめぐる論点をIAS/US-GAAP準拠による年次決算書の国際化対応をどう行うべきかに見出している。

　その際，エムリヒは，IAS/US-GAAPの文脈のなかでのドイツ会計の基本的な分析から，

　　—商法の会計規定には規準の欠缺が数多くあり，未解決の会計問題を法律の指示としてのGoBによって解消することができない，

　　—法律は，会計政策上の選択権の行使を認めている，

　　—逆基準性が商法会計の混乱をもたらしている，

　　—立法者が規定の適応を経済的取引の変化に関して行う速度は遅い，

　　—法の設定の経過が不透明である，

　　—法形態，規模，部門ごとの規定の差別化によるドイツの会計の二元的構造によって，会計の比較可能性が困難になっている，

　　—会計の国際的比較可能性は，国際的な会計慣行に反する国内の概念によっても妨げられる，

といった重要な欠陥があったと指摘している[1]。

　しかし，エムリヒは，このようなドイツ会計の欠陥だけでなく，ドイツ会計が誤解されてきた点もあったとし，次ぎの点を修正すべきであると考える[2]。

　　—ドイツとIAS/US-GAAPの重要な相違が支払い測定機能にあると誤解されて考えられているが，IAS/US-GAAPにも支払い測定機能が考慮されている。

　　—支払と測定機能とともに，ドイツ会計の特徴とされる基準性原則についても，アメリカでもUS-GAAP準拠が認められている。

　　—慎重原則の支配をもって，大陸ヨーロッパとアングロサクソンの会計を対照させることには説明価値がない。

　このようなエムリヒの立論は，IAS/US-GAAPとの一体化，会計基準ベースの制度設計を念頭においた議論であったことを考慮に入れて理解しなければならない。

〈注〉
1．Emmrich, M., *a.a. O.*, S.312-313.　2．*Ebenda*, S.313-316.

第3節　私的会計委員会と国家の管轄権
——ブライデンバッハ の『会計規範の設定』(1997年)——

1　ブライデンバッハの所説の論点

　本節で取り上げるブライデンバッハの『会計規範の設定 (Breidenbach, K., *Normensetzung für die Rechnungslegung. Biaherige Ausgestaltung und mögliche Fortentwicklung in Deutschland*, Wiesbaden 1997.)』は，ドイツの会計規範システムをドイツ社会の構成部分としての会計システム[1]であると捉えて，この社会システム観から，内部における影響要因と外部からの国内及び海外の隣接システムの影響 (Einfluß inländischer und ausländischer Nachbarsysteme auf das deutsche Rechnungslegungssystem)[2]という内生・外生の環境因子から，ドイツの会計規範設定の形成可能性を論究し，ドイツ会計委員会の設置に向けた立論をすることにある。

　その際，ドイツ会計規範システムに影響を与えている要因として挙げられているのが，立法機関，裁判所および正規の簿記の諸原則 (GoB)，企業，経済検査士，決算書の受け手（企業内部の自己資本提供者，経営者，監査役，従業員と企業外部の他人資本提供者，国庫，得意先，仕入先，公衆），専門科学といった因子である。そして，これらの因子が相互に作用してドイツ会計規範システムに影響を及ぼしてきたと考える。しかも，これらの因子のなかで，とくに，立法機関，企業，裁判所，経済監査士が会計規範システムに強く影響を与えたのに比べ，決算書の受け手，専門科学の影響が低かったと考える[3]。

　ブライデンバッハの所説は，ドイツ会計規範システムの内部の影響要因とともに，さらに外部から影響を与えてきた国内・国外の隣接システム[4]があると捉えている。すなわち，国内の隣接システムというのは，法システム，企業システム，資本市場システムという因子から成るものであるが，これらの国内の

隣接システムの因子がそれぞれに立法機関，裁判所，経済検査士，企業という会計規範システムの内部因子に影響を与えてきた。しかし，会計国際化のなかで，IASC，海外資本市場，海外会計基準，ヨーロッパ連合（EU），国際連合（UN），経済開発機構（OECD）といった国外の隣接システムの因子もまた，1990年代以降に，ドイツ会計規範システムの内部の影響要因である立法機関，企業，裁判所，経済監査士といった因子に重層的に作用したと言う[5]。

とくに，国外の隣接システムのうち，ヨーロッパ連合が立法機関を通じてドイツ会計に影響を与え，さらに，経済のグローバル化，資本需要の増大に伴って国外の資本市場の影響が上場企業を通じてドイツ会計に及ぶようになり，国外の会計システム，とりわけアメリカ会計の意義が高まった。ヨーロッパ連合がこれまでこの発展に適切に対応し切れず，加盟国の行動の可能性を政治的圧力で制限してきたのに対し，IASCは，世界的な承認を目指し，国を超えた機構として国際的な調和化と基準設定の枠組みのなかで，アメリカ会計に対する代替的な選択肢の1つと考えられ，また，IOSCOとIASCとの合意にもとづきIASが証券市場におけるグローバルスタンダードとして影響を広げる方向にむかった。この結果，ヨーロッパ連合は，新しい会計戦略の将来構想を発表し，その具体化な対応措置として，IASがヨーロッパ連合域内の上場企業のグローバルスタンダードとして適用されることをもとめるようになった[6]。

ブライデンバッハは，このように述べて，国外の隣接システムの動きに対応するかたちで，ドイツもまた，会計領域における規範設定プロセスの形成可能性（Ausgestaltungsmöglichkeiten des Normensetzungsprozesses im Bereich der Rechnungslegung）[7]をもとめる新たな時代の要請を受けたとし，ドイツ会計規範システムの内部の影響要因の変化が促されたと考える。そして，ブランデンバッハは，具体的に，

（1） 会計領域における規範設定プロセスの形成可能性[8]

（2） ドイツの会計領域における規範設定プロセスの要件[9]

の2つの点から，ドイツ会計基準委員会の設置に向けた論点整理を行っている。

〈注〉
1. Breidenbach, K., *Normensetzung für die Rechnungslegung. Bisherige Ausgestaltung und mögliche Fortentwicklung in Deutschland*, Wiesbaden 1997. S.6.
2. *Ebenda*, S.65.　3. *Ebenda*, S.60, S.62.　　4. *Ebenda*, S.63, S.66.
5. *Ebenda*, S.67-92　6. *Ebenda*, S.67-75, S.88, S.91-92.
7. *Ebenda*, S.93.　8. *Ebenda*, S.96.　9. *Ebenda*, S.143.

2 会計領域の規範設定プロセスの形成可能性

ブライデンバッハは，ドイツ会計規範システムの内部的影響要因として，国内・国外の隣接システムが大きく作用し，とくに後者の国外の隣接システムの因子が規範設定プロセスの変更[1]をドイツ会計に迫ったが，ドイツにとって，どのような会計領域のおける規範設定プロセスの形成可能性が考えられるかが重要な論点であると考える。

その際に，一般的な会計規範設定プロセスの形成可能性としては，立法機関による規範設定 (Normensetzung durch den Gesetzgeber)[2] と委員会による規範設定 (Normensetzung durch eine Kommission)[3] の2つ方式があることを確かめたうえで，しかし，この形成可能性に関し，どの国の場合も，立法機関による規範設定とか，委員会による規範設定とか，いずれか1つの純粋な方式だけを採用していることはない。立法機関や委員会が相互に関与し合って規範設定が行われているとし[4]，それぞれの方式に関し，以下のような所説を述べ，ドイツにおける設置形態として，どれが相応しいかを検討している。

第1の立法機関による規範設定というのは，立法府 (staatliche Legislative)[5] が会計規範を成文法で法典化するものであり，EG会計指令の加盟各国の国内法への変換にあたって各国の立法機関が法改正を行った例がある。ドイツ，オーストリア，ルクセンブルクがこれに該当する国である。しかし，この場合にも，委員会意見書，経済検査士協会の意見書，判決，税法の規定等が法の欠缺を補充 (Ergänzung) していた[6]。

第2の委員会による規範設定については，国の設置した委員会による規範設定 (Normensetzung durch eine staatliche Kommission)[7]，私的委員会による規範設定 (Normensetzung durch eine private Kommission)[8]，混成の委員会によ

る規範設定（Normensetzung durch eine gemischte Kommission）[9]の3つ方式がある。

このうち，国の設置した委員会による規範設定を採る国として，フランスと日本がある。両国の場合，国の設置した会計委員会が立法機関に代替して会計規範を発展させる。そして，この会計委員会設置に伴って，利害関係グループの代表者が規範設定に参加している。とくに，フランスの場合，国家会計委員会（Conseil National de la Comptabilité/CNC）が会計規範を設定する[10]。

私的委員会による規範設定の国がイギリス，アメリカである。イギリスの場合，会計基準委員会（ASC）から会計基準審議会（ASB）への展開があった。イギリスの会計について，会社法の枠組みのなかで，法律上の規制が行われるが，しかし，会社法に詳細な規定はなく，決算書作成者の裁量に委ねられてきた。しかるに，1960年代末に起きた不正経理事件を契機に，イギリス会計への批判が高まった結果，国による規制（saatliche Regulierng）を回避する目的で，イギリス勅許会計士協会（ICAEW）によって会計基準委員会（ASC）が1970年に設立された。その後，1976年に会計基準委員会（ASC）の組織変更があったが，ディーリング委員会勧告（Dearing-Reports）の批判的指摘と勧告を受けて，1990年に会計基準審議会（ASB）が設立された。イギリスの場合，財務報告会議（FRC），会計基準審議会（ASB），財務報告レヴューパネル（FRRP）が機構として設置され，財務報告会議（FRC）が規範設定プロセスの統括・監視（Betreuung und Überwachung des Normensetzungsprozesses）を行い，財務報告会議（FRC）のもとに，会計基準審議会（ASB）と財務報告レビューパネル（FRRP）が置かれている。そして，会計基準審議会（ASB）が自己の責任で会計規範の開発と公表（Entwicklung und Veröffentlichung von Rechnungslegungsnrmen in eingener Verantwortung）行うのに対し，財務報告レビューパネル（FRRP）は，会社法規定の順守の監視（Überwachung der Einhaltung der CA-vorschriften）をする。また，会計基準審議会（ASB）のもとに，緊急問題タスクフォース（EITF）が設置され，緊急に解決を要する問題に関する勧告（Erarbeitung von Empfelungen für dringend zu lösende Probleme）」と基準と会

社法規定の解釈(Interpretion von Standards und CA-vorschriften)をする[11]。

EG会計指令の変換以降は，イギリスでも，詳細な会計規定が法律に設けられたが，ほとんどすべてのEG会計指令の選択権が国内法化された結果，弾力性も内包された。

このため，会計規範が法律の枠組みのなかで，政府から独立した私的な機関である会計基準審議会（ASB）により設定されることとなり，旧会計基準委員会（ASC）と違って，政府の会計への影響をできるだけ小さくしようとした。ただし，財務報告会議（FRC）の正副委員長を政府が任命すること，会計基準審議会（ASB）の審議の監視者を派遣し，規範設定プロセスの財政支援をすることで影響力を保持している[12]。

企業は，法律で，基準からの離脱を公表する義務を負うことで会計基準審議会（ASB）の職務を政府は支持している。そして，財務報告レビューパネルは，法律規定にしたがって間接的に基準の順守に関し企業を告発する権利を有している。だが，基準の順守についての法律上の義務はなんらない。イギリスにおける最重要な会計原則は，真実かつ公正の概観であるが，これは，1948年会社法以来，法律上の規定に明記されている。問題は，この概念が明白に規定可能なものでないということである。たしかに，会計実務計算書（Statements of standard Accounting Pratice/SSAP）と財務報告基準（Financial Reporting Standard/FRS）の順守が原則として真実かつ公正な概観を伝達するものであるが，そうでない場合には，基準からの離脱が認められる。この結果，基準は，決算書の作成者にとって義務的ではなく，疑義のある場合に，基準からの離脱が真実かつ公正の概念の伝達を侵害していることを証明されなければならない。会計基準審議会（ASB）は，最終的に，規範を任意適用することを指示している。このような理由から，会計実務基準書（SSAP）と同様に，現行の会計規範の実施に関し，財務報告基準の一般的承認の意義が大きい[13]。

アメリカの場合にも，会計手続き委員会（CAP）から会計原則審議会（APB）を経て，財務会計基準審議会（FASB）への展開があった。アメリカでは，証券法（1933年）と証券取引法（1934年）の順守を監視する行政機関とし

て証券取引委員会（SEC）が設置され，証券取引委員会（SEC）は，開示規定の具体化を図るために，法律効力を有する命令を制定する授権を受けた。しかし，証券取引委員会（SEC）は，このことに関する行政命令を一部にとどめ，大部分は，会計規範の開発を職業団体に権限委譲した。アメリカの会計規範は，一般に認められた会計原則（US-GAAP）と呼ばれ，ドイツの正規の簿記の諸原則（GoB）と同様に，明白な定義がない。このため，証券取引委員会がアメリカ公認会計士協会（AICPA）に会計規範（US-GAAP）の開発を行う旨の権限の委譲をした。この権限委譲にともない，会計手続き委員会（CAP）から会計原則審議会（APB）を経て，財務会計基準審議会（FASB）による会計規範の設定に至っている[14]。

疑義のある場合には，真実かつ公正の概観の下位にあるとされるイギリスの基準と比べて，アメリカの基準（US-GAAP）は，公認会計士がアメリカの基準（US-GAAP）への一致を監査証明するということから，イギリス基準よりも意義が大きい[15]。

アメリカでは，会計手続き委員会（CPA）から会計原則審議会（APB）を経て，財務会計基準審議会（FASB）への変化があるが，財務会計基準委員会（FASB）設置の動機は，会計基準（US-GAAP）の設定への国家の介入（staatliche Intervention）からの回避をアメリカ公認会計士協会が図ろうとしたことである。1973年に財務会計基準審議会（FASB）が私的規範設定機関として（als private normensetzende Organization）創設された。このアメリカの規範設定の機構は，財務会計財団（FAF）のもとに，財務会計基準審議会（FASB）と財務会計基準諮問会議（FASAC）がある。財務会計財団（FAF）は，規範設定プロセスの財政支援を行い，財務会計基準審議会（FASB）の委員を任命する。財務会計基準審議会（FASB）は，私経済的企業に関する会計規範の開発と公表（Entwicklung und Veröffentlichung von Rechnungslegungsnormen）を行い，それの下にある緊急問題タスクフォース（EITF）が新しく発生した問題の認識とその解決に取り組む。他方，財務会計財団（FAF）が委員を任命した財務会計諮問会議（FASAC）は，財務会計基準審議

会(FASB)に対し助言を行う[16]。

財務会計基準審議会(FASB)は，アメリカの会計規範設定の中心的な機関であり，会計領域における研究活動，証券規制当局とのコミュニケーション，私経済的企業の会計問題の解決に関する重要な地位を果たしている。財務会計基準審議会(FASB)には，第1に，会計規範の開発にあたって特定の利害関係グループの圧力を排除すること，しかし，第2に，基準の承認に関し支持を得るために会計の利害関係グループに無条件に依存しているという二律背反の任務がある。この点で，財務会計基準審議会(FASB)は，実質的な依存または人的な支配にもとづき特定の利害関係グループの影響を受けない独立した機関であり，さらに，財務会計基準審議会(FASB)は，幅広い公衆がかかわり，できるだけすべての利害関係者が規範設定作業に参加するように努力することによって，その規範のたかい承認を得ることが必要である。財務会計基準審議会(FASB)の公表したステートメントと解釈に証券取引委員会(SEC)が有力な権威の支持を与えているのもこのためである。もし，そうでなければ，証券取引委員会(SEC)が会計規範の領域の規範を設定する権限を行使し，その結果，私的セクターが自己規制(Selbstregulierung)の可能性を喪失するという可能性もつねに存する[17]。

イギリスとアメリカのような私的委員会ではなく，混成の委員会よる規範設定の国として，オーストラリアがある。オーストラリアもイギリスと同様に，原則として，政府の規制を回避しようとしている。1960年代はじめ，オーストラリア勅許会計士協会(ICCA)とオーストラリア公認実務会計士協会(ASCPA)の二つの団体がそれぞれに独立した会計勧告を公表していたが，つよい批判を受けて，この2つの団体が資金提供して，1973年に設立されたオーストラリア会計調査財団(AARF)の委員会に規範設定活動が統合された。同時に，オーストラリア政府により会計基準レビュー審議会(ASRB)が設置された。会計基準レビュー審議会(ASRB)は，基準開発の支持，公聴会の実施，専門家の諮問，公的請願，基準の検査と承認を行うことを任務とし，会計基準レビュー審議会(ASRB)の承認した基準に対し，政府が拒否権を有している。

このため，会計基準レビュー審議会（ASRB）が承認した基準が法的な拘束を有するが，その適用が真実かつ公正の概観を侵害している場合は，財務諸表作成者及び決算監査人により離脱が理由づけられるならば，基準からの離脱は可能である。会計基準レビュー審議会（ASRB）の場合，基準は，私的セクターで開発されるが，国の機関によって法的効力を付された。このため，規範設定プロセスは，純粋に国でもなければ，純粋に私的なものでもなかった[18]。

他方で，オーストラリアで，規範設定機関として，オーストラリア会計基準レビュー審議会（ASRB）とオーストラリア会計調査財団（AARF）の2つが並存する状況がみられたため，1988年にオーストラリア会計調査財団（AARF）の委員会を解散し，オーストラリア会計基準レビュー審議会（ASRB）に規範設定機関を統合した。その結果，オーストラリア会計調査財団（AARF）は，オーストラリア会計基準レビュー審議会を管理する業務を行うこととなった[19]。

その後，1991年に会計基準レビュー審議会（ASRB）は，オーストラリア会計基準審議会（AASB）に組織変更された。オーストラリア会計基準審議会（AASB）の委員は，法務大臣により兼職で任命された者から成り，アメリカのデュープロセスを採用した。オーストラリア会計基準審議会が承認した基準が官報で公告され，議会の両院で公表される。この意味で，オーストラリアの会計規範は，私的にも，公的にも権威を付与されている[20]。

以上がブライデンバッハの所説で展開された各国の会計領域における規範設定プロセスの形成可能性に関する論説であるが，これらの各国の事例から，ブライデンバッハは，必要な判断基準としてつぎの点を摘出している[21]。

（1） 専門的に創設し，堅固に，できるだけ多くの利害関係を考量した規範設定の保証
（2） 変化する枠組み条件に関する弾力性と新しい認識
（3） 規範設定プロセスの透明性
（4） 費用便益関係
（5） 規範の一般的受け入れの達成と適用

しかしながら，ブライデンバッハは，この判断基準から見ても，立法機関による規範設定と私的委員会による規範設定のいずれによっても最適の形成可能性はなく，規範設定の王道（Königsweg in der Normensezung）[22]はないと考える。このため，規範設定プロセスの形成可能性のメリット・デメリット，そして，各国における枠組み条件を考慮に入れた検討が必要であり，ドイツの会計領域における規範設定プロセスの前進の可能性（Möglichkeiten einer Fortentwicklung des Normensetzungsprozesses im Bereich der Rechnungsleung im Deutschland）[23]に関する論点整理が行われる必要があると言うのである。

〈注〉
1. Breidenbach, K., *a.a. O.*, S.228.　2. *Ebenda*, S.97.
3. *Ebenda*, S.98.　4. *Ebenda*, S.96.　5. *Ebenda*, S.97.
6. *Ebenda*, S.97-97.　7. *Ebenda*, S.98.　8. *Ebenda*, S.103.
9. *Ebenda*, S.125.　10. *Ebenda*, S.98-100.　11. *Ebenda*, S.103-108.
12. *Ebenda*, S.108-111.　13. *Ebenda*, S.111-112.　14. *Ebenda*, S.112.
15. *Ebenda*, S.113.　16. *Ebenda*, S.113-118.　17. *Ebenda*, S.119-125.
18. *Ebenda*, S.125-128.　19. *Ebenda*, S.127.　20. *Ebenda*, S.127-128.
21. *Ebenda*, S.133, S.136, S.138, S.139, S.141.
22. *Ebenda*, S.142.　23. *Ebenda*, S.143.

3　ドイツの会計領域の規範設定プロセスの要件
―ドイツ会計委員会の創設に向けた論点整理―

ブライデンバッハは，会計領域における規範設定プロセスの形成可能性に論究した後，それでは，ドイツが国際的調和化のプロセスに参入していくことを保証するためには，ドイツの規範設定プロセスの変更がどのようになされるべきであるかが立論されることが重要であるとし，以下のことを論点とした検討を行う。

① 国際的規範のための法律上の規範設定の開放（Öffnung der gesetzlichen Normensetzung für internationale Normen）[1]

② 会計規範の命令に関する政府授権（Ermächtigung der Exekutive zum Erlaß von Rechnungslegungsnormen）[2]

③　会計委員会の設置（Einsezung einer Rechnungslegungskommisson）[3]
（１）　国際的規範のための法律上の規範設定の開放

ブライデンバッハは，まず第1の論点である国際的規範のための法律上の規範設定の開放に関し，この議論する際の法的可能性と前提条件[4]を検討する必要があるとする。すなわち，国際的に認められた規範（US-GAAP/IASおよびEG会計指令）へのドイツの法律の開放という場合に，第１に，国際的規範のドイツの法律への編入，第２に，ドイツの法律の規定への準拠の指示という２つの可能性があると考えられるとし[5]，この２つの可能性について，つぎのような論究を行っている。

第１の国際的規範のドイツの法律への編入というのは，国際的規範を商法が選択権として受け入れるとするものである。だが，このような開放の方法は，憲法に一致しているものの，規範設定プロセスの基本的な変更を意味するものではない。そして，国際的規範に含まれている選択権は全面的に受け入れられるのではなく，許容される処理方法の一部だけが法律に受け入れられるに過ぎない。また，国際的規範の変更があるため，立法手続きが頻繁に実施されなければならないという欠陥もある[6]。

第２のドイツの法律の規定に準拠することを指示するということについても，法律発効時に有効な特定の条文にかかわっている場合は，指示する個々の規定が成文法に明示されていないが，指示する規範が変更になれば，法律の改正が必要となり，この点で，前者の編入と同じ欠陥を抱え込む。また，そのときに有効な別の条文への指示にかかわっている場合は，指示規範の変更にもとづき法律改正が必要ではないという長所がある反面，これは，憲法の法治国原則に反することになり，憲法上の疑義にもとづきこのような指示の仕方による国際的な会計規範の受け入れは可能ではない。さらに，このような法律への直接的な準拠を指示することのほかに，立法機関が正規の簿記の諸原則（GoB）のような一般に認められた規準への指示を行うことも可能であるが，この点についても，慎重原則が一般に認められた規準であるが，ドイツの正規の簿記の諸原則（GoB），US-GAAP，さらに，IASCの概念フレームワークのいずれに

おいても，解釈が異なっているため，実際の実行可能性は疑わしい。このため，国際的規範への間接的な指示については，ドイツの法律への受け入れの可能性は考えられない[7]。

このことから，ブライデンバッハによれば，国際的規範への開放の仕方として，商法の選択権とか，また，法律への指示といった方法では不十分であった。このため，国際的な開放として，商法典第292a条の免責条項が考えられた。すなわち，ドイツ企業は，商法典第292a条の免責条項により国際的または海外の規範で作成した連結決算書を認められることで，国際的会計規範の適用を行った。これは，個々の国際的規範がドイツの法律に受け入れられたのではなく，ドイツ外の規定に準拠して作成した決算書が免責決算書として受け入れられ，ドイツ企業がドイツ法から解除されたということである。しかし，ドイツの立法機関が免責の許容を制限または廃止することができることから，ドイツの立法権限の制限はないということではないが，すくなくとも許容の期間においては，ドイツの立法機関は，憲法違反と思われる特定の企業に関する管轄権限を放棄している[8]。

ブライデンバッハは，このように指摘したうえで，この点で，免責条項に関し，第1に，ドイツの成文法規範の遵守からドイツ企業が部分的に免責されていることが国内で許容されるかどうか，また，第2に，限定された企業に対し，免責の適用を制限する可能性が存しているのかどうか，このことが解明される必要があると言う[9]。

第1の点について，ブライデンバッハは，つぎのように論述する。ドイツの成分法規範の遵守からのドイツ企業の部分的な免責は，もしその免責が他のドイツの規定に反している場合には許容することができない。つまり，免責がドイツの成文法の目標を妨害してはならない。このため，国際的規範の適用の許容がドイツの立法の目標と対立すると思われる場合は，その許容が立法機関の目標の変更とか，目標の重点の変更が表現していないかどうかを検討する必要がある。換言すれば，会計規制は，投資家と決算書作成者の異なった利害を考慮したものでなければならない。従って，立法機関は，規範設定にあたって投

資家保護と企業の行動の自由を互いに考量しなければならない。経済のグローバル化が海外の資本市場へのドイツ企業の進出を高め，そのことで，ドイツ企業が商法準拠の連結決算書とともに，海外の資本市場で認められた基準で連結決算書を作成する必要に迫られたことから，立法機関は，種々の利害関係を新たに考量する必要が生じた。その結果，世界的に受け入れられる連結決算書だけを作成する可能性をもとめる企業の必要性の方が決算書の利用者の利害の保護よりも優先されることとなり，現在，計画中の部分的なドイツ法からのドイツ企業の免責が可能と考えられたのである[10]。

さらに，ブライデンバッハは，第2の点について，つぎのように論述する。一部の企業にドイツ規範の遵守からの免責を制限することは，基本法第3条1項の法の下の平等に反する可能性がある。しかし，基本法第3条1項の法の下の平等に反するというのは，恣意的な場合であって，正当な理由があれば違反にあたらない。海外の資本市場を必要としている企業の国際または海外の基準に準拠した連結決算書の許容は，国際または海外の規範に準拠した連結決算書の公表が商法に準拠した連結決算書に比べてメリットがあるとしても，海外市場の上場の資格のない企業には不利益を与えることになる。しかし，商法準拠を免責されるというメリットは，外国の資本市場に上場している企業だけでなく，海外の財市場で取引をしている企業にも当てはまる。さらに，ドイツの資本市場においても，国際または海外の規範に準拠した連結決算書が商法準拠の連結決算書よりも幅広く受け入れられる可能性がある。このため，投資家が投資意思決定を連結決算書にもとづき行う限り，国内と国際の2つの連結決算書の作成という負担を軽減した免責連結決算書を作成・公表する可能性が認められるべきである。しかも，そのような免責条項を資本会社に限定する理由はなく，海外市場での資本調達を必要とする人的会社の法形態を採る親企業にも認められるべきある。ただし，この点については，基本法第3条1項に違反する可能性もあるから，差別化に理由があるかどうか批判的に調べる必要がある[11]。

ブライデンバッハは，国際的規範のための法律上の規範設定の開放に関する法的可能性と前提条件について，このような所説を展開しているが，その際，

連結決算書に関する法律の規定の開放の場合の会計システムへの作用 (Auswirkungen auf das Rechnungslegungssystem bei Öffnung der gesetzlichen Vorschriften für Konzernabschlüsse)[12]についても検討しておく必要があるとし，以下の論究をしている。

第1に，ドイツ会計の国際的調和化に向けた開放が連結決算書に限定されているため，税額・利益配当の算定が親企業の個別決算書にもとづくことから，国際的・海外の規範の連結決算書の適用が親企業の個別決算書とは完全に分離されると考えられるが，このことについての検討が必要である。さらに，第2に，免責条項にもとづく開放がどのような対象に向けられているかという点について，企業グループの大きさ，証券取引所上場，海外と国内，国際的結合といった差別化の指標があるが，そのような差別化が基本法第3条1項の法の下の平等に反するかどうかといった点も検討する必要がある。また，第3に，適用される国際的規範システムがUS-GAAP/IAS/EG会計指令のどれであるのかといった点も，検討が必要である[13]。

そして，これらの点の検討を行うなかで，ブライデンバッハは，国際的規範に関するドイツ法の開放 (Öffnung des deutschen Rechts für internationale Normen)[14]に向け，ドイツ会計システムの個々の因子への作用 (Auswirkungen auf die einzelnen Elemente des deutschen Rechnungslegungssystems)[15]に立法機関，裁判所，企業，経済検査士，決算書利用者，専門科学がどのようにかかわっているかが検討されなければならないと考える。

(2) 会計規範の命令に関する政府授権

ブライデンバッハがドイツの会計領域の規範設定プロセスに係る第2の論点として取り上げているのが会計規範の命令に関する政府授権である。

ブライデンバッハは，この第2の論点について，つぎのように論述している。連邦政府または地方政府に対し，法律により法規命令への授権をすることを基本法第80条1項1文が認めている。法規命令は，議会の立法権限を行政に一部委譲することで立法機関の負担を軽減する。このため，法規命令の行政への授権によって，国際的な会計規制の領域においても，ドイツ法への受け入れ

の規範設定プロセスが成文法での対応に比してより弾力的になる。立法機関は，行政への授権により法設定権限を失うのではなく，授権を廃止することでいつでも規制をみずから行う議会の立法機関としての優位を保つことができる[16]。

同時に，基本法第80条1項2文は，法規命令授権に関し，授権法でその内容，目的，範囲を定めることを求めている。これは，法規命令の授権のより詳細な条件を要請したものではないが，会計規制に関し法規命令への授権をした法律が将来の予測できない発展と必要性への規範の適応に関連して基本法第80条1項2文を充たすことができるのかという点について議論がある。この点で，企業の会計が本質的に基本法第14条の株主の所有権の保護を行い，法律上の規準の憲法に適合した介入を必要としているから，法規命令による会計の規範設定ことが原則的に認められるものでないとの議論もある[17]。

ブライデンバッハは，政府授権に関し，このように述べ，ドイツで会計規制の法規命令の事例として病院会計命令（Krankenhaus-Buchführungsverordung／KHBV），信用機関会計命令（Verordnung über die Rechnungslegung der Kreditinstitute（RechKredV），保険会社会計命令（Verordnung über die Rechnungslegung von Versicherungsunternehmen）に見られ，特定の業種に法規命令の会計規制が行われているが，しかし，重要な点は，これらの法規命令に憲法への目的適合性（Grundrechtsrelevanz）がなければならないことを強調している[18]。

「会計領域の法規命令による規範設定の可能性を判断するために，会計規定がどの程度に憲法に適合しているかということがまず第1に決定されなければならない」[19]。

この点で，基本法第14条に関連した目的適合性が財務諸表の情報提供に見出されると言う。ブライデンバッハは，このように考えれば，会計領域の法規命令による行政への授権を全面的に認めないということはできず，成文法による全面的な規制でなく，枠組み条件の変化に柔軟に対応することが求められると指摘している[20]。

ブライデンバッハは，会計規制の法規命令の行政への授権は，法律よりも低い民主主義的な正当性をもった拘束的な規範の存在[21]であるが，他方で，枠組み条件の変化に対応した会計規範の適応の可能性と新しい認識が改善されるという点で，規範設定プロセスの促進が図られるし，また，ドイツ会計の国際的調和化プロセスへの参加に関しても，成文法の開放がないので，ほとんど変化が見られず，この点でも，法規命令の方が法律よりも，国際化対応が迅速に可能となると考える[22]。

しかし，ブライデンバッハは，その反面で，議会での公開の議論がなく，法規命令の理由説明の一般的な義務もないため，規範設定プロセスの透明性 (Transparenz des Normensetzungsprozesses)[23]に欠ける点に問題があることを強調している。このため，会計領域の規範設定の行政への授権という方式は，枠組み条件の変化への柔軟性に優れているが，立法に比べて透明性が低いという欠陥があると批判的な検討結果を示している[24]。

(3) 会計委員会の設置

ブライデンバッハは，政府授権方式への問題点を指摘し，第3の論点である会計委員会設置について，ドイツでも検討に値するものとしてつぎのように所説を展開している。ブライデンバッハによれば，1990年代はじめ頃から具体化の議論が起きてきた会計委員会の潜在的な任務として，

(1) 会計領域における利害関係者の調整，共通的な観点，国際的な機関での代表

(2) ドイツの会計法への国際的な規範の受け入れと解釈に関する意思決定があると考えられていた[25]。その際に，重要な点は，会計委員会に権威があるかどうかということであった。そこで，すでに，ドイツにおいて規範設定の委員会の範例 (Beispiel für eine normensetzende Kommission in Deutschland)[26]として，その権威を認められてのがドイツ工業標準協会 (Deutsche Institut für Normung/DIN) である。このドイツ工業標準協会は，独自の標準を規範化する私的な委員会であり，私的な会計委員会に共通する点がある[27]。

ブライデンバッハは，このように，ドイツ工業標準協会 (DIN) の範例を挙

げて，ドイツにおける会計委員会の設置に関しては，第1に，ドイツの会計委員会の原則的に可能な任務（grundsätzlich möglicheAufgaben einer deutschen Rechnungslegungskommision)[28]が何かという点，また，第2に，会計委員会の形成の指標（Ausgestaltungsparameter einer deutschen Rechnungslegungskommision)[29]が何かという点が具体的に検討される必要があるとし，この2つの点について，つぎのような考えを示している。

第1のドイツ会計委員会に委譲される任務として[30]，
（1） 会計規制を担う国家の機関への助言
（2） 会計基準の独自の開発と公表
（3） 会計領域における職業教育の振興
（4） 会計領域における研究プロジェクトの調整，振興，実施
（5） 会計領域における個別問題の解決にあたって企業への助言
（6） 国内・国際機関における利益代表

が考えられる。そして，これの任務を委譲されるドイツ会計委員会に対し，
（1） 規準の欠缺をもたらし得る枠組み条件の変化に対する弾力性の低さ
（2） 会計の国際的調和化プロセスへのドイツの参加の可能性の不十分さ
をいかに克服するかが期待されている[31]。

第2のドイツ会計委員会の設置に関しては，
（1） 会計委員会の設置形態が国家委員会なのか，私的委員会なのか，
（2） イギリスの会計審議会（ASB）やアメリカの財務会計基準審議会（FASB）のような委員会なのか，行政組織に組み込まれた委員会なのか，
（3） 会計委員会の構成をどのようにし，委員を誰が任命するのか，
（4） 会計委員会が勧告をどのような方法で開発し，どのように決定すべきなのか，

といったことが委員会の形成の指標となる[32]。

ブライデンバッハは，この2つの点を批判的に検討していけば，アメリカやイギリスに見られるような委員会設置によって会計領域の規範設定を行うこと

がドイツの法設定と会計の伝統とか,その枠組み条件から見れば,現在のところ実施可能と考えることができず,むしろ,純粋の審議機関として,または,幅広い権限を有したドイツの規範設定プロセスに会計委員会の設置を統合させていくことの方が会計の国際的調和化プロセスに関連して有効であると考える。そして,この会計委員会設置が長期にわたって他国と同じような規範設定の役割をはたしていくためには,会計委員会の活動が最終的に承認される必要があるとことを強調している[33]。

〈注〉
1．Breidenbach, K., *a.a. O.*, S.143.　2．*Ebenda*, S.169.　3．*Ebenda*, S.181.
4．*Ebenda*, S.143.　5．6．*Ebenda*, S.144.　7．*Ebenda*, S.144-145.
8．*Ebenda*, S.146-147.　9．*Ebenda*, S.147.　10．*Ebenda*, S.148.
11．*Ebenda*, S.148-149.　12．*Ebenda*, S.149.　13．*Ebenda*, S.149-150.
14．*Ebenda*, S.143.　15．*Ebenda*, S.151.　16．*Ebenda*, S.169-170.
17．*Ebenda*, S.171.　18．*Ebenda*, S.173.　19．*Ebenda*, S.174.
20．*Ebenda*, S.174-175.　21．*Ebenda*, S.270.　22．*Ebenda*, S.175,S.180.
23．*Ebenda*, S.180.　24．*Ebenda*, S.180-181.　25．*Ebenda*, S.182.
26．*Ebenda*, S.182.　27．*Ebenda*, S.183, S.187.　28．*Ebenda*, S.187.
29．*Ebenda*, S.194.　30．*Ebenda*, S.187.　31．*Ebenda*, S.191.
32．*Ebenda*, S.194.　33．*Ebenda*, S.226.

4　ブライデンバッハの所説の特徴

ブライデンバッハの所説の特徴は,ドイツの会計領域における規範設定プロセス (deutsche Normensetzungprozeß im Bereich der Rechnungslegung)[1]が会計調和化の国際的プロセスと企業による国際的会計規範の適用への対応という枠組み条件の変化のなかでどのような将来方向を描くことが可能であるかを国際比較会計制度論の視点から論究している点にある。また,ブライデンバッハの所説は,1997年時点での論究であるため,1998年の会計改革関連法(資本調達容易化法・企業領域統制透明化法)の立法過程中のものであるが,企業領域統制透明化法で措置された会計基準設定機構を想定した論点の整理を行った点にも特徴がある。

ブライデンバッハの所説の核心部分は,1998年会計改革関連法の商法典第

292a条の連結決算書の免責条項を踏まえたうえで，国際化への開放の会計規範設定システムに関し，3つの選択肢があることを取り上げ，立法機関における成文法方式については批判的な立場を採り，また，行政の法規命令方式による会計領域の規範設定については，それが憲法に適合する限り，有用なこともあると考える。だが，ブライデンバッハの所説が注目したのは，第3の選択肢である会計委員会による規範設定の方式であった。しかし，この会計委員会方式に関しても，（1）設置形態が私的な委員会か，国家の委員会かなのか，（2）特定の利害関係者グループの支配を排除するための委員構成をどうするか，（3）委員会の財政をどう賄うか，国費支弁か，会費制か，といった問題があるが，利害関係者間の直接のコミュニケーションを図り，会計領域の規範設定プロセスの改善をもたらす点で，会計委員会設置が望ましいと主張する[2]。

しかし，ブライデンバッハの所説は，会計委員会方式を支持するが，その設置形態に関しては，私的会計委員会の設置を支持する。同時また，すべての会計規範設定プロセスが私的会計委員会の自己責任で委ねられているのは，憲法上可能ではないから，立法機関が引き続き原則的な意思決定に関わっている必要がある点を強調している[3]。

ブライデンバッハの所説で指摘されるこれらの点は，その後，1998年に創設されたドイツ会計基準委員会（商法典第342条）に向けた論点の整理を行ったものである。ブライデンバッハの所説が目指したのは，私的会計委員会方式で個々の利害関係グループがこれまで以上に強く規範設定プロセスに関与することになるから，同時に，国家が観察者として規範設定プロセスに関わり，命令者として最終的な責任をはたすという点にあった[4]。

〈注〉
1．Breidenbach, K., *a.a. O.*, S.227.　　2．*Ebenda*, S.228-230.
3．*Ebenda*, S.230-231.　　4．*Ebenda*, S.234.

第4節　私的な自主規制と国家の規制責任
― ベアベリヒ の『ドイツ会計基準委員会のフレームワーク』(2002年) ―

1　ベアベリヒの所説の論点

本節で取り上げるベアベリヒ (Berberich, J.) の『ドイツ会計基準委員会のフレームワーク (*Der Framework für das DRSC. Modell einer verfassungskonformer gesellschaftlichen Selbststeuerung im Bilanzrecht*, Berlin 2002.)』は、企業会計法における憲法に合致した自主的統制システムの要請 (Anforderungen verfassungskonformer Selbststeuerungssysteme)[1]が重要な時代のテーマであるということである。

ベアベリヒの指摘によれば、ドイツ会計基準委員会の創設に至る時代背景にあるのは、ドイツ会計が遭遇した国際的およびヨーロッパの発展とそれに対応した国内の発展といった制約条件に他ならないが、このことに関し、ベアベリヒは、つぎのような問題の認識をもっている。ドイツ会計は変革のなかにある。世界の国際資本市場から多数のメッセージが発せられ、資本維持による制度的な債権者保護から離れて、経済的情報を求められる方向にドイツはある。これに応えて、ドイツの立法機関は、商法典第292a条、第342条、第342a条を措置した。しかし、ドイツの企業会計法の必要な再構築にとって、私的専門家の協力が不可欠となっている。

このような時代背景のなかで、ドイツ企業会計法に突きつけられた点がベアベリヒの立論する憲法に合致した社会的な自主的統制のもとでの企業会計法における私的な専門的知識の関わり方であった[2]。この私的な専門知識の規準設定への関わり方は、新しい事実[3]ではなく、1985年EC会計指令法の変換プロセスにおいても、経営経済学教授連合、経済最高団体、経済検査士協会の意見書に代表されるような例がすでに見られたし、とくに、正規の簿記の諸原則 (GoB) 委員会設置構想もあった[4]。その後、20数年の歳月を経て、1998年の企業領域統制透明化法にもとづき、企業会計法における私的な基準設定 (private

Standardsetzung im Bilanzrecht)[5]の道が将来に向けて開かれた。

　ベアベリヒが注目するのは,ドイツ企業会計法の規準の充実を担った新しい機関[6]として設置された商法典第342条の私的会計委員会のもとで私的な専門知識の支援への期待と連邦法務省の私的な自主的統制と国家の規制責任(private Selbststeuerung und staatliche Regulierungsverantwortung)[7]という点である。

　以下,ベアベリヒの所説に関し,(1)一般条項と私的な規準設定[8],(2)統制と統制責任[9]といった一般論を経て,これらの論点をより具体適用した(3)企業会計法への移転[10],(4)統制モデルから見た商法典第342条2項の解釈[11]について究明し,私的な自主的統制と国家の規制責任がドイツ会計基準委員会の概念フレームワークとすべきであるとする立論を明らかにしたい。

〈注〉
1. Berberich,J., *Der Framework für das DRSC. Modell einer verfassungskonformer gesellschaftlichen Selbststeuerung im Bilanzrecht*, Berlin 2002.S.114.
2. 3. 4. 5. *Ebenda*, S.42.　6. *Ebenda*, S.43.　7. *Ebenda*, S.42.
8. *Ebenda*, S.51.　9. *Ebenda*, S.109.　10. *Ebenda*, S.116.
11. *Ebenda*, S.123.

2　一般条項と私的な規準設定

　ベアベリヒがまず取り上げている第1の論点は,一般条項と私的な規準設定というテーマである。ベアベリヒの論述によれば,商法典第342条2項が私的な専門家委員会により形成された会計規準に法的な目的適合性を付与し,連邦法務省から公告されたドイツ会計基準が連結会計に関する正規の簿記の諸原則(Grundsätze ordnungsmäßiger Konzernabschlusses)であると法的に推定されるが,ドイツ会計基準に拘束性があるのかどうか,また,成文法規範とどう関係しているのかといった点が未解決のまま残されている[1]。このため,国家外の規範[2]が法秩序のなかでどのように位置づけられるかが社会的な自主的統制モデルとして検討する必要があると言うのである。

　このため,ベアベリヒが検討されなければならないと指摘するのは,国家の

機関と私的な専門知識との協力[3]が商法典第342条の私的委員会方式と商法典第342a条の国家主導の専門家委員会方式のいずれの場合にも貫かれていたが，とくに，私的委員会方式に関わって，私的に設定された規準が法規範として変換される必要があったことである[4]。

「私的に設定された規準は，それ自体になんらの法的効力を要請することができず，裸のままの専門規範としては，法規範の設定が民主主義的に正当な法設定機関の管轄領域に属しているという法的拘束力に欠けている。そのため，私的な規準に法的な効力を付与するには，規範的なレベルへの変換が必要となる」[5]。

このため，私的な規準を法規範に変換する法技術として採用されたのが一般条項による私的な規準設定の受容（Rezeption privater Regelwerke durch Generalklauseln）[6]，つまり，法律の下位のレベルで（auf untergesetzlicher Ebene）私的な機関が設定した規準を法律上の一般条項の具体化として組み入れる[7]という考え方である。しかし，一般条項が私的な規準設定の受容という機能のメカニズム（Funktionsmechanismus）[8]をはたすが，それだけでは機能のメカニズムが不十分にしか働かないため，専門科学の認識（wissenschaftliche Erkenntnisse）[9]と政治的および法的な価値判断（politische und juristische Wertungen）[10]がこれを補充する必要がある。

ベアベリヒは，このように，一般条項の機能のメカニズムに言及した後，具体的に，企業会計法上の一般条項（bilanzrechtliche Generalklauseln）[11]として，企業会計法に移転（Transfer ins Bilanzrecht）[12]されるが，その企業会計法上の一般条項が正規の簿記の諸原則（Grundsätze ordnungsmäßiger Buchführung/GoB）であると指摘している。

そこで，ベアベリヒが一般条項としての正規の簿記の諸原則（GoB）についてどう捉えているかというと，つぎのような理解であった。正規の簿記の諸原則（GoB）は，簿記および連結・個別決算書に及ぶものであり，そのうち，連結決算書に関する正規の簿記の諸原則（GoB）として推定されるのが連邦法務省から公告されるドイツ会計基準である。このドイツ会計基準は，商法典第

342条2項にもとづき創設されたドイツ会計基準委員会が開発・勧告する。その際に，私的な規準設定それ自体に法的な効力がないから，ドイツ会計基準に法規範の効果を持たせるために，連邦法務省の公告がもとめられる[13]。

このように，企業会計法上の一般条項として，正規の簿記の諸原則（GoB）が置かれているが，正規の簿記の諸原則（GoB）の法律上の明示は，1897年商法典を嚆矢として，その後，1931年株式法，1937年株式法，1965年株式法，1985年商法典を経て，1998年商法典に継承されている。とくに，この経緯のなかで，ベアベリヒが注視したのが企業会計法における私的な会計基準設定について，1998年商法典第324条2項が正規の簿記の諸原則（GoB）とドイツ会計基準（DRS）を結びつけたという点である[14]。

すなわち，ベアベリヒによれば，正規の簿記の諸原則（GoB）について，1998年商法典第342条2項が注目されるのは，商慣習，経営経済学の専門規範，法規範，法解釈といった解釈論の変遷[15]を経た後に，正規の簿記の諸原則の現代的解釈[16]が行われ，

— 正規の簿記の諸原則（GoB）は，法源論的にアングロサクソンの商人の専門規準としての会計処理規定と違って，成文ではあるが，法律下位の法規範を表している，

— 正規の簿記の諸原則（GoB）は，法の適用者が法律上の目標である個別決算書の保護目的から具体的な会計処理問題の解決を行うことのできる欠陥のないシステムを形成している，

と考えられる点にある[17]。

この場合に，正規の簿記の諸原則（GoB）の現代的解釈が何をもとめているかというと，商法典第342条2項により，私的なドイツ会計基準が正規の簿記の諸原則として直接的に受け入れられるためには，法律下位の会計処理規準の形成が法律上の目標・目的から演繹されるとする憲法を考慮することであり，ここに，商法会計の機能と目的（Funktionen und Zwecke der Handelsbilanz）が結び付いてくるとベアベリヒは考える[18]。

だが，この場合の商法会計の機能と目的というのは，連結決算書と個別決算

書の実質的な結合関係（materielle Verbindungslinien zwischen Konzern-und Einzelabschluß）[19]から見れば，情報提供という目的であるが，商人一般に関する商法典第238条以下の企業会計法の一般条項と資本会社に関する商法典第264条2項の一般条項との間に明白な限界が引かれている点に留意する必要があるとし，以下のようにも言う[20]。

1985年商法典改正・会計指令法は，配当計算目的とともに，会計報告責任目的と情報提供義務のヨーロッパの基本的な思考をすべての商人に適用することを回避しようとした。しかし，ヨーロッパの資本会社の個別決算書が資本維持とともに，情報提供に関係していることから，連結・個別の決算書間の目的の分離は必然的なことでもない。税務上の影響から解放されれば，個別決算書が情報提供の任務を履行することができる。個別決算書は，株主の配当請求権を測定し，同時に，資本維持の保護に役立つとともに，その一方で，外部・内部の資本提供者，さらに，公開会社の場合の幅広い一般公衆に対する情報媒体である。連結決算書は，結合企業の個別決算書には明示されない企業結合に関する幅広い情報提供を行う[21]。

この意味から，情報提供の任務に関し，連結・個別決算書ともに商法会計の機能と目的を共有している。この結果，現行法では，ドイツの立法機関がドイツ会計基準委員会に対し，連結決算書に関してのみ会計処理基準を勧告するために独自に開発する権限を（商法典第342条1項1文1号）において与え，それ以外については，助言する活動を認めているに過ぎない（商法典第342条1項1文2号）が，ドイツ会計基準委員会の権限が連結決算書に限定されるだけでなく，個別決算書も対象とされるべきである[22]。すなわち，連結・個別決算書について，商法会計の機能と目的が情報提供という任務に関し共有される限り，ドイツ会計基準委員会の私的規準設定の対象となり得るということであり，資本維持と情報提供の差別化した解釈（differenzierte Auslegung）が成り立つ[23]。

このことから，ベアベリヒは，連結決算書に関する正規の簿記の諸原則を開発・勧告するというドイツ会計基準委員会に関する制約条件を外すため，ドイツ会計基準委員会の任務を定めた第342条2項に関する解釈論を改めて展開し

ていく必要があると考える。そして，商法典第342条2項の解釈に関する論拠づけとして，

「会計処理規準の設定は，価値のある意思決定を行ったものとして理解されるべきものである。だから，ドイツ会計基準が連邦法務省の公告前の提案であるという状況では，商法会計の問題の解決のための裸の拘束力のない勧告であるに過ぎないとしても，勧告をした専門家委員会は，必然的に法的な価値判断をしたものである」[24]

から，情報提供の任務を共有する連結・個別決算書の実質的な結合関係をもとにした企業会計法における規準設定に私的な専門家が参加するモデルの構築[25]が検討される必要があるとし，そのモデルが企業会計法における憲法に合致した社会的自主統制であるとの所説を主張する。

〈注〉
1．2．Berberich, J, *a.a. O.*, 2.S.50.　3．*Ebenda*, S.51.　4．5．*Ebenda*, S.53.
6．7．8．*Ebenda*, S.55.　9．10．*Ebenda*, S.56.　11．12．*Ebenda*, S.58.
13．*Ebenda*, S.58-59.　14．*Ebenda*, S.60-61.　15．*Ebenda*, S.66.
16．*Ebenda*, S.63-66.　17．*Ebenda*, S.66-67.　18．*Ebenda*, S.68.
19．*Ebenda*, S.77.　20．*Ebenda*, S.82-83.　21．*Ebenda*, S.104.
22．23．*Ebenda*, S.75.　24．25．*Ebenda*, S.108.

3　社会的な自主的統制と国家の統制責任

（1）　会計人の自治権による私的な基準設定と憲法の民主主義的な正当化

ベアベリヒが立論する社会的な自主統制と国家の統制責任というモデルは，民主主義原則と私的な基準設定（Demokratieprinzip und private Standardsetzung）[1]という論点から議論が始まる。すなわち，企業会計法の法的に拘束力のある規準創出は，委員会作業の民主的な正当化のもとでの高い価値判断にもとづき行われる必要がある。専門家の勧告への立法機関の統制がなければ，憲法から持続的に解放されるから，商法典第342条2項をこのように解釈することは，憲法違反である[2]。だから，商法典第342条2項が私的な勧告の意義を推定によって強めるべきであり，商法典第342条2項の意義のある事物の本姓に合致し

た解釈のために，ドイツ会計基準委員会の民主的な正当化の可能性(Möglichkeiten der demokratischen Legitimation des DRSC)[3]が重要な意味をもつ。

この場合に，ベアベリヒが言うドイツ会計基準委員会の民主的な正当化の可能性というのは，第1に，商法典第342条が要件としている会計人が部分国民 (Teilvolk)[4]であるかどうか，また，第2に，自主的な統制の自治権(Autonome Selbstverwaltung)[5]があるかどうかということをメルクマールとしている。

第1の点について，法規範命令は，公権力の行使であり，基本法第20条1項1文によれば，国家権力は国民に由来する。憲法の民主主義の原則は，国民から発し，統治を担う国家機関で終わる不可侵の正当化の連鎖を要請している。基本法第20条2項1文の意味における国民とは全体としての国民であり，憲法は，専門家としての部分国民を認めていない。このため，憲法は，一般的な拘束力をもつ規範を特定の利害関係者によってのみ形成することを禁止している。全体としての国民のみが民主主義的正当化の権能を有している。このことから，ドイツ会計基準委員会の勧告における会計人の価値判断は，明らかに全体としての国民にフィードバックされておらず，商法典第342条1項2文が協力の可能性（Mitwirkungsmöglichkeiten）を専門家としての部分国民である会計人に限定し，会計人がドイツ会計基準委員会を支えて規範設定作業を行うというのは，憲法の要請する民主主義的な正当化から外れている。この限りで考えれば，ドイツ会計基準が基準としての一般的な受け入れを得ることはできない[6]。

第2の点について，法的に拘束力を有する会計処理の規準の命令を商人の自主的統制の任務として解釈され得ないかどうか，つまり，正当化モデルを職業団体が自主的な法的拘束力を有する規準形成を利益共同体（Interessengemeinschaft）に国家権力の権限委譲（Übertragung hoheitlicher Befügnisse）を付与することができるかどうかが検討される。この法設定権限は，自主的な法設定に利害関係を有するグループに限定されていることは明白である。このため，会計処理規準についても，会計人だけが関わるのではなく，すべての人が関わり，そのなかで，会計人のもつ専門的知識が必要とされるに過ぎない。会

計人に法設定の権力（Rechtsetzunggewalt）が属しているということではない。この限りで考えるならば，企業会計法の拘束力を有する基準の設定を自主的な統制から概念づけることはできない[7]。

ベアベリヒは，以上のメルクマールから，ドイツ会計基準委員会が一般に拘束力を有する会計処理規準を命令するということは，憲法上に正当化されている国家権力の行使を表すものでなく，このため，ドイツ会計基準委員会が民主主義的な正当化を主張することはできないとしている[8]。

（2） 憲法に合致した自主的な統制論

ここで，ベアベリヒは，憲法に合致した自主的な統制ということが何かを問う。この論点を明確にするために，ベアベリヒは，国家の理解と現実（Staatsverständnis und Realität）[9]ということについて，つぎのような考察を行っている。

近年起きている現実からの認識によれば，国家の意思決定の担い手について，複雑かつ多様な統制の任務を国家の自己の権力の完全無欠）にもとづき維持することができず，このため，ますます多くの分野の民間の協力が必要となっている。国家権力の目的適合的な行使にとって，多くの専門的知識が要請される。したがって，このような時代の特徴に対し，立法機関は，企業会計法に関し認識を深めて，私的会計委員会の制度化の可能性を考えるべきである[10]。

このことは，ベアベリヒによれば，専門的知識と国家権力（Sachvertand und Staatsgewalt）[11]の関係を問うものとなるが，しかし，国家行為が民間部門の編入のもとで機能することができる一方で，このことが民主主義の原則の制限や国家の統制権力を制限し，完全な規制緩和へ転換したものではなく，国家の民主主義的な正当化の完全な放棄を認めたものであってはならない。国家の統制および最終的な意思決定のなかで，規準設定に関し，民間の共同決定が結びつくことができる。このような専門的知識と国家権力の関係は，ドイツ会計基準委員会と連邦法務省との間の協約のなかに見出される[12]。

ベアベリヒが憲法に合致した自主的統制システムへの要請[13]として期待することは，第1に，国家が手続きの統制によって私的な法発見を抑制し，第2

に，国家が私的な基準設定に対する実質的な枠組みを規則化し，第3に，国家が結果責任を負うことで民主主義的な正当化を図るということである[14]。なかでも，彼にとって，第3の点が重要である。すなわち，一般的な拘束力を有する法の設定を正当化する国家機関が私的委員会の勧告を法的な価値判断にもとづき検討し，その責任領域で積極的な結論を得たものについて受け入れ，このことによって，正当性の高い水準で，憲法が要請した規準の法的な妥当性を得ることができるということである[15]。

（3） 自主的な統制と国家の統制責任の企業会計法への移転

ベアベリヒは，つぎに，この憲法に合致した自主的な統制システムの要請に関する3つの要件が企業会計法へ移転した場合にどうなるか，それぞれについて考察していく。

第1の点について，手続きの統制の欠如[16]が指摘される。手続きの統制という論点を商法典第342条およびドイツ会計基準委員会の規準設定に移転させた場合に，手続きを統制する必要がある。私的会計委員会の設置を定めた商法典第342条には，商法典第342a条の公的な会計審議会の設置の場合と違って，委員任命や規準発見手続き当に関する規則がなかった。しかし，会計勧告の開発への参加が会費支払いに依存することとなっている結果，大企業と監査法人が資金提供と規準設定へのマンパワーとノウハウの提供を行うことができ，中小企業の多くが排除されてしまうため，利害代表の構造的な不均等が生まれてしまった。このため，近々のうちに事後的統制が勧告されなければならないが，このことは，資金と密接に関係して委員会委員の独立性が問題である[17]。

第2の点について，実質的な統制の欠如[18]がある。私的会計委員会との協力のために特別な実質的な枠組みを法律に設けることを立法機関が放棄してしまい，商法典第342条2項により，連邦法務省の公告にもとづき，連結会計の正規の簿記の諸原則の勧告の開発がドイツ会計基準委員会に委ねられた。ドイツ会計基準が法律の規定と矛盾してはならないということは，憲法の法律優先から自明である。この点で，ドイツ法は，会社法的な価値判断にもとづき，資本維持と会計報告責任（Kapitalerhaltung und Rechenschaft）を同じウエイトで考

慮しており，どちらかを優先するものではなかった。このことからすれば，正規の簿記の諸原則の私的な形成に関連したドイツ会計基準委員会の価値判断の余地を制限する必要がある。もしそうでないと，ドイツ会計基準委員会は，従来の法の伝統から方向転換し，国際的な先例にしたがって，会計の受け手の保護を優先させ，資本維持を犠牲にして情報を重視するといった極端な立場を採ることができるようになる。かかる会計のパラダイム転換（Pradigmenwechsel in der Rechnungslegung）は，立法機関の手にある権限の委譲という課題を引き起こしている。すなわち，立法機関は，事後的に統制し，そして，会社法の価値判断を実施する一方で，国際的な発展に向けて開放するために，会計の概念フレームワークを他方で提供しなければならない。立法機関の憲法上の幅広い形成の余地を非難することではなく，企業会計法に関する公共の福祉の契約の社会的な自主統制の憲法上の要求を充たす1つの可能性を提供することが考えられるべきである[19]。

　第3の点について，国家の結果に対する統制の使命[20]がある。この国家の結果責任の問題については，企業会計法の私的な規準設定に関する議論を見ておく必要がある。企業会計法における立法機関のプライオリティーの設定は，資本維持か，会計報告責任かを後回しにしなければならないが，これは会社法上の価値判断と矛盾している。それゆえ，これまで，この点は放棄されてきたし，プライオリティーを決めないで，正規の簿記の諸原則の決定が引き続き価値判断の実行として行われている。その際，この価値判断の実行が長年の経験知（Erfahrungswissen）によって保証されるする可能性もあるが，むしろ，重要なのは，不確実な時代において，公共の福祉に必要な意思決定を行い，責任をとることが国家の仕事である。民主主義の原則から，ドイツ会計基準委員会の私的な会計勧告に対する政治的な結果責任は不可避的である。国家は，政治的な意思決定について，最終的な責任を民間に移転することは許されない[21]。

　このように，ベアベリヒは，手続きの統制，実質の統制，国家の結果責任という3つの要件が企業会計法への自主的な統制モデルの移転にとって必要であるとし，そして，この自主的な統制モデルの企業会計法への移転という観点か

ら，商法典第342条2項の解釈を行った場合に，ドイツ会計基準が連邦連邦法務省の公告の前か，後かでは，その意味が違ってくるため，公告の前のドイツ会計基準には，法的に完全な拘束力がないのに比べ，連邦法務省による公告の後では，商法典第342条2項がドイツ会計基準委員会の連結会計勧告に対するに決定的な意義を与えると指摘している[22]。

〈注〉
1．2．3．4．Berberich, J., *a.a. O.*, S109.　5．6．*Ebenda*, S.110.
7．*Ebenda*, S.110-111.　8．*Ebenda*, S.111.　9．10．*Ebenda*, S.112.
11．*Ebenda*, S.113.　12．*Ebenda*, SS.113-119.　13．*Ebenda*, S.114.
14．*Ebenda*, S.14-116.　15．*Ebenda*, S.116.　16．*Ebenda*, S.116.
17．*Ebenda*, S.116-117.　18．*Ebenda*, S.117.　19．*Ebenda*, S.117-118.
20．*Ebenda*, S.119.　21．*Ebenda*, S.120-121.　22．*Ebenda*, S.124.

4　自主的な統制モデルからの商法典第342条2項の解釈

ベアベリヒは，このように指摘し，自主的な統制モデルから見た場合の商法典第342条2項の解釈について所説をつぎのように展開していく。商法典第342条2項が明示する要件事実とは，第1に，公告の対象とされているのが連結会計に関する原則の適用ための勧告であり，私的会計委員の権限が連結会計に限定されている，第2に，連結会計勧告が利害を有する公衆を含めた手続きで，会計人によって決定されるという委員会の承認を要請しており，しかも，行政によって継続的に統制が行われる手続きである，第3に，効力に関する検査の義務を連邦法務省に課している，第4に，ドイツ会計基準がすでに連邦官報に公示されているように，適正な方法で連邦法務省による公告が求められることである[1]。

そして，この商法典第342条2項の要件事実の前提から，第1に，公告された勧告の適用にあたって，正規の連結会計の諸原則の遵守を推定（Vermutung）する手続き上の法的推定として解釈される，第2に，憲法で議論されている静的または動的な指示があるが，民主主義的な正当化の要請に反している静的な指示に対し，数多くの規範を具体化する動的な指示が許容され

るといった法的結果が誘導される[2]。

ベアベリヒは，このように述べて，商法典第342条2項の要件事実とその法的結果を民主主義的な正当化する論拠づけのために，社会的な自主的統制の機関と国家の機関との協働の作業（Zusammenarbeit staatlicher Instanzen mit gesellschaftlichen Selbststeuerungsgremien）[3]によって形成されるドイツ会計基準が規範を具体化する行政規則（normkonkretisierende Verwaltungsvorschriften）[4]に類似したものとし，商法典第342条2項の受容モデル[5]に組み入れるべきであると考える。

ベアベリヒの規範を具体化する行政規則という概念は，法律が行政に授権することでつくられる中間的に接続された規範の被膜[6]を設けたものである。行政規則は，法律の下位にあって，法律の事実要件を具体化することで，上位の当局から下位の当局に指図するかたちで法律の適用を可能にするが，法律の優先のもとにある。このため，行政規則は，法律または法規命令と違って，当局内部において限定的に適用され，法律の優先を越えることができない[7]。この点で，行政規則は，当局内部の指図に過ぎず，拘束力をもたないが，規範を具体化する行政規則の制限的な外部作用（beschränkte Außenwirkung normkonkretisierender Verwaltungsvorschriften）[8]があり得るため，行政規則は，低い質の法規範[9]と考えられるとしている。

ドイツ会計基準は，ベアベリヒの所説によれば，この規範を具体化する行政規則に類似して，法律のような拘束力を有する法規ではないが，商法典第342条2項がその効力を要請することで誘導された効力が維持されることになる[10]。

〈注〉
1. Berberich, J., *a.a. O.*, S.125.　　2. *Ebenda*, S.126-130.
3. 4. 5. 6. *Ebenda*, S.130.　　7. *Ebenda*, S.132.
8. 9. *Ebenda*, S.133.　　10. *Ebenda*, S.133-134.

5 ベアベリヒの所説の特徴

ドイツ会計基準委員会の社会的な自主的統制モデルにに関するベアベリヒの所説は，立法機関にとっての1つのジレンマ[1]から出発した。そのジレンマとは，国際的な企業会計法の規範設定では，私的な専門的知識だけが求められているが，ドイツの憲法は，そのような私的な専門的知識・プライベートセクターによる価値の意思決定の一般的な拘束性を認めていない。企業会計法の規範設定の価値判断を私的な専門的知識・プライベートセクターに委ねることは，国家権力のすべての行為を貫いている民主主義的な正当化に欠けるものである[2]。このジレンマに対し，ベアベリヒの所説が意識したのは，国家外の専門家委員会の価値判断に対し，国家の機関が必要な法的有効性を形成し得る事後的に民主主義的に正当化する可能性の道を探ることであった[3]。

このため，ドイツ会計基準委員会について，憲法の三権分立論から民主主義的な正当化プロセスとして立論しようとした点にベアベリヒの所説の特徴があった。その所説では，1998年以前にあっては，民主的な検証機関としての裁判所による統制が大きな役割を果たしてきたが，1998年以降にあって，裁判所による統制の他に，正規の簿記の諸原則（GoB）の規範的性格を変えることなしに，国家外の専門的知識の役割がドイツ会計基準委員会の創設というかたちのなかで重要な意義を得たことが論究されていた。

ベアベリヒの所説で繰り返し強調されている論点は，立法と行政の国家内部における主権的な価値判断における権限分立に関する基本に立って，正規の簿記の諸原則（GoB）を立法機関が手放すことはあり得ないし，このために必要となる行政の最終的な結果に対する統制への要請も変わらないということである。その結果，行政は，法律と法（Gesetz und Recht）に拘束され，法律の優先が行政に対し，現行の法律に反した行為を禁止していることから，連邦法務省が法律に反したドイツ会計基準を公告することは許されないと立論されている[4]。

このベアベリヒの立論から分かるように，立法機関における最終的な意思決定権限を手放すことなく，国家権力と私的な専門的知識との間の協働の作業を

行うことが商法典第342条2項の連邦法務省の公告という方式のなかで担保された結果,ドイツ会計基準は,商法典第342条2項により,実質的に法律下位の会計処理規範(untergesetzlichen Bilanzierungsnormen)としての不文の正規の簿記の諸原則(GoB)の性格を得た[5]。ドイツ会計基準の開発・勧告した下位の正規の簿記の諸原則(GoB)が行政により効力を与えられ,立法機関において,上位の正規の簿記の諸原則(GoB)が規範化されると主張される[6]。

ベアベリヒの所説は,ドイツ会計基準委員会の創設を強制的な国家による統制から手続きによる社会的な自主的統制への移行(Übergang von imperativer staatlichen Steuerung zur prozeduralen gesellschaftlichen Selbststeuerung)[7]と捉えたものであり,ドイツ会計基準委員会による私的な自主的統制に関し,その民主主義的な正当化を憲法秩序のなかで論拠づけようとしたドイツの立法愛国主義[8]からのドイツ会計基準委員会の概念フレームワーク論であった。

〈注〉
1.2.Berberich, J., *a.a. O.*,S.271.　3.*Ebenda*, S.272.　4.*Ebenda*, S.236.
5.*Ebenda*, S.137.　6.*Ebenda*, S.136.　7.*Ebenda*, S.158.
8.Niehus, R.J., Der Reformbedarf im deutschen Bilanzrecht, in: Kleindiek,D./Oehler,W., *Die Zukunft des deutschen Bilanzrechts*, Köln 2000, S.28.

第5節　私的規制における政治化過程と国家の関与

以上,ドイツにおける公的会計規制から私的会計規制への展開を諸説によって論究してきたが,そこで特徴的な論点は,ブライデンバッハとベアベリヒの所説で取り上げられたドイツにおける私的会計規制における国家の関与の重要視であった。

ブライデンバッハは,1998年のドイツ会計基準委員会の創設に向けた商法典第342条の立法過程における制度設計のフレームワークを提示し,ドイツの会計規範領域における規範設定プロセスに関する可能性を論究した。ブライデンバッハは,会計規範設定プロセスの可能性として,立法機関方式,政府授権の

法規命令方式，会計委員会方式の3つの選択肢があることを仔細に検討し，現実的な選択肢として，会計委員会方式，なかでも，私的会計委員会方式が望ましい姿であることを立論した。

しかし，私的会計委員会方式の所説にあっても，ブライデンバッハが重要視した視点が，会計委員会の権威付け（Autorisierung einer Rechnungslegungs-kommission）ということであった。つまり，ドイツの会計規範プロセスの発展可能性として，私的会計委員会方式という選択肢を採用するとしても，会計委員会の設置そのものを権威付けること，換言すれば，有力な権威の支持が私的会計委員会方式に付与されることが必要不可欠であるということである。ドイツの場合，それが憲法秩序にもとづき国家が規制する責任を果たすという意味である。

このブライデンバッハの所説と同じように，国家の規制責任にもとづく私的会計委員会方式を立論したのがベアベリヒの所説であった。ベアベリヒは，1998年のドイツ会計基準委員会の設置後の現実を省察し，企業会計法の憲法に合致した社会的な自主的統制のモデルからドイツ会計基準委員会の概念フレームワークを立論した。このベアベリヒの所説にあっても，ドイツの会計規範プロセスの新しい発展可能性において，私的な専門的知識の協力が必要であることが仔細に強調されている。しかし同時に，ベアベリヒが重要視する視点が憲法秩序のなかで民主主義的な正当性を私的な専門的知識にもとづく会計規範設定プロセスに対し要請する立論であった。

ベアベリヒは，商法典第342条に表現されている国家外の会計人による専門家委員会方式というものが憲法原則を背景として限界を有すると考える。企業会計法に必要な権限が会計人の自己責任を有した価値判断に委譲されたとしても，民主主義的な正当化を図る責任を国家の機関が担う必要が不可欠であるとする。しかし，この民主主義的な正当化は，国家の機関の強制的な統制ではなく，手続きの統制にもとづく社会的な自主的統制でよいとしている。

このように，ブライデンバッハとベアベリヒの所説が期せずして強調している論点は，憲法秩序のもとで，国家・政府機関という有力な権威の支持を得た

私的会計委員会という立論である。そして，この点が連邦法務省との契約でドイツ会計基準委員会が設置されたこと，さらに，付託された任務にもとづき開発された勧告・助言が連邦法務省の公告を得てはじめてドイツ会計基準として効力を発するという仕組みであった。

しかしながら，この私的会計規制と国家の関与という論点に関し，もう1つの別の視点がドイツにおいても議論の対象とされたことを看過してはならない。その論点とは，私的会計規制における政治化過程論である。

ホフマン (Hoffmann. J.) は，『ドイツ会計基準委員会と会計規制 (*Das DRSC und die Regulierung der Rechnungslegung*, Frankfurt a.M., 2003.)』のなかで，私的会計規制における政治化過程を取り上げている。第4－6図は，利害関係団体の影響の受け手と方法を示したものであるが，この図に描かれたのは，ドイツにおける政治システムのなかでのロビー活動 (Lobbying) と呼ばれ，官僚，政党，連邦政府，連邦衆議院，世論に対し，利害関係団体が様々な方法を駆使して，利害を反映させるべく行動していることである。ロビー活動は，団体とその代表者が連邦衆議院に登録され，大きな影響力をもっている。

ホフマンは，ここで，利害関係団体によって規制機関の独立性の危機 (Gefahr für die Unabhängigkeit des Regulierers durch Interessenverbände)[1] に陥っていることを指摘するのである。規制機関の独立性は，この機関の承認にとって重要な基準であり，財政的及び人的な圧力によって，この機関の意思決定に対する影響力が行使される恐れがあるとの考えを示している[2]。

この点で，直接に規制に参加する利害関係団体の代表者として，企業経営者，株主及び非機関債権者，銀行，経済検査士，財務アナリスト，大学教授，従業員がいる。ホフマンは，これらの利害関係団体の影響力をコメントレターの提出状況[3]から考察したのが第4－1表である。

この調査から分かることは，企業経営者の比重が非常に高いということである。銀行の影響力は，ドイツでは強いが，アメリカでは相対的に弱い。公認会計士（経済検査士）については，ドイツとイギリスでは大きいのに対し，アメリカでは小さい。これは，アメリカでは，大手監査法人の代表がFASBの委員

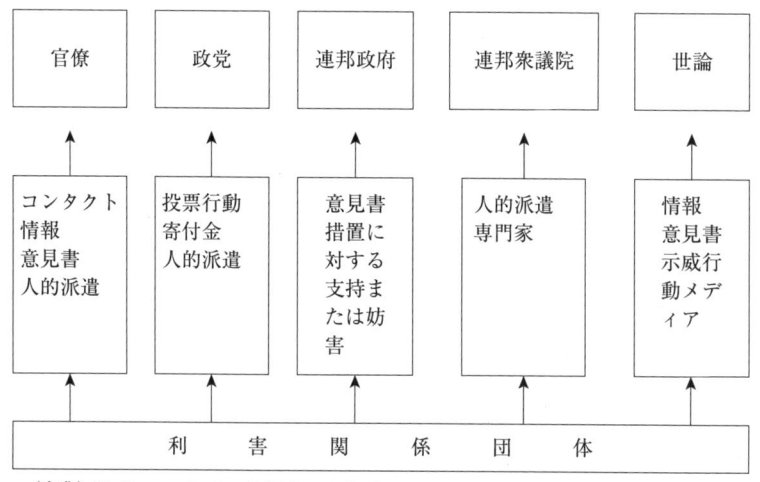

第4－6図　利害関係団体の影響の受け手と方法

官僚	政党	連邦政府	連邦衆議院	世論
コンタクト 情報 意見書 人的派遣	投票行動 寄付金 人的派遣	意見書 措置に対する支持または妨害	人的派遣 専門家	情報 意見書 示威行動メディア

利　害　関　係　団　体

（出典）Hoffmann, J., *Das DRSC und die Regulierung der Rechnungslegung*, Frankfurt a. M., 2003, S. 104.

として入り込んでいるためである。またドイツでは，大手監査法人のコメンレターはほとんどない。大学教授については，アメリカとイギリスで少ないのに対し，オーストラリアとドイツは相対的に比重が高い。この結果，ドイツでは，企業経営者，銀行，経済検査士，大学教授の分野の利害関係者グループの影響力が強いことが分かる。

　ホフマンは，このような事実から，会計基準設定機関における権力の分配 (Machtverteilung in Rechnungslegungsgremien der Rechnungslegung)[4]が重要なテーマであるとし，基準設定プロセスにロビー活動が内在し，それが有害であると考えるならば，ゲームの理論の考え方から，利害関係者の影響を抑制するような形態を一般に考察することが重要であると考えている。この場合に，ホフマンは，国家が規制の種々の形態に役立つことができると指摘し，①第1義的な規制としての立法機関による規制[5]，②政府及び官僚による規制 (Regulierung durch Regierung und Bürokratie)[6]，③公的な審議会・委員会による規制 (Regulierung durch Beiräte und Kommissionen)[7]，④私的機関による規

第4－1表　利害関係グループからのコメントレター

	アメリカ	アメリカ	イギリス	オーストラリア
	(1984)	(1973-1988)	(2001)	(1981-1985)
調査対象	SFAS87	SFAS1-100	DP/FRED	AAS10-13；16-18
企業経営者	319 (62.8%)	7740 (57.9%)	729 (52.3%)	104 (30.9%)
銀行	42 (8.3%)	1700 (12.7%)	－ －	－ －
公認会計士	29 (5.7%)	2101 (15.7%)	465 (33.3%)	77 (22.8%)
大学教授	0 (0.0%)	335 (2.5%)	52 (3.7%)	42 (12.5%)
アナリスト	7 (1.4%)	239 (1.8%)	－ －	0 (0.0%)
個人	27 (5.3%)	0 (0.0%)	77 (5.5%)	56 (16.6%)
政府	0 (0.0%)	370 (2.8%)	10 (0.7%)	24 (7.1%)
その他	84 (16.5%)	884 (6.6%)	62 (4.5%)	34 (10.1%)
合計	508 (100%)	13369 (100%)	1395 (100%)	337 (100%)

ドイツ会計基準委員会

調査対象	ドイツ会計基準
企業経営者	104 (41.8%)
銀行	62 (24.9%)
経済検査士	29 (11.7%)
大学教授	31 (12.4%)
アナリスト	2 (0.8%)
個人	11 (4.4%)
政府	10 (4.0%)
その他	0 (0.0%)
合計	249 (100%)

(出典) *Ebenda*, S. 113-114.

制（Regulierung durch private Gremien）[8]という4つの方式がある。このうちの第4の方式が商法典第324条で具体化された会計委員会（Rechnungslegungsgremium）であり，ドイツ会計基準委員会の創設であった。

　ホフマンは，このプライベートセクター方式による基準設定（具体的には，連結会計の原則の適用に関する勧告の開発という任務）については，①合憲性（Verfassungsmäßigkeit）[9]，②利害調整（Intressenausgleich）[10]，③個別決算書への反作用と基準性の毀損（Rückwirkkungen auf der Einzelabschluß und Gefahrung der Maßgeblichkeit）[11]の3つの問題領域があると指摘している。第1の合憲性については，ドイツ会計基準がGoBの性格を有した規範であるとす

れば，法の推定（Rechtsvermutung）の具体化として基準を規範の事実上の拘束力を有するものと理解することで，憲法上の限界が回避できるが，第3の基準性の毀損は，ドイツ会計基準が個別決算書に対し反作用することで生じることになると懸念を示している[12]。しかし，ホフマンが問題視しているのは，第2の利害調整の問題である。

利害調整の問題は，ホフマンによれば，会計規制が国家によるか，私的であるかに関係している。立法者の民主主義的な正当性[13]が利害調整を可能にしているが，プライベートセクター方式によった場合には，このことが高度に要請されなければならない。すべての利害関係者を考慮し委員の任命と関係者の独立性が保証されていなけばならない。この点で，ホフマンは，ロビー活動における利害関係の影響という政治化過程がドイツ会計基準委員会の制度的な形態に内在する直接的・間接的な利害関係の圧力によって委員の独立性が損なわれ，デュープロセスも透明性が不十分であると批判している[14]。

ホフマンの立論によれば，基準設定者の独立性こそがドイツ会計基準の承認のための重要な前提であるが，しかし，民主主義的な政治システムでは，利害関係団体が利害のために規制機関に影響を及ぼす危険が存在している。このため，基準設定者の独立性が危うくなる。国家が専門家の知識を政治的な形態のなかで身につけることはコストが大きいため，外部の機関に委ねることになるが，その際に，それが中立的な専門家の機関なのかどうかが重要であると考える。ロビー活動が存在する限り，種々の利害関係の代表の間の権力の分配[15]の在り方，そして，連邦法務省の公告（Bekanntmachung）という一種の拒否権の可能性が大事であると言うのである[16]。

ホフマンは，以上の立論から，プライベートセクターの専門知識に依拠する可能性やドイツ会計基準委員会の具体的な形態が効率的な基準設定作業の新しい可能性を開いたが，同時に，基準の合憲性とロビーストの影響力の抑制は，政府が基準設定プロセスにおいての共同決定権（Mitspracherrecht）[17]を有しているということで成果をあげることができると結論づけている。この意味で，ドイツの立法愛国主義（Gesetzgebungspatriotismus）は死なず[18]と言う。

〈注〉
1． 2． Hoffmann, J., *Das DRSC und die Regulierung der Rechnungslegung*, Frankfurt a.M., 2003, S.102.
3． *Ebenda*, S.113-114.　　4． *Ebenda*, S.147.　　5． Ebgenda, S.41.
6． *Ebenda*, S.42.　　7． 8． *Ebenda*, S.44.　　9． *Ebenda*, S.55.
10． *Ebenda*, S.63.　　11． *Ebenda*, S.66.　　12． 13． *Ebenda*, S.182.
14． *Ebenda*, S.182-183.　　15． *Ebenda*, S.185.　　16． *Ebenda*, S.186.
17． 18． *Ebenda*, S.186．

第5章

ドイツの概念フレームワーク公開草案

はじめに

　ドイツ会計基準委員会の公開草案「正規の会計の諸原則（概念フレームワーク）」[1]（以下，概念フレームワーク公開草案）は，ドイツ型概念フレームワークを提唱したもので，しかも，ドイツ商法会計規範システムを支えてきた正規の簿記の諸原則（Grundsätze ordnungsmäßig Buchführung/GoB）のレジームから離脱し，アングロサクソン型の概念フレームワークへの接近を試みた点で，一つの方向性を提起したものであった。

　概念フレームワーク公開草案に盛り込まれた視点は，アングロサクソン型の意思決定有用性アプローチを採用し，それにもとづき，決算書の構成要素の認識領域の拡大論と将来予想要素導入の測定論へと傾斜させた正規の会計の諸原則（Grundsätze ordnungsmäßiger Rechnungslegung/GoR）のレジームの新たな提唱にあった。このような問題の認識は，IASB・FASBの概念フレームワークの意思決定有用性アプローチと軌を一つにしていた。

　しかも，概念フレームワーク公開草案の特徴点は，正規の簿記の諸原則（GoB）レジームから離脱し，正規の会計の諸原則（GoR）レジームへの転換をドイツ商法会計規範の枠組みのなかで提唱し，また，正規の会計の諸原則（GoB）レジームの適用領域が法形態及び資本市場指向に係わりなく，すべての企業を対象とし，さらに連結決算書のみならず，個別決算書にまで広げて採用されることをもとめたことに見出される。この点で，概念フレームワーク公開草案は，意思決定有用性アプローチに傾斜して，ドイツの商法会計規範シス

テムの再構築をめざした新しい会計観を提示したものであると特徴づけることができる。

だが，ドイツの現実は，必ずしもこの概念フレームワーク公開草案の目指したアングロサクソン的な投資家意思決定有用性アプローチの会計観によってその後も進行しているものではなかった。ドイツで進められてきたのは，選択可能なEU-IAS/IFRS路線にもとづく連邦政府の10項目行動計画の会計制度改革の道であった。そこでは，資本市場指向・非資本市場指向，連結決算書・個別決算書の機能分化・差別化を図った方向性が打ち出され，個別決算書の債権者保護の配当規制と商法確定決算基準を堅持した現行の商法会計規範との混成システムの枠組みの再構築がなされたのである。このため，EU-IAS/IFRSへの適応をはかった企業会計法改革法（Bilanzrechtsreformgesetz）のもとでは，概念フレームワーク公開草案が具体化されることはなかった。EU-IAS/IFRSのドイツ法化が成立したなかでは，ドイツ独自の概念フレームワークの構築が必要とされることはなく，選択可能なEU-IAS/IFRSの枠組みのなかで，ドイツにあっても，IASBの概念フレームワークがこれに代替する方向にある。

この意味で，伝統的な債権者保護重視の利害調整アプローチと投資家情報重視の意思決定有用性アプローチの機能分化を図った包括的・混成的な商法会計規範システムの枠組みのもとでは，概念フレームワーク公開草案の問題提起もまた，ドイツ会計基準委員会そのものの歴史的役割の限界点を象徴する事象であったともいうことができる。

本章は，ドイツ会計基準委員会の役割のなかで，その歴史的なモニュメントであったドイツの概念フレームワーク（公開案）の意思決定有用性アプローチが提起した論点を取り上げ，ドイツの伝統的な会計観をいかに打破しようとしたか，また，その新しい意思決定有用性アプローチの全面的な展開に対し，いかにドイツ国内での抵抗感が強かったか，これについて，個人・団体からのコメントレターの批判点・反対論を通じて明らかにしていきたい。本章が取り上げる概念フレームワーク公開草案をめぐる論点は，以下の4点である。

（1） ドイツ会計基準委員会の権限をめぐる論点

（2）すべての企業および連結・個別決算書への適用をめぐる論点
（3）意思決定有用性アプローチをめぐる論点
（4）決算書の構成要素の認識領域の拡大・将来予測要素の測定をめぐる論点

〈注〉
1．Deutscher Standardierungsrat, *Entwurf Grundsätze ordungsmäßiger Rechnungslegung (Rahmenkonzept)*, 16,Oktober 2002.

第1節　概念フレームワークの意思決定有用性アプローチ論

1　ドイツ会計基準委員会に付託された権限との関連をめぐる論点

（1）ドイツ会計基準委員会の任務規定に反する権限の逸脱への疑義

概念フレームワーク公開草案をめぐる第1の重要な論点は，商法典第342条1項の任務規定（①連結会計に関する諸原則の適用に関する勧告の開発，②会計規定に関する立法行為に際しての連邦法務省に対する助言，③国際的な会計基準設定機構においてドイツを代表）が付与したドイツ会計基準委員会の権限の限定をめぐっての議論で，概念フレームワーク公開草案の提案内容が権限の逸脱行為になっているのではないかとの批判が提起されたことである。

すなわち，公開草案によれば，概念フレームワークは，①ドイツ会計基準委員会の専門活動の基礎を形成する，②すべてのドイツ会計基準を結び付けるルールを内包している，③計上，評価，項目分類および処理ルールのない取引事象の説明と報告に対する演繹の基礎である，④ドイツ会計基準の適用者と決算書の利用者に対する理解及び解釈の補助であるとされ，概念フレームワークが会計処理のルールの解釈と前進に関する指針であり，ドイツ会計基準の開発の際に，ドイツ会計基準委員会を指導し，ドイツ会計基準が堅固なものであることを保証し，ドイツ会計基準がないために具体的な計上および評価の問題を解決しなければならない場合にこれを補充し，特別な計上，評価および項目分類

のルールを誘導するための，また，報告及び説明の義務の一般原則であると提案されている[1]。

このように，概念フレームワークがドイツ会計基準でなく，現行の法律および現行の基準と一致しない場合も含めた法の解釈と前進に関する指針であるとされた。

ドイツ経済検査士協会（ドイツ公認会計士協会）のコメントレターによれば，概念フレームワークが現行法と一致することができない規準に対する法の前進のための指針でもあると提案していることは商法典第342条1項の任務規定からの越権行為であると以下のように批判している[2]。

―連結会計原則の適用に関する開発（商法典第342条1項1号）という第1の任務規定については，現行法の解釈に限定されているのであって，現行法に違反した会計の前進にまでおよぶとした概念フレームワーク公開草案の提案はドイツ会計基準委員会に付託された権限を逸脱している。

―会計規定の立法行為の際の連邦法務省に対する助言（商法典第342条1項2号）という第2の任務規定については，公開草案が連結・個別の決算書に関し国際的な会計基準の概念に近づけるよう商法改正を提案しているが，任務規定の趣旨からいえば，連結・個別の決算書の目的観がそれぞれに異なっているのであるから，連結・個別の決算書の役割の差別化が必要であり，国際化対応の利用者指向の情報は連結決算書，資本維持・債権者保護の処分利益計算は個別決算書という連結・個別の役割分担を考慮すべきである。また，個別決算書に関する現行商法の規定を国際会計基準に接近させることは，議論の終息がつくまで，EU会計指令の第2号および第4号の限度内にとどめておく方がよい。この点で，概念フレームワーク公開草案がドイツ会計基準委員会に付託された権限を逸脱している。

―国際的会計基準設定機構においてドイツを代表する（商法典第342条1項3号）という第3の任務規定については，概念フレームワーク公開草案がIAS/IFRSの国際会計基準の採用を提案しているが，そのことがドイツ会計基準に付託された権限から逸脱しているのではないか。国際的な概念の

幅広い無批判的な受け入れが高度に発達した長年にわたるドイツの会計の理論および会計の伝統を無視することになってしまうのではないかという疑義がある。

また，経済経営学教授連合もドイツ経済検査士協会と同様の趣旨のコメントを行い，以下のように批判している[3]。

―商法典第342条がドイツ会計基準委員会に付託した権限は，①連結会計に関する正規の簿記の諸原則についての勧告として現行法の解釈を行うこと，②立法行為に際し連邦法務省に対する助言としてドイツ国内法の継続的発展についての協力をすることに限定されている。このため，ドイツ会計基準委員会は，正規の連結会計の諸原則を起草することができるが，しかし，概念フレームワーク公開草案が目指しているのは連結固有の会計原則に限定しない個別決算書を含めた正規の簿記の諸原則を設定しようとするものである。これは，商法典第342条が意図している正規の簿記の諸原則の継続的発展という任務規定を越える権限の逸脱である。

―商法規定，ドイツ会計基準，商法を限定するEU会計指令および近い将来の強制適用されるIAS/IFRSとの間で対立が生じる。①個別のドイツ会計基準が不備の場合に概念フレームワークに遡及しなければならないとされるが，一般規範が個別規範に優先するという最優先原則に関する議論が未解決のままである。②商法との対立に関し合法的な法規定に反するドイツ会計基準の完成が禁止されている。法律は，つねにドイツ会計基準に優先する。法律の条文に不備がある場合に限り，解釈の可能性がある正規の簿記の諸原則を指示して法律の不備を充填するが，この場合，正規の簿記の諸原則の継続的発展に貢献することがドイツ会計基準に課せられた役割である。ドイツ会計基準委員会が従来からの解釈を逸脱して，正規の簿記の諸原則の新しい解釈を強要し，従来から提起された正規の簿記の諸原則の解釈論のうち何が正しいかを権威的に決定することは絶対に容認できない。③概念フレームワークと商法改正に対する立法機関の自由裁量を制限するEU会計指令との一致についての検証はほとんど行われていない。た

とえば,財産価値の定義と計上のような決定的な問題において,商法とEU会計指令との両立可能性についての検証が概念フレームワーク公開草案に抜け落ちている。④ドイツ会計基準委員会による概念フレームワークがIAS/IFRSに一致しているならば,概念フレームワークの明文による完成は屋上屋を重ねる。ドイツ会計基準委員会は,必要であるならば,変換選択権の枠内でIAS/IFRSの適用を限定することができ。ドイツ版のIAS/IFRSを開発しようという試みは断念すべきである。ドイツ会計基準委員会は,国際的な審議会のなかで意見を明らかにし,そのうえで,すべての連結・個別決算書への引継ぎに対し暫定的に反対すべきである。

このように,ドイツ経済検査士協会,経営経済学教授連合のコメントレターは,概念フレームワーク公開草案がドイツ会計基準委員会の任務規定に照らして商法典第342条1項から付託された権限から逸脱する提案であると批判している。この批判的論点は,各界からの他のコメントレターにおいても同様に指摘されている。

(2) 概念フレームワークの適用領域に関する議論
――法形態独立的・資本市場指向独立的な連単決算書への適用領域の拡大――

概念フレームワーク公開草案の第2の重要な論点は,概念フレームワークがどの範囲に適用されるのかということであった。

概念フレームワーク公開草案によれば,正規の会計の諸原則は,連結決算書と連結状況報告書,個別決算書と状況報告書ならびに中間決算書に関して遵守されなければならず,その法形態及び資本市場の要請に係わりなく,すべての企業に遵守されなければならないと提案されている[4]。

この概念フレームワーク公開草案の適用領域に関する提案は,連邦政府の見解・草案である①10ポイントプログラム(2001年),②会計国際化商法改正提案(2001年),③企業会計改革法参事官草案(2003年)の枠組みをも越えて,連結・個別決算書,資本市場・非資本市場指向,法形態一般にまで適用領域を拡大させる方向を打ち出したものである。これに対し,ドイツ経済検査士協会から,概念フレームワーク公開草案が提案した広義の適用領域に対する批判が出

され，ドイツ会計基準委員会に付託した権限を逸脱していると批判するコメントが表明された[5]。

このドイツ経済検査士協会のコメントレターが指摘する論点のなかにドイツ会計制度改革の方向性をめぐる議論の要点が端的に示されている。

―連結決算書が決算書利用者の情報にのみ役立つが，個別決算書はそこに表示された損益および自己資本によって利益処分と資本維持規準を含めた会社法上の保護システムの基礎にも供せられ，そして商法確定決算基準を通じて課税に影響を与えるものであることを考慮すべきである。

―連結決算書の言明能力の明白な強化に関連して，ドイツの連結会計の国際化を資本市場指向の企業に限定するだけでなく，すべての連結会計義務を有する企業まで含めることに賛成する。そのため，当面は，非資本市場指向の企業の競争上の不利益を排除すべく，商法典第292a条の選択権をすべての親企業にまで拡大適用するべきであるが，2005年以降は，原則として，すべての親企業に対し，IAS/IFRS準拠の連結決算書の作成が義務づけられることになる。EU命令に認められた加盟国立法選択権のもとで，IAS/IFRSがその承認手続き（エンドースメント）によって将来的に直接に現行のドイツ法になるため，非資本市場指向企業の規模依存的な免責条項を除いては，連結会計に関し独自の商法規定が必要なのは限られた領域であり，国際的基準を越えた情報の需要のために必要な状況報告書・附属説明書に関する商法典の報告義務が堅持されればよい。

―長期的には，EU第4号会計指令の適用対象のすべての企業にIAS/IFRS準拠の個別決算書の作成を義務づけるべきであると考える。しかし，連結決算書を作成しない上場企業の個別決算書に関しIAS/IFRS準拠をもとめるにしても，それ以外の企業の個別決算書に関しては，キャッシュフロー計算書またはセグメント報告といった個々の報告媒体および会計処理方法を除く報告義務について国際基準適用を緩和する措置を設けるべきである。また，EU第4号会計指令の対象となっていない企業の会計についてもどの程度にIAS/IFRS指向をもとめるべきかどうかも検討する必要がある。

―会社法上の保護システムの機能を侵害せず，企業に対しマイナスの税務上の結果を回避するために，個別決算書の規準の国際化のまえに，会社法，破産法および税法の再編が必要である。個別決算書におけるIAS/IFRSにもとづく会計処理のコンセプトの適用というものは，会社法および税法と結び付いた個別決算書が抱える問題がヨーロッパレベル（EU第2号指令）およびそれにもとづく国内レベルで解決された後に考慮されるべきであるにもかかわらず，ドイツ会計基準委員会の概念フレームワーク公開草案は，この問題を検討することなく，個別決算書の配当算定機能と情報提供機能の将来的な分離に踏み込んでいる。しかし，この議論の終息が見られるまでの間は，個別決算書に適用される商法規定の国際基準への接近についてはEU第2号・第4号指令の範囲内に当面とどめておくべきである。

―この点を枠組み条件とする限りは，個別決算書の言明能力の客観化と改善を目標とした商法規定の前進に関するドイツ会計基準委員会の概念フレームワーク公開草案の努力に賛意を表明し，EU第4号会計指令にもとづき商法典に認められてきた会計処理方法の選択権の放棄または制限に関し，企業に対し税務中立が保証される限りで賛成する。

―IAS・商法準拠の損益・自己資本に関する調整表の作成については，第2の数字を必要とする限り，企業のほとんどに採用されている。このため，取得原価主義・実現主義から離脱して，損益作用的に公正価値評価した財産価値および負債の簿価の百分比割合によって測定可能な一定額について，借方開業・拡張費（商法典第269条）または繰延税金資産（商法典第274条2項）に関する配当制限と同様に，配当を留保する規準を設けることが適正かつ実際的な解決策であるかどうかが検討される必要がある。さらに，これに関連して，IASBで審議中の財務業績報告書に対してもこのことが考慮されるべきである。

―IASの適用に際し個別決算書上の選択権の採用が税務上の結果に不利益を与えないこと，とくに，IASが認める会計処理方法から商法上の諸原則に準拠して決算書を作成する企業と比べてIAS準拠の企業が不利益をこうむ

るような現行規準を越えた税務上の記載義務をもとめないことを保証して税務の規準が補充される必要がある。

ドイツ経済検査士協会は，ドイツ会計基準委員会に付託された任務が連結決算書に限定されており，連結決算書と個別決算書との差別的な対応が必要であるとの立場から，以上のような批判的なコメントを表明した。

〈注〉
1. Deutscher Standardisierungsrat（DSR），*a.a. O.*, S.10, S.27.
2. Institut der Wirtschaftsprüfer, Stellungnahme, Entwurf DRS-Rahmenkonzept, in: *Die Wirtschaftsprüfung*, Heft3/2003, S. 109-111.
3. Arbeitsgruppe Normierung der Rechnungslegung der Wissenschaftlichen Kommisson Rechnungswesen im Verband der Hochschullehrer für Betriebswirtschaft e.V., Stellungnahme Nr.3, Zum Entwurf der Grundsätze ordnungsmäßiger Rechnungslegung des DRSC, in: *Betriebs-Betater*, Heft 50/2002, S.2595-2596.
4. Deutscher Standardisierungsrat（DSR), a.a. O., S.10, S.27.
5. Institut der Wirtschaftsprüfer, *a.a.O.*, S.109-111.

2　概念フレームワークの意思決定有用性アプローチに関する論点
(1)　会計の利用者指向の重視と範囲の限定をめぐる議論
　　　——実質的・潜在的な自己資本・他人資本提供者に会計利用者を限定——

概念フレームワーク公開草案の第3の論点は，意志決定有用性アプローチ論を展開していることであった。概念フレームワーク公開草案を貫いている視点は，会計利用者を重視した意思決定有用性アプローチであるが，会計利用者の範囲を実質的・潜在的な自己資本及び他人資本の提供者に限定していることが特徴点である。

概念フレームワーク公開草案が想定している会計利用者とは，事業指揮者（経営者）に委託した資本の収益極大化とリスク負担に関心がある自己資本提供者である。また，他人資本提供者も会計利用者であり，他人資本提供者の利害は法律上の配当の上限，信用契約と担保によって保護されている，概念フレームワーク公開草案における会計とは，自己資本・他人資本提供者の利害の知覚を支持している[1]。

このように，会計利用者を実質的及び潜在的な自己資本提供者・他人資本提供者という利害関係者に限定し，従業員を対象外としている。この点は，現行商法典（第335条）が従業員も会計利用者としてきたことよりも狭義に，また，IASB・FASB概念フレームワークよりも会計利用者を狭義に捉えられており，労使協調の共同決定の社会的市場経済の枠組みとの係わりで議論のあるところである。

この概念フレームワーク公開草案に対し，ドイツ経済検査士協会は，幅広い利害関係者が合意できる会計内容を誘導することが難しいとの批判的なコメントを以下のように表明している[2]。

自己資本・他人資本提供者がもっとも重要な会計利用者ではあるが，得意先，仕入先，従業員，国庫といった他の利害関係者にとっても会計は重要な地位を占めている。企業の財産，財務および収益の状況に関し，それらのものの情報の利害関係が資本提供者の利害関係と基本的に違っていることは許されない。

（2） 意思決定有用性アプローチからの会計の目標をめぐる議論
　　　――受託責任報告と予測のための情報提供と処分利益計算――

概念フレームワーク公開草案は，会計の目的について，文書記録，企業内情報および第三者情報を挙げているが，とくに，

① 事業指揮者（経営者）の過去事象の受託責任報告が事業指揮者の解任または罷免，他人資本委託の準備状況の判断に関し，

② 会計利用に対する将来のキャッシュ・フローの金額，期間的な構成および確実性の程度に関する予測情報に関し，

③ 利益処分の法的または事実上の基礎としての利益計算に関し，

会計利用者の意思決定に有用な情報を提供すること重視している[3]。

この限りで，概念フレームワーク公開草案は，①過去事象の受託報告の情報，②将来事象の予測情報，③処分利益計算の混成の会計目標を指向しているように見えるが，しかし，概念フレームワーク公開草案の論旨をよく見ていくと，資本の保護の観点が明らかに後退している点が特徴的である。すなわち，

概念フレームワーク公開草案は，個別決算書の処分可能利益計算に関し会計処理上の計上および評価の選択権を放棄し，利益平準化の可能性を制限することにより処分可能利益計算の機能を後退させ，意思決定有用性アプローチにもとづく過去事象と将来事象の情報提供の機能を会計目標として重視している[4]。

この結果，多くのコメントレターにおいても，この点に対する批判的な指摘が行われている。そのなかの1つである経営経済学教授連合のコメントレターは，商法において重要な債権者保護が欠落していると概念フレームワーク公開草案を以下のように批判している[5]。

―ドイツ会計基準設定委員会は，債権者の利害は通常の場合に法律上の配当制限，信用契約および担保により保護されているとし，資本保護が個別決算書の外部で行うべきであるとの見解を明確に述べている。個別決算書に配当可能利益計算の課題が付与され，連結決算書は親企業の配当政策を事実決定することが述べられているが，しかし，配当可能利益の金額は法律と定款にしたがって決定されるとしている。

―配当制限が従来から商法上の正規の簿記の諸原則によって規定されているのに，ドイツ会計基準設定委員会の正規の会計の諸原則では何ゆえに廃止されているのか，その理由が明らかにされていない。利益計算の課題を法律と定款に付与することによって，利益計算は正規の会計の諸原則と何の関連もないかのように扱われている。アングロサクソンの会計基準は配当問題に立ち入らないというのがドイツ会計基準設定委員会の戦略の本当の根拠のようである。アメリカでは，会社と株主配当請求権との関係については個々の会社の定款で，また，債権者保護については配当制限に関する信用契約上の約款で実施されている。だが，このことをもって契約上の規定が法律上の規定より有益であるということを証明したわけではない。会社の約款が結局は商法と類似した配当規定になるということは，法律規定が取引コストを考慮すれば有益であることを証明している。法律規定は，実行力のの弱い取引相手や国庫の信用契約上の保全の不備を回避する。

―ドイツ会計基準設定委員会は，市場による解決を優先する場合に，何ゆえ

に正規の会計の諸原則を取り扱うかということをよく考える必要がある。情報規定が国民経済上のコストをかけずに法律で定めることができるならば，何ゆえに配当規定についてもそれが当てはまらないのかということが理解できない。公開草案が資本保護の会計目標を除外した理由は，資本保護のためにも使用される正規の会計の諸原則が情報目標を侵害するのではないかと懸念されたからであろう。しかし，このような懸念を心配する必要はない。情報指向の利益については，配当の禁止により配当可能利益に移行させることができる。同様に，配当可能利益を規定上の補足記載によって情報指向の利益に転換することもできる。

経営経済学教授連合のコメントレターは，このように指摘し，概念フレームワーク公開草案の情報提供と利益計算の会計目標が意思決定有用性アプローチに立ったもので，商法の債権者保護・資本保護を欠落したアングロサクソン思考を採用したものであると批判している。

（3） 意思決定有用性アプローチからの一般規範の改訂をめぐる議論
——「正規の簿記の諸原則を遵守して」の削除と経済的観察法の原則——

概念フレームワーク公開草案は，商法典第264条及び第292条の「正規の簿記の諸原則（GoB）を遵守して」という文言を一般規範から外し，決算書は企業または企業集団の財産，財務および収益の状況の実質の諸関係に合致した写像を伝達するものでなければならない。状況報告書は，企業または企業集団の実質の諸関係に合致した写像を伝達するものでなければならないとするよう一般規範の改訂を提案している[6]。

このような提案は，1985年に成立したEG第4号会計指令変換法としての商法典の立法過程で議論された論点であった。当時は，「正規の簿記の諸原則を遵守して」というドイツの思考と「財産，財務及および収益の実質の諸関係に合致した写像の伝達」（真実かつ公正の概観）というイギリスの思考との妥協的解決を図ったが，今回の概念フレームワーク公開草案では，正規の簿記の諸原則レジームからの離脱が明確に宣言されたのである。

また，この概念フレームワーク公開草案の一般規範は，取引事象に関して，

決算書および状況報告書においてその経済的実質にしたがい認識し，その基礎にある法的な形式にもとづき優先的に認識されてはならないとする経済的観察法の原則（形式よりも実質優先思考）を提案していた[7]。その趣旨とするところは，リース対象物，信託取引，譲渡担保取引，請負工事の計上および評価の場合に，財産，財務および収益の状況の実質の諸関係に合致した写像の伝達という命令にしたがうためには法律規定またはドイツ会計基準の文言から離脱しなければならないが，その離脱について，以下の説明が附属説明書で行われることをもとめるということであった[8]。

① 計上および評価または連結の方法の報告のもとでの離脱の種類を説明する。

② これらの方法が所与の事情のもとで誤ってしまったために，それが概念フレームワークで定められた決算書の目標と矛盾しているということに対する理由を報告する。

③ 企業が適用した計上及び評価または連結の方法を報告する。

④ 各報告期間にわたって，そうでなければ規定された方法で記載をする決算書の項目についての離脱がどの程度の金額で評価または連結されているかを報告する。

概念フレームワーク公開草案の新しい一般規範が現行商法典の「正規の簿記の諸原則を遵守して」を削除することを提案していることから，当然のことながら，商法典の改正を必要としている。このため，概念フレームワーク公開草案では，法律との一致をもとめて，EG第4号会計指令第2条第5項を商法典に変換することを提案している[9]。

しかも，概念フレームワーク公開草案の一般規範がIFRS/US-GAAPとの比較においても，質的特徴とIFRSの遵守は財産，財務および収益の状況の実質の諸関係に合致した写像を伝達するものであるから，国際的なルールは概念フレームワーク公開草案と一致していると考えている[10]。

以上のように，正規の簿記の諸原則レジームから離脱した概念フレームワーク公開草案の一般規範の改訂の必然を提案した後，この一般規範の要請は，情

報提供の原則と利益計算の原則によって達成されると立論している。

（4） 情報提供の原則と利益計算の原則
　　　―概念フレームワークの一般規範を支える2つの原則の相互依存性――

　概念フレームワーク公開草案は，一般規範を支える情報提供の原則と利益計算の原則が相互依存的に関係しているとの考え方を採っている。情報提供の原則とは，会計利用者指向にもとづくものであり，会計の情報提供が会計利用者の利害を保護するという任務を有し，会計利用者の情報需要が会計の基礎である。会計の構成部分は，利用者にとって意思決定に有用な情報を有するものでなければならず，利用者中立的な会計では意味がない[11]。

　概念フレームワーク公開草案は，このような会計利用者指向の意思決定有用性アプローチにもとづく情報提供の原則として，具体的に，①重要性，②決算書および状況報告書の適時的な作成，③完全性，④信頼性，⑤中立的報告，⑥慎重，⑦明瞭性，⑧明白性，⑨理解可能性，⑩相殺の禁止，⑪比較可能性といった原則を提示している。また，情報提供の原則と相互依存関係にある利益計算の原則として，具体的に，①企業活動の継続，②個別評価，③決算基準日，④期間帰属の原則を提示している[12]。

　前者の情報提供の原則は，以下のような内容である。重要性の原則は情報の意思決定有用性の必要な前提である。完全性の原則は貸借対照表，損益計算書，キャッシュフロー計算書，セグメント報告，自己資本変動表の重要性原則を支配している。そして，完全性原則は商法上の計上選択権，無条件の計上禁止を廃止することをもとめている。信頼性原則は，意思決定に有用であるが，信頼性に欠ける情報は必要でないとするもので，利用者の意思決定が事業指揮者に影響されるような情報は適切でないとする中立的な報告の原則と不確実な将来予測に関連した見積り基準である慎重の原則（ここでは評価の原則でないこと強調されている点に留意）によって支えられている。明瞭性の原則は会計に含まれる情報が明白で，かつ理解できることを要請するもので，会計の情報が内容，価値および名称に関し曖昧で漠然としたものであってはならないとする明白性の原則と会計情報が専門的知識を有する利用者によって内容を理解できる

ものでなければならないとする理解可能性の原則から成る。相殺禁止の原則は，法律またはドイツ会計基準で許容されない限り，財産価値と負債，収益と費用の相殺を認めないというものである。比較可能性の原則は，会計が時の経過のなかで，また，同種の取引事象について比較可能でなければならないことを要請し，これを貸借対照表同一性の形式的継続性の原則と時の経過のなかでの評価・連結の方法の継続性および同種の財産価値・負債の統一的な評価の実質的継続性の原則が支えている[13]。

後者の利益計算の原則は，以下のような内容である。企業活動の継続性の原則とは，財産価値，負債が企業活動の継続性の仮定のもとで法的または実質的な事実に反していない限り計上と評価が行われなければならないことを要請しているもので，財産価値の認識の例として税務上の繰越欠損金に係る繰延税金資産の認識がある。個別評価の原則は，財産価値および負債が法律またはドイツ会計基準に別段の定めがない限り，個別ごとに評価されなければならないことを要請するもので，大量生産に関連した製品保証引当金，特定の譲渡担保取引の例に見られるような場合に評価単位の形成が認められる。決算基準日の原則とは，財産価値および負債の評価が決算基準日に行われなければならないことを要請するとともに，決算基準日以降の後発事象の認識も認めている。この後発事象に関し，現行商法典が予測可能なリスクおよび損失の認識だけを認めているのに対し，概念フレームワーク公開草案の後発事象として予測可能なチャンスおよび利益の認識も認められている。期間帰属の原則は，期間の収益および費用が期間限定区分として対応していることを要請するが，利益の実現に関し，利益は将来の経済的便益の増加が蓋然的にかつ信頼できるように測定されるときに認識されなければならない。このため，利益は決算基準日に実現または実現可能でなければならないものとされ，有価証券の市場価値評価からの利益が実現可能な利益として認識されなければならないとしている。期間帰属の原則は，現行商法典に法典化され，決算基準日に実現したときにのみ利益として認識するとされているが，EG公正価値指令の変換に伴って，将来，商法典においても少なくとも連結決算書に関して実現可能な利益の計上の選択権ま

たは義務が要請される[14]。

〈注〉
1．Deutscher Standardisierungsrat（DSR）, *a.a. O.*,S.10-11, S.28.
2．Institut der Wirtschaftsprüfer, *a.a. O.*, S.111.
3．Deutscher Standardisierungsrat（DSR）, *a.a. O.*,S.11, S.27
4．*Ebenda*, S.12-14, S.28.
5．Arbeitsgruppe Normierung der Rechnungslegung der Wissenschaftlichen Kommisson Rechnungswesen im Verband der Hochschullehrer für Betriebswirtschaft e.V., *a.a. O.*, S.2596-2597.
6．Deutscher Standardisierungsrat（DSR）, *a.a. O.*,S.12.
7．*Ebenda*, S.12, S.28.　　8．*Ebenda*, S.12.　　9．*Ebenda*, S.35.
10．*Ebenda*, S.39.　　11．*Ebenda*, S.12-13.　　12．*Ebenda*, S.13-16.
13．*Ebenda*, S.13-15.　　14．*Ebenda*, S.15-16.

第2節　概念フレームワークの会計認識領域の拡大論

1　決算書の構成要素の計上・認識に関する概念フレームワーク
（1）　将来の経済的便益の蓋然性と評価の信頼性
　　　──決算書の構成要素の計上・認識基準に関するアングロサクソン思考──

　概念フレームワーク公開草案の第4の論点は、決算書の構成要素の認識領域の拡大・将来予測要素の測定であった。
　概念フレームワーク公開草案によれば、決算書の項目は、①定義通りに、資産、負債、収益および費用に属し、確認可能で、かつ限定区分可能である、②項目に関連する将来の便益が企業に蓋然性をもって流入または流出している、③取得原価または製造原価、もしくは価値の決定が信頼性をもっておこなわれるという三つの要件のすべてが充たされる場合に限り、資産・負債が貸借対照表に計上、収益・費用が損益計算書に認識されなければならないとされる。しかし、この三つの要件の一つでも充たしていない場合は、資産・負債の貸借対照表計上と収益・費用の損益計算書認識をしてはならず、財産、財務および収益の状況の判断のための意思決定に有用である場合に限り、附属説明書において計上・認識しないことに関して報告する義務があるとしている[1]。

第5章　ドイツの概念フレームワーク公開草案　*183*

　この概念フレームワーク公開草案から明らかになった注目点は，ドイツの伝統的な枠組みから離脱して，アングロサクソンの思考に立っていることである。第1は，将来の経済的便益という新しい概念を採用し，将来の期待便益の流入または流出の蓋然性が50％以上の確率をもって発生している場合に，資産・負債の借方・貸方の計上の義務があるした[2]。この将来の経済的便益という概念は，ドイツ商法の財産対象物・負債の概念と対立するが，IFRS/US-GAAPとは一致している[3]。第2は，将来の経済的便益が予測要素の見積りにもとづくことから，評価の信頼性を求めていることである。概念フレームワーク公開草案によれば，評価の信頼性は，それが充分に確実である限り，見積りによって侵害されないが，充分に確実な見積もりができなければ，資産・負債を貸借対照表に計上，収益・費用を損益計算書に認識してはならない。このため，充分に確実な見積もりが可能である部分金額に関してのみ貸借対照表に計上または損益計算書に認識しなければならない[4]。概念フレームワーク公開草案は，ドイツ商法とは対立するが，IFRS/US-GAAPとは一致させて，将来事象の予測要素の見積もりに関し評価の信頼性をもとめた[5]。

　以上，概念フレームワーク公開草案は，決算書の構成要素である資産・負債，収益・費用に関する貸借対照表計上・損益計算書認識の基準として将来の経済的便益の蓋然性と評価の信頼性というアングロサクソン思考を新たに導入する提案を行い，それをベースにした決算書の構成要素の関する具体的な計上・認識基準を提示している。

（2）　貸借対照表項目の定義と計上基準

　概念フレームワーク公開草案によれば，資産とは，①過去の事象にもとづき企業の処分権に属する資源であり，企業への資産の投入または外部の処分可能性にもとづき将来の経済的便益の流入が期待されるもので，②将来の経済的便益が現金または現金等価物の有高の増加または維持に直接または間接の貢献をするもので，③資産が有形であるか，無形であるかは決定的なことではなく，有償取得であるかどうかも重要ではない，④資産の法的所有権も義務的ではなく，資産に内在している経済的便益に関する処分権が決定的であると定義され

ている[6]。この将来の経済的便益の流入という新しい概念は，ドイツ商法の法的観察法と対立しているが，IFRS/US-GAAPの経済的観察法とは一致している[7]。

この定義のもとで，将来の経済的便益の流入の蓋然性がたかく，取得原価または製造原価，もしくは価値が取得の当期及び次期以降の決算日に信頼性をもって決定される場合に，資産として借方計上しなければならないという計上基準が提案されたが，ドイツ商法が認めてきた借方計上選択権を廃し，借方計上義務をもとめた点に特徴があった。

また，負債とは，①過去の事象にもとづき生じる第三者に対する企業の現在の債務であり，債務の履行をすることによって，資源の流出が予想される，②企業内部の債務に対する費用性引当金は負債と一致しない，③負債の存在にとって，その基礎にある義務が法的に存在しているかどうかは重要ではないと定義されている[8]。公開草案の負債は，債務と商法上の引当金を含むが，ドイツ商法上の費用性引当金は，第三者債務を欠如しているため公開草案と一致していない[9]。

この負債の定義のもとで，現在の債務の相殺のために資源の流出の蓋然性がたかく，負債の履行金額または価値が取得の当期および次期以降の決算日に信頼性をもって決定される場合に，負債として貸方計上されなければならないという計上基準が提案され，資産と同様に，ドイツ商法が許容している負債の貸方計上選択権を認めず，計上基準を充たす限り，貸方計上義務があるとし，IFRS/US-GAAPとの一致が図られたことが特徴であった[10]。

さらに，自己資本とは，①所有主の請求権を表したもので，②負債とは区別されなければならない，③自己資本と負債の限定区分の基準は，確定金額請求権（負債性）または残存金額請求権（自己資本性）が存在しているかどうかに結び付いていなければならないとされる[11]。この点で，IFRS/US-GAAPと同様に，概念フレームワーク公開草案の自己資本は資産・負債の差額である残余金額であるとされた[12]。

以上のように，概念フレームワーク公開草案は，貸借対照表の構成要素の定

義を将来の経済的便益から定義し，商法の計上選択権の廃止の提案[13]を行った。

その提案によれば，概念フレームワーク公開草案の計上基準を充たす場合には，資産・負債について計上義務となる。これに対し，商法は，特定の場合に理由なく計上選択権を認めている。この点で，概念フレームワーク公開草案と商法とは一致していない。このため，商法上の計上選択権は，概念フレームワーク公開草案の要件に一致させるために計上命令に商法を変更すべきであるとし，具体的に，計上選択権から計上義務に変更すべき項目として

―社債発行差金（商法典第250条3項）

―承継暖簾（商法典第255条4項）

―繰延税金資産（商法典第274条2項）

―1987年1月1日以前に法的請求権を取得した直接年金債務引当金
　（商法施行規則第28条1項1文）

を挙げている。これに対し，概念フレームワーク公開草案の計上基準を充たさない場合には，資産・負債について計上禁止となる。しかし，商法は，特定の場合に理由なく計上選択権を認めている。この点で，概念フレームワーク公開草案はと商法とは一致していない。このため，商法上の計上選択権は，概念フレームワーク公開草案の要件に一致させるために計上禁止に商法を変更すべきであるが，計上選択権から計上禁止に変更すべき具体的な項目として，

―費用性引当金（商法典第260条2項）

―事業経営の開業費・拡張費（商法典第269条）

―準備金部分の有する特別項目（商法典第273条）

があるとしている[14]。

概念フレームワーク公開草案の提案の趣旨とするところは，現行の商法上の計上選択権の廃止が会計操作の機能を制限し，会計の目標である報告責任を達成するための前提条件となっている点にあった。

（3）損益計算書項目の定義と認識基準

概念フレームワーク公開草案によれば，収益とは，①報告期間中における経

済的便益の増加であり，②経済的便益の増加は，現金または現金等価物の流入，資産の価値増加または負債の価値減少の形態で生じるものと定義される。そして，収益の認識基準として，①経済的便益の増加が蓋然性かつ信頼性をもって測定される場合に収益の認識がなされなければならない，②収益は，原則として損益計算書に認識されるが，収益が損益中立的に認識されなければならないかどうか，またはどの程度にそうであるかは法律およびドイツ会計基準によって決定される[15]。

また，収益と同様に，費用とは，①報告期間中における経済的便益の減少であり，②経済的便益の減少は，現金または現金等価物の流出，負債の価値増加または資産の価値減少の形態で生じるものと定義される。そして，費用の認識基準として，①経済的便益の減少が蓋然性かつ信頼性をもって測定される場合に収益の認識がなされなければならない，②費用は，原則として損益計算書において認識されるが，費用が損益中立的に認識されなければならないかどうか，またはどの程度にそうであるかは法律およびドイツ会計基準によって決定される[16]。

以上，概念フレームワーク公開草案の資産，負債，自己資本，収益，費用の定義と計上・認識基準は，IFRS/US-GAAPと一致する内容であった[17]。

なお，概念フレームワーク公開草案は，収益・費用に関し，経常的な営業活動の損益と臨時的な損益の損益計算書上の区分表示を求めている。すなわち，経常的な営業活動からの損益については，

「経常的な営業活動からの損益は，経常的に獲得可能な収益と経常的に発生する費用から構成される。このため，経常的な営業活動からの損益は，将来の損益の推測の基礎となる。経常的な営業活動からの損益の構成要素である収益項目または費用項目の種類，頻度または金額が企業の収益状況を知るために意思決定目的適合的である場合は，当該項目の種類と金額を表示及び説明しなければならない」[18]

とし，臨時的損益については，

「臨時的損益は，それが性格上異常であり，稀にしか生じない例外であり，

企業にとって近い将来に再発が予測できないため，経常的な営業活動以外から生じる収益・費用から構成される。臨時的損益の種類及び金額は，区分表示および説明しなければならない」[19]
としている。

この経常的な営業活動からの損益と臨時的損益の区分表示に関する概念フレームワーク公開草案の特徴点は，「すでに損益作用的に認識されているが，決算日において未実現である構成要素が収益項目または費用項目に含まれる場合には，当該項目の種類及び金額を表示及び説明しなければならない」[20]ことをもとめ，包括利益の表示及び説明への対応を示していることである。

ただし，この臨時的損益については，IASBよりも狭義に限定されているが，US-GAAPとは一致している[21]。

〈注〉
1．2．Deutscher Standardisierungsrat (DSR), *a.a. O.,* S.19.
3．*Ebenda,* S.40.　4．*Ebenda,* S.19.　5．*Ebenda,* S.40.
6．*Ebenda,* S.19-20.　7．*Ebenda,* S. 37,S.40.　8．9．*Ebenda,* S. 20.
10．*Ebenda,* S. 37, S. 40.　11．*Ebenda,* S. 20.　12．*Ebenda,* S.40.
13．14．*Ebenda,* S.37.　15．*Ebenda,* S. 20-21.　16．*Ebenda,* S. 27.
17．*Ebenda,* S.40.　18．*Ebenda,* S.21.　19．20．*Ebenda,* S.21
21．*Ebenda,* S.41.

2　決算書の構成要素の評価基準に関する概念フレームワーク

（1）　取得原価と公正価値の複合的評価システム

概念フレームワーク公開草案は，決算書の構成要素の測定に関して，資産の評価基準として，①取得原価または製造原価，②継続的な取得原価または製造原価，③付すべき時価（公正価値），負債の評価基準として，①履行金額または②付すべき時価（公正価値）を挙げている[1]。

概念フレームワーク公開草案によれば，付すべき時価（公正価値）とは，専門的な知識を有し，契約の意思を有し，かつ相互に独立してる取引当事者間で財産価値を交換または負債を弁済することのできる金額である。それは，予測

可能な期間内に実現が可能であるときに場合に限り，信頼性をもって決定されなければならないものであると定義され，また，(継続的記録の) 取得原価または製造原価，あるいは付すべき時価 (公正価値) のいずれによって評価するかは，意思決定目的適合性と信頼性の原則を考慮して行うべきであり，法律およびドイツ会計基準との一致を前提としている[2]。

概念フレームワーク公開草案の重要なポイントは，取得時，譲渡または履行時の間で，その実現可能性が予想期間内に保証される場合にのみ付すべき時価の測定が信頼できるとし，取得原価・製造原価または履行金額あるいは付すべき時価 (公正価値) の混合した評価システムが提案されていることである[3]。そして，そのように混合的な評価システムにならざるをない具体的な例として，金融商品の場合に，公正価値の方が歴史的原価よりも企業状況の写像をより良く伝達することから，純然たる原価指向モデルは意思決定目的適合性に合致していないし，これに対し，固定資産の場合に公正価値は意思決定目的適合性に適っていないことを挙げている[4]。

この意味で，概念フレームワーク公開草案は，IFRS/US-GAAP基準と同じように，金融商品の部分時価評価モデルを容認するに過ぎず，全面時価評価モデルを受け入れておらず，取得原価と公正価値の複合的な評価システムに立っている。

(2) 資産・負債の評価基準

〈原価指向モデル〉

概念フレームワーク公開草案は，資産の取得時に (継続的記録の) 取得原価・製造原価による評価基準をもとめ，その内容について，

① 取得原価とは，資産を取得し，資産に個別に配分できるまで経営準備の状態に置くために支出される費用をいう。取得原価に含まれるのは，付随費用と後発の取得原価であり，値引きは控除しなければならない，

② 製造原価は，資産の製造，資産の拡張または当初の状態を超える資産の改善のための財貨の消費と役務の提供から生じた費用であり，製造直接費と製造間接費が含まれ，具体的には，直接材料費および間接材料費，製造

直接費，製造間接費，一部の開発費，特別製造直接費及び特別販売直接費が該当する。一般管理費，社会保険費，任意の社会給付費用，退職年金費用，負債利子は，それが製造の期間に属する場合に限り製造原価に算入され，一般販売費は製造原価に算入してはならない，
とする[5]。

これに関して，商法上の評価選択権の廃止によって，資産評価には，すべての製造原価が含まれ（完全性原則と信頼性原則），この点で，貸借対照表操作の可能性が限定され，評価選択権の廃止が会計目標たる報告責任を転換するための前提条件となっている[6]。また，法律との互換性については，取得原価の限定は，商法典第255条１項に一致しているが，製造原価の限定は，法律に一致していないため，概念フレームワーク公開草案に一致させるよう商法典第255条２項と３項を廃止すべきである[7]。さらに，IFRS/US-GAAPとの比較では，概念フレームワーク公開草案は，適格資産の取得または製造に関連して発生した負債利子の資産計上選択権を認めるIFRSと異なっているが，適格資産の取得または製造に関連した負債利子の資産計上義務を求めるUS-GAAPとは一致している[8]。

概念フレームワーク公開草案は，取得時以降の資産評価については，償却性資産を決算日の継続記録の取得原価または製造原価で評価し，予想耐用年数で計画的に減額記入しなければならないとするとともに，減損テストをもとめている。

概念フレームワーク公開草案の減損テストによれば，資産の簿価が企業固有の価値より大きい場合，資産は，企業固有の価値まで減額記入しなければならない。法律およびドイツ会計基準は，継続的な価値減少の場合にのみ計画外の減額記入を実施すべきことを定めることができるというものである[9]。この場合に，計画外減額記入の原因が消滅して以降は，償却性資産は，計画的減額記入のときに生じる価値までの増額記入，非償却性資産は，計画外減額記入を実施する前までの増額記入が必要とされる。

この減損テストで，企業固有の価値とは，再調達原価と獲得可能価額のいず

れか低い価値であり，また，獲得可能価額は，使用価値と正味売却価値のいずれか高い価値であるとされ，使用価値は，資産の継続的使用と売却時の当該資産の残存価値から成る将来の正味収入の現在価値で測定され，その際の割引率は最優遇の選択肢としての利回りである。正味売却価値とは，専門的知識を有し，契約意思のある当事者間での市場条件による資産の売却を通じて売却原価を控除した後の獲得可能な金額である[10]。

　IFRS／US-GAAPの減損テストは，概念フレームワーク公開草案のモデルと異なる規定により実施される。回収可能価額が継続的記録の簿価より低い場合には，計画外減額記入を行う必要がある。回収可能価額は，正味売却価値（正味実現可能価値）と使用価値のいずれか高い金額である。計画外減額記入は，価値減少が継続的かにかかわりなく，実施しなければならない。US-GAAPは，簿価が当該資産の公正価値より大きい場合に計画外減額記入を行う必要がある。計画外減額記入は，価値減少が継続的かにかかわりなく，実施しなければならない。計画外減額記入の原因が消滅した場合に，概念フレームワーク公開草案，IFRSは，増額記入が命令されるが，US-GAAPは，原則として増額記入が禁止される[11]。

　概念フレームワーク公開草案によれば，取得時の負債について，償還金額で評価しなければならない。負債は，その根拠となる債務が利子部分を含む場合には割引かなければならない。また，取得時以降の負債の後続評価については，負債は，決算日に再評価しなければならず，償還金額が簿価と乖離する場合には，簿価をそれに応じて増額または減額しなければならない。当初の負債の償還金額がどの程度下回ることができるかは，法律およびドイツ会計基準が決定する[12]。

〈公正価値指向モデルと評価の不確実性〉

　概念フレームワーク公開草案によれば，法律およびドイツ会計基準が資産の時価評価を求めている場合は，取得時に資産に付すべき時価は，取得原価または製造原価であるが，毎決算日の資産は，付すべき時価で再評価しなければならず，付すべき時価が簿価と乖離する場合は，それに応じて減額または増額し

なければならない。そして，当初の取得原価または製造原価が増額によりどの程度超えることができるかは，法律とドイツ会計基準が決定する。この場合に，草案理由書によれば，時価評価について，計画的減額記入と計画外減額記入に代えて，定期的な再評価が決算日に実施しなければならないが，個々の資産について，場合によって評価上限を遵守しなければならない[13]。

同様に，概念フレームワーク公開草案によれば，取得時の負債の付すべき時価は，償還金額と一致するが，毎決算日の負債は時価で再評価しなければならない。付すべき時価が簿価と乖離する場合には，簿価は，それに応じて増額または減額しなければならない。当初の負債の償還金額がどの程度下回ることができるかは，法律およびドイツ会計基準が決定する[14]。

概念フレームワーク公開草案は，以上のような資産・負債の評価基準を提案するが，要は，そこに評価における不確実性が存在していることを認めている。概念フレームワーク公開草案によれば，不確実な収支は，期待価値で評価しなければならないとする[15]。この点について，期待価値は，確率で測定された不確実な事象の具体化の金額である。期待価値の評価は，リスク中立的な意思決定の担い手を想定している，期待価値は合理的な商人の判断を具体化したものである[16]との理由の説明がある。

ここで，概念フレームワーク公開草案は，評価と不確実性について，法律との互換性に関し，法律は不確実な収支をいかに評価すべきかを具体化しておらず，引当金を合理的な商人の判断にしたがって必要とされる金額で計上すべきであると規定しているに過ぎないが，公開草案が合理的商人の判断を具体化したと考えている[17]。

この期待価値については，IFRS.US-GAAPとの比較では，発生の蓋然性が異なる場合について，最も高い蓋然性の価値が使用されねばならない点で，概念フレームワーク公開草案，IFRS/US-GAAPは一致しているが，すべての起こり得る事象について蓋然性が同一である場合に，概念フレームワーク公開草案とIFRSが期待価値で評価しなければならないとしているのに対し，US-GAAPは最低の価値で評価しなければならないとしている点で，概念フレーム

ワーク公開草案と対立している[18]。

〈注〉
1．2．Deutscher Standardisierungsrat（DSR）, a.a. O., S. 22.
3．Ebenda, S.37.　　4．Ebenda, S.41.　　5．Ebenda, S. 22.
6．Ebenda, S.32.　　7．Ebenda, S. 38.　　8．Ebenda, S.41.
9．Ebenda, S.23.　　10．Ebenda, S.23-24.　　11．Ebenda, S.41.
12．Ebenda, S.24.　　13．Ebenda, S.25.　　14．Ebenda, S.25.
16．Ebenda, S.38.　　17．Ebenda, S.39.　　18．Ebenda, S.41-42.

3　ドイツ経済検査士協会・経営経済学教授連合の批判的コメントレター

概念フレームワーク公開草案の資産，負債，自己資本，収益，費用の定義と計上・認識・評価の基準は，以上の内容であったが，これに対するコメントレターが団体・個人から寄せられた。なかでも，ドイツ経済検査士協会と経営経済学教授連合が批判的コメントを表明したことで，概念フレームワーク公開草案がドイツ会計にどのような影響を与えるかについて，その問題点・論点が鮮明になった。

ドイツ経済検査士協会のコメントレターによれば，公開草案は，将来の経済的便益の蓋然性が50％以上あることを実現可能性の要件としているが，実現可能性については，会計の信頼性からすれば，もっとたかい蓋然性を前提とすべきである[1]と指摘し，実現可能性・蓋然性のメルクマールに批判を投げかけている。

さらに，ドイツ経済検査士協会は，期待価値の概念に対しても，公開草案によれば，「資産・負債は，不確実な将来の支払いの場合に，その期待価値で評価されなければならない。この概念は，リスク反感的な評価を求める慎重原則と一致していない。そのため，どのような方法で慎重原則にもとづき期待価値が測定されるかが具体化されなければならない。さらに，期待価値は，すべての場合に最善の可能な見積りにもとづくことができないことを考慮されなければならない。IASは，期待価値とは違った最も蓋然性のたかい価値で債務の評価を行うことも考えている。期待価値は，数理統計上の大きさで決定すること

を要請の前提としているが,そのことがすべての評価の場合に充たされるわけでないから,期待価値の適用には実行の可能性がない」[2]と批判的なコメントを表明している。

　また,ドイツ経済検査士協会は,資産・負債の定義と計上基準がIASB概念フレームワークを幅広く支持しているとしたうえで,資産証券化取引のような複合的な取引事象の形成の会計処理に関する現実の議論からは,この資産・負債の計上基準の具体化が求められるから,概念レベルで貸借対照表項目の計上および簿外処理に関して,リスク報酬アプローチか,または構成要素アプローチが基礎とされるべきかどうかが決定されるべきである[3]とし,自己資本については,それが所有主の残存金額請求権とされるが,法的意味での請求権の存在および金額に関する誤解を回避するために,自己資本は,これまでと同様に,財産対象物の簿価と負債の簿価の差額として定義されるべきである[4]とコメントしている。

　このドイツ経済検査士協会のコメントレターと同様に,経営経済学教授連合もまた,批判的なコメントレターを出している。経営経済学教授連合は,概念フレームワーク公開草案が財産対象物から決別して,期待される将来の経済的便益を有する資源としての資産の定義づけに関して,これによって情報状況が改善されるが,期待の目的適合性は,必然的に会計操作の発生という問題をもたらす。この目的がなくても,期待は,不当な見込みであることが判明する[5]と批判したうえで,資産・負債の計上に関する蓋然性と期待価値に対する批判的コメントを以下のように表明している。

　「貸借対照表計上に要求されるのは,十分に確実は見積りが可能であるということである。この原則は,完全性原則に違反している。資産・負債の計上は,50％以上の蓋然性を有することが前提である,不確実な収支は,期待価値で評価しなければならない。このため,ドイツ会計基準設定委員会は,引当金の場合,組織的な過小評価になる。50％までの確率を有する債務は,財務諸表から隠れてしまう。通常,量的な確率は客観的に証明できないため,これは問題である。蓋然性仮説の避けられない形成可能性のために,引当金

についての情報を附属説明書に移転することになってはならない。

「期待価値の測定に関するリスクに中立的な意思決定の担い手の仮定が有意義であるかどうかは問題であるように思われる。投資家はリスクを恐れるからこの，仮定は，利用者指向原則に反する」[6]。

経営経済学教授連合のコメントレターは，このように批判的な指摘をする一方で，資産の貸借対照表計上は否認する必要はない。情報と利益配当の結果に関する欠点を回避するために必要ならば，時価と取得原価の差額を配当禁止として表示すべきである[7]ともコメントしている。

さらに，経営経済学教授連合のコメントは，費用収益対応の原則の適用に関して，費用収益対応の原則をドイツ法に採用することによって，特定の債務を表示する考えがまったくない。費用収益対応の原則は，資産に対して適用されない。これは，費用収益対応の原則を負債に適用するという意味のようである。これによって，すべての負債を計上しなければならないとする完全性の原則が無効になる[8]と批判している。また，各期間への費用配分が収益状況に関する情報を改善するが，すでに法的に発生した債務（例・砂利採取坑の埋め戻し義務）の非認識は，リスクの見通しを遮断することになるため，この場合に二重の説明が必要となる[9]ことを批判的に指摘している。

そのうえで，経営経済学教授連合が概念フレームワーク公開草案の問題点であるとして取り上げているのが，損益計算書と貸借対照表の関係である。経営経済学教授連合は，つぎのような批判的な指摘をしている。

現行のドイツ商法は，基本的に，費用は支出，収益は収入にそれぞれもとづくという原則によっている。貸借対照表計上は，一時的な期間移動になる。つまり，損益計算書の利益に対応する財産増加は貸借対照表において生じない（資本の元入マイナス引き出を除いて）。企業の生存期間中のすべての年次利益の合計が収支差額の合計に一致するという原則は，貸借対照表操作の機会を制限する。利益はある年度から他の年度に移し換えることができるが，企業存続期間の全体で増加するものではない。このため，ドイツ法は，損益計算書について項目分類規定を設けている。費用と収益が何であるかは，自動的に貸借対照

表計上原則に関連する収支の結果から明確になるが[10]，これに対し，概念フレームワーク公開草案は，収益・費用の概念を現行のドイツ商法と違った定義に立って，利益と貸借対照表上の財産増加が一致しないという可能性が与えられ，自己資本変動は，損益に作用する部分（狭義の利益に相当する部分）と損益に中立的な部分（その他の包括利益）とに区分される。これによって，何よりもまず，貸借対照表分析にとって有益な一致の原則の作用が放棄され，奇妙な利益増加を蔓延させている[11]と指摘し，概念フレームワーク公開草案の提案内容について，損益に中立的な利益が狭義の利益に後から振替えられることによって，二重の利益情報を伴う。しかし，概念フレームワーク公開草案は，全体利益と全体収支の差額の一致の違反を後続期間において是正すべきか，あるいは永続的な違反がありえるかといった問題点を未解決のまま放置している[12]と批判的にコメントしている。

　以上，ドイツ会計基準委員会・ドイツ会計基準設定委員会の概念フレームワーク（正規の会計の諸原則）公開草案とそれに対するドイツ経済検査士協会，経営経済学教授連合のコメントレターを見てきたが，そこでの特徴的な論点は，ドイツにおける決算書の構成要素の認識・測定に関する概念フレームワークがアングロアメリカの会計領域拡大論への傾斜をつよめ，将来の経済的便益と予測要素の測定を採り入れた商法改正を提案したところにあった。しかし同時に，批判的なコメントレターを見る限り，このアングロアメリカの会計領域拡大論がドイツの商法会計規範システムの枠組みなかに全面的に受容される方向にはなかったと言える。

　以上は，ドイツ会計基準委員会の概念フレームワーク公開草案の重要な論点とそれに対する批判的なコメントの概要であった。ドイツ会計基準委員会は，この概念フレームワークを正規の会計の諸原則（Grundsätze ordnungsmßiger Rechnungslegung）と命名して，意識的に，正規の簿記の諸原則（Grundsätze ordnungsmäßiger Buchführung）と区別している点で，意欲的な問題提起を行ったものであった。

　概念フレームワーク公開草案が出されたのは，ドイツの上場企業が1998年の

資本調達容易化法のもとで改正された商法典第292a条のもとで，HGB準拠の連結決算書の作成義務を免責され，IAS/US-GAAP準拠の連結決算書の作成を認められたことに伴って，海外の証券取引所とドイツ株式取引所のIAS/US-GAAP準拠の上場基準への対応を迫られていた時期であった。その一方で，ドイツ会計基準委員会は，IAS/US-GAAPの直接的な導入を回避して，商法(HGB) の枠組みのなかで，IAS/US-GAAPに対応させたドイツ会計基準を独自に開発するという考え方を採っていた。このため，ドイツ会計基準委員会が独自に概念フレームワークを構築する必要があるという思考のもとにあった。

ドイツ会計基準委員会の概念フレームワーク公開草案は，伝統的に支持されてきた債権者保護・慎重原則の利害調整優先の会計思考を根本から問い直すことを意識的に行うかたちで，投資情報の意思決定有用性を優先したアングロアメリカの会計思考を受け入れる傾向を色濃く反映しいたものであった。しかしながら，ドイツ会計基準委員会の概念フレームワーク公開草案の投資情報の意思決定有用性優先の会計観に対しては，それが正規の簿記の諸原則レジームを全面的に否定する方向を打ち出したことから，多くのコメントレターにおいて，そのような公開草案の提案の内容がドイツ会計基準委員会の権限からの逸脱ではないか，意思決定有用性アプローチが慎重原則・債権者保護のドイツの伝統を大きく後退させてしまったのではないかといった懸念・批判がつよく出された。

この間，ドイツ会計基準委員会が打ち出した概念フレームワーク公開草案を取り巻く環境条件は，ドイツが独自にドイツ会計基準を開発する路線から，EU-IAS/IFRSの受入れの路線へと重点の移行が起き，EUのエンドースメントメカニズム (endorsement mechanismum) の枠組みのなかでのドイツ会計基準委員会の歴史的役割が重要視されていた。このことは，概念フレームワークをドイツが独自に開発することの意義が時代の要請に合わなくなってきたことをも意味していた。このため，概念フレーワーク公開草案に関するドイツ会計基準委員会内での審議が封印されてしまい，EU-IAS/IFRSの受け入れとともに，資本市場指向の枠組みのなかでのIASBの概念フレームワークへの適応論がド

イツのなかに受け入れられる方向への転換がなされた。

このように，ドイツの概念フレームワーク（公開草案）の構築をめぐる議論の展開は，ドイツ会計基準委員会の歴史的役割が国内整備路線から国際重視路線に切り替えられたことと密接に結びついていることを物語っていた。

〈注〉
1．2．3．4．Institut der Wirtschaftsprüfer, *a.a. O.*, S. 113.
5．6．7．8．9．10．Arbeitsgruppe Normierung der Rechnungslegung der Wissenschaftlichen Kommisson Rechnungswesen im Verband der Hochschullehrer für Betriebswirtschaft e.V.,*a.a. O.*,S.2598.
11．12．*Ebenda*,S. 2599.

第6章

ドイツ会計基準委員会の論争点と将来方向

はじめに

　EUの資本市場のグローバル化とドイツの金融・資本市場の拠点化に伴う市場規律の強化・企業統治と法令順守への取り組みが企業の不正経理(Bilanzschandal)[1]の発生を契機にいっそう拍車がかかった2000年代はじめに、ドイツ連邦政府が打ち出した投資家保護と企業の信頼性の拡充の10項目の行動計画[2]のもとで、ドイツ企業会計法の改革がEUにおけるIAS/IFRSの承認(Übernahme/Adoption)の路線への転換と相呼応して進められてきた。このなかで、急浮上してきたのがドイツ会計基準委員会の組織改革の必要性であった。1998年創設時当時に想定されなかったEU-IAS/IFRSの承認メカニズム(endosement mechanisum)の展開を背景として、EU-IAS/IFRSの会計基準の厳格な解釈の実施のための機関(Instanz zur Durchsetzung respekutive Auslegung von Rechnungslegungsstandards)[3]の問題がエンフォースメント(enforcement)という新しいテーマとしてクローズアップされたことがドイツ会計基準委員会の存在価値・将来方向にとって決定的な問題を投げかける事態となった。

　ドイツでは、エンフォースメントという新しい概念のもとで適用会計規定の遵守の保証(Sicherstellung der Einhaltung der anzuwendenden Rechnungslegungsvorschriften)[4]とそれに対応した監視機関の形成(Ausgestaltung eines entsprechenden Überwachungsorgans)[5]が議論されはじめた。この新しい事態に対しすばやく反応して、ドイツにおける新しいエンフォースメントの機関の

立ち上げに関する議論が浮上してきた。

このEU-IAS/IFRSのエンドースメント（承認の手続き）とエンフォースメント（遵守の監視）という新しい課題のもとで，ドイツ会計基準委員会の創設時にはなかった将来像に関する見直し論が批判的な視点から行われることとなったのである。そして，この見直し論の1つの結果が2003年に行われたドイツ会計基準委員会の改組であった。しかし，その後も引き続き進展するEU-IAS/IFRS承認路線のまえに，ドイツ会計基準委員会の生命線ともいえる任務規定の根幹にも触れる批判が出されるにいたっているのである。

本章では，創設以降に議論されたドイツ会計基準委員会の任務と権限に関する論争点を探るなかで，ドイツ会計基準委員会の任務と役割の重点移行を確認し，その後，現在起きてくる将来方向に関する厳しい現状認識に言及していきたい。

〈注〉
1．Peemöller,V.H./Hoffmann,S., *Bilanzskandale*, Berlin 2005, S.80-126.
2．Bundesministrium der Justiz und Bundesministrium der Finanz, Mitteilung für die Presse am 23.Februar 2003（Nr.100），Bundesregierung stärkt Anlegerschutz und Unternehmensintegrität, S.1-13.
3．4．5．Küting,K./Dürr,U./Zwirner, C., Das Deutsche Rechnungslegungsstandards Committee, Standortbestimmung und künftige Aufgabenschwerpunkte, in: *Betrieb und Wirtschaft*, Heft 4/2003, S.133.

第1節　ドイツ会計基準委員会の権限と役割

1　ドイツ会計基準委員会の主体的独立性に係わる論争点

ドイツ会計基準委員会がドイツ会計の歴史的モニュメント[1]とされたが，創設以降つねに問題とされたのは，ドイツ会計基準委員会の主体的独立性という論点であった。

第1に，ドイツ会計基準委員会の基準設定契約（Standardsierungsvertrag）で，委員会の委員構成について独立した会計人とされていたが，証券アナリス

トや投資銀行の代表,債権者,株主の利害関係を代表が委員に入っていないため[2],一般的な承認性に欠けるのではないか[3]といった批判があるとともに,デュープロセスにおいて多様な利害関係を反映させることが保証されているとの反論があった。しかし,この利害関係代表の問題は,ドイツ会計基準委員会の主体的独立性に係わって,基準設定プロセスにおける政治化過程・ロビー活動からの批判として提起されていた。この点は,ドイツ会計基準委員会の主体的独立性について,プライベートセクターと政府の共同決定権限という論点として議論された[4]。

第2に,ドイツ会計基準委員会の主体的独立性を支える財政問題について,現行は,趣旨に賛同する個人及び団体の会費制によるとされているが,アメリカのように,大手監査法人,大企業から資金需要を賄う方式[5],また,イギリスのように,政府,職業団体,証券取引所・銀行から費用負担方式とか,さらに,政府補助金方式が考えられるが[6],ドイツ会計基準委員会の主体的独立性の観点から,財政確保の問題が深刻化している。この財政問題がドイツ会計基準委員会の存続問題を含めて大きな懸念材料であるとの指摘もある。

以上の点は,ドイツ会計基準委員会の主体的独立性に係わる創設当時からの重要な論点であったが,さらに,ドイツ会計基準委員会の任務と権限の問題として,以下のような論点が議論されてきた。

〈注〉
1. DRSC., Presseerklärung aus Anlaß der Einsetzung der Standardsierungsrates durch den Verwaltungsrat, vom 15.Mai 1998 (http://www.standardsett.de/ drsc/ docs./news/news.php).
2. Pellens,B., *Internationale Rechnungslegung*, 4.Aufl., Stuttgart 2001, S.541.
3. 「一般的承認性」について,ドイツの場合には,GoB (正規の簿記の諸原則) としての承認性である (Schildbach,T., Rechnungslegung nach US-GAAP-Fortschritt für Deutschland, in: Ballwieser/Schildbach, Rechnungslegung und Steuern international, *Zeitschrift für betriebswirtschaftliche Forschung-Sonnderheft* 40/1998, S.8.).
4. Pellens,B.a.a.O., S.541-547. Hayn,S./Zündorf,H.,Eine kritische Analyse der Anforderungen an das DRSC im internationale Vergleich, In:Küting, K./ Langenbucher,G., *Internationale Rechnungslegung, Festschrift für Claus-Peter Weber zum 60. Geburstag*, Stuttgart 1999, S.486.Zitzelsberger,S., Überlegungen zur Einrichtung eines internationalen Rechnungslegungsgremiums in Deutschland, in: *Die Wirtschaftsprüfung*,

Heft 7/1998, S.253. Biener, H., Die Standardsierung als neue Möglichekeit zur Fortentwicklung der Rechnungslegung, in: Küting, K./Lanenbucher, G., *a.a,O.*, S.455.
5. Pellens, B./Bonse, A./Gassen,J., Perspektiven des deutschen Konzernrechnungslgung, in: *Der Betrieb*, Heft 16/ 1998, S.790.
6. Biener, H., Fachnormen statt Rechtsnormen-Ein Beitrag zur Deregulierung der Rechnungslegung, in: Ballwieser,W./Moxter,A./Nonnenmachter,K., *Rechnungslegungwarum und wie, Festschrift für Hermann Clemm zur 70.Geburstag*, München 1996, S.74. Schwab,M., Der Standardsierungsvertrag für das DRSC, in: *Betriebs-Berater,.*, Heft 14/1999, S.786-788.

2 ドイツ会計基準委員会の権限と役割をめぐる論争点

ドイツ会計基準委員会は，プライベートセクターとしてドイツ会計の復権を主張する最後のチャンスであるとまで言われて創設されたが，創設されて以降，その任務と権限をめぐって，以下のような論点が議論されてきた。

第1は，ドイツ会計基準委員会の自己規制機能と立法者の法制定権限[1]という論点であった。

ドイツ会計基準委員会は，会計人（Rechnungsleger）により組織された自己規制機関（Selbstverwaltungsorgan）として設立されたが，そのことがアングロアメリカ方式の自己形成を指向するものかどうかということであった。ドイツの憲法秩序に照らした場合，ドイツのような成文法の国では，会計基準は，私法により組織された機関から命令されるのではなく，立法者の法制定権限（Rechtsetzungsbefügnis beim Gesetzgeber）によらねばならない。このため，私法により組織された機関の勧告に一般的承認性を付与して拘束力をもたせることはドイツの法秩序に合致していない。この点で，商法典第342条2項が規定している正当性の推定（Richtigkeitsvermutung）という法概念が問題視された。商法典第342条2項の正当性の推定をめぐる論争からは，ドイツ会計基準委員会の勧告が直接的な法的拘束力を有した法規範ではないが，正当性の推定を意味する事実上の拘束性を有する専門規範であることが確認されている。このため，ドイツの憲法秩序に適合した立法愛国主義という法規範形成システムのなかに，ドイツ会計基準委員会の自己規制機能が組み込まれていた[2]。

第2は，ドイツ会計基準の開発と適用の勧告の性格[3]というものをどう捉え

第6章　ドイツ会計基準委員会の論争点と将来方向　203

るかという論点であった。

　ドイツ会計基準の開発が連結決算書に関する原則に限定されているとした創設当初の限定の仕方がドイツ会計基準委員会の任務のあり方論のかたちで最も大きな争点とされてきた。ドイツ会計基準が上場している親会社に適用されるものであるが，その開発が個別決算書にまで拡大されることになれば，商法確定決算基準（商事貸借対照表の税務貸借対照表に対する基準性）にも大きな影響を与えることになる。このため，連結会計の原則の適用に関する開発という任務に限定されていることがもっとも強調されていた。この限りで，このドイツ会計基準の対象の限定の是否がドイツ会計基準委員会の創設以降に議論された最大の論争点であったが，2003年の改組後の議論では，個別決算書へのドイツ会計基準開発の任務の拡大を容認する方向への仕切り直し論が展開されている。

　他方で，もう1つの論争点として，ドイツ会計基準が連結決算書の原則の適用に関する勧告に限定して開発されるとしても，ドイツ会計基準が新しい正規の簿記の諸原則（GoB）の性格をもっておらず，商法典第292a条にもとづき目的適合的であるに過ぎない。商法典第342条2項によって，連邦法務省の公告の後にはじめて，連結決算書に関する正規の簿記の諸原則（Gundsätze ordnungsmäßiger Konzernabschluß/GoK）の遵守として推定され得るということに過ぎない。このため，ドイツ会計基準が正当かつ適法的で，正規の連結決算の処理であるかどうかを決定する権限は裁判所にある[4]。

　第3は，ドイツ会計基準委員会の行動が制限[5]を受けているという論点であった。

　ドイツ会計基準委員会の行動は，商法典第292a条の枠組みに限定して認められているに過ぎない。ドイツ会計基準委員会の勧告は，連結決算書の国内基準を国際基準に適応させるべく，IAS/US-GAAPに自動的に国内基準を合わせ変更することが難しい。例えば，外貨換算会計やストックオプション会計など，ドイツでルール化されていない取引事象に関する解釈がこれまでコメンタールや利害関係団体の意見書によってきたが，今後は，ドイツ会計基準委員会

で審議されたとしても，そのことが正当性の推定と見なされるのかどうか疑わしい。ドイツ経済検査士協会がドイツ会計基準委員会に対し，国際的に承認された会計規範を解釈し，特殊なドイツ法上および経済上の条件に適応させるという権限を付与しようと考えているが，国際会計基準（IAS）第1号によれば，国際会計基準を国内解釈することは許容されない[6]。

第4は，ドイツを代表するとされるドイツ会計基準委員会が国内法化する権限を有していない[7]という論点であった。

ドイツ会計基準委員会は，国際的な基準設定機関で代表するという任務を有している。ドイツの国益を代表して，国際会計基準の形成の場にドイツ会計基準委員会が参画していくべきであるが，参画して開発した提案がドイツ会計基準委員会の勧告によってドイツの企業会計法に変換することを任務として保証することはできない。ドイツ会計基準委員会の勧告は，連邦法務省の公告によっても憲法上の理由から法的拘束力を有する規範としての性格を持たないとともに，現存の正規の簿記の諸原則（GoB）との一致に関する決定をドイツ会計基準委員会が行うことが出来ない。ドイツ会計基準委員会は，新しい規準に関する議論に貢献するという任務（Diskussionsbeiträge）に限定されており，権限を有する地位を与えられていない[8]。

第5は，ドイツ会計基準委員会が触媒機能（Katalysatorfunktion）[9]を果たしているという論点であった。

ドイツ会計基準委員会の任務が端役（Statistenrolle）となることを避けるためには，その任務を広義に捕捉できないかということである。ドイツの会計の一般及び包括的な改革というものが資本市場における投資家の保護を立つアングロアメリカを先例としているが，ドイツ会計基準委員会は，EG指令の枠組みのなかで活動すべきではないか。そのためには，ドイツ会計基準委員会のさらなる任務として，EG第4号および第7号指令の変更，解釈または廃止のための提案を示すべきである。そして，他のEU諸国の各国の基準設定機関から成るヨーロッパ会計基準設定機関を設立すべきではないか。このヨーロッパ会計基準設定機関によってEU指令が適応されるか，あるいはヨーロッパ会計原

則を開発することができ，このなかで，ドイツ会計基準委員会が強い影響力を発揮して，ドイツの国益を代表することができるということであった[10]。しかし，この論点は，EU会計指令の独自開発路線を前提にしてなされた議論であるから，2000年のEUの新会計戦略構想，2002年のEU-IAS/IFRS承認路線への転換を契機に，意味をなさなくなってしまった。

第6は，ドイツ会計基準が開放性と差別化[11]の二面性を有しているという論点であった

ドイツ会計基準委員会が連結決算書に限定した任務を有しているため，連結決算書を個別決算書から切り離すには，商法典第298条の削除が可能であるかどうかを検討すべきではないか。そうすれば，商法確定決算基準や債権者保護原則の問題を考慮せずに，資本市場の利害を指向した連結決算書に関する任務をドイツ会計基準委員会が果たし，これに対し，商法確定決算基準が立法者の権限領域のなかに存することになる。その際，中小会社では，税務上と利益処分の意思決定に指向した個別決算書を作成するとしても，投資家指向の連結決算書は必要でないため，情報提供機能を指向した新しいものは，上場会社に限定して資本市場法（証券取引法）のなかで設定すべきである。上場会社では，商法確定決算基準に係わる個別決算書の商法規制と連結決算書に係わる資本市場法（証券取引法）規制との差別化を図り，非上場の会社に関しては，税務上と商法上の目的を達成する単一の年次決算書を堅持することが考えられる。この意味で，ドイツ会計基準委員会は，商法規制の枠組みでなく，資本市場法（証券取引法）のなかで連結決算書の国際化の対応を展開すべきであるというものであった[12]。この点は，EU-IAS/IFRS適用を具体化させた会計改革・企業会計法改革法のもとで，非資本市場指向企業の分類にもとづき，情報提供機能のIAS/IFRSの連結決算書と個別決算書，支払い算定機能のHGBの年次決算書という開放性と差別化が実現したが，ドイツ会計基準委員会の役割への期待は後退していた。

第7は，ドイツにおいても，概念フレームワークの構築[13]ができないかという論点であった。

ドイツ会計基準委員会は，連結会計に関する諸原則を開発し，それを連邦法務省に勧告する任務を与えられてはいるが，そのことを行うためには，ドイツ会計基準委員会の活動の指針として，概念フレームワークをドイツ会計基準委員会が作成すべきではないかということであった[14]。ドイツの概念フレームワークの開発ができなければ，ドイツ会計基準委員会の失墜に繋がりかねないという危機感があった。このため，概念フレームワークについて，2002年10月10日にドイツ会計基準委員会が概念フレームワーク公開草案を公表した。しかしながら，このドイツ会計基準委員会の概念フレームワーク公開草案に対し，各界からの厳しい批判的なコメントが寄せられたこと，さらに，EU-IAS/IFRSの承認メカニズムへの路線転換が図られたことを背景にして，概念フレームワーク公開草案が検討中止のまま今日にいたっている。この点でも，ドイツの概念フレームワークの構築こそがドイツの生命線であるとまで強調されたにもかかわらず，このような挫折を見せたことは，ドイツ会計基準委員会の任務・役割に対する仕切り直し論が必至となっていることを如実に示すものである。

　以上のような論点から，ドイツ会計基準委員会の任務と役割，権限の問題が論争されてきたが，2005年のEU-IAS/IFRS適用の会計改革への展開を契機として，ドイツ会計基準委員会に対する期待感が薄くなりはじめ，ドイツ会計基準の開発の任務から国際機関における代表機能への新たな方向転換として，EUの枠組みのなかでのエンドースメント機関としての役割が強調された。

〈注〉
1. Biener, H., Fachmormen statt Rechtsnormen-Ein Beitrag zur Deregulierung der Rechnungslegung, in:Ballwieser,W., *Rechnungslegung, Festschrift zum 70.Geburstag von Hermann Clemm*, München 1996, S.53.
2. 3. Keun,F./Zilich, K., *Internationalisierng der Rechnungslegung, IAS und US-GAAP im Wettbewerb*, Wiesbaden 2000,S.57.
4. 5. *Ebenda*,S.59. Budde W.D./Steuber, E., Verfassungsrechtliche Voraussetzungen zur Transformation internationaler Rechnungslegungsgrundsätze, in:*Deutsches Steuerrecht*, Heft 13/1998, S.2.
6. Keun,F./Zilich, K., *a.a.O* S.59.
7. Schildbach, T., Das private Rechnungslegunggremiun gemäß § 342 HGB und die Zukunft der Rechnungslegung in Deutschland, in: *Der Betrieb*, Heft13/1999, S.646.

8．9．Keun,F./Zilich, K., *a.a. O.*, S.60.
10．11．12．*Ebenda*, S.61-62.なお，立法当局者であったBiener, H.によれば，ドイツ会計基準委員会が立法者から独立した機関として設置されたことの意味は，商法確定決算基準から離れて，会計基準形成を図ることができるようになった点にある（Biener, H., *a.a.O.*, S.74.）。
13．Pellens,B., *Internationale Rechnungslegung*, 4.Aufl.,Stuttgart 2001, S.573.
14．Deutscher Standardsierungsrat, *Entwurf Grundsätze ordnungsmäßiger Rechnungslegung (Rahmenkonzept)*, 10.Oktober 2002.

第2節　ドイツ会計基準委員会の将来方向

ドイツ会計基準委員会の新たな将来方向について，キュティング（Küting, K.）が実に興味深い論究を行っている。キュティングの所説は，1998年に創設されたドイツ会計基準委員会の歴史的な役割が転換期にあることを明らかにしたものである。

キュティングは，2003年の論文において，ドイツ会計基準委員会の将来課題について，
（1）　会計国際化を背景としたドイツ会計基準委員会の役割と現実の批判[1]
（2）　ドイツ会計基準委員会とエンフォースメント[2]
（3）　国際・国内のエンドースメントメカニズムの構成部分としてのドイツ会計基準委員会の役割[3]
（4）　ドイツ会計基準委員会の将来像[4]
の4つの論点を取り上げ，論究を行っている。

第1の論点については，ドイツ会計基準委員会の役割の低下[5]ということである。

1998年のドイツ会計基準委員会の創設時に，資本調達容易化法にもとづく商法典第292a条の新設によって，ドイツ国内基準への準拠から離脱し，国際的な基準（IAS/US-GAAP）に準拠した連結決算書の作成が容認されたが，ドイツ会計基準委員会のドイツ会計基準が拘束的な性格を有するかどうかが争点となった。このことは，ドイツ会計基準がIAS/US-GAAPに合致しない場合に決

定的な意義をもつ。ドイツ会計基準委員会は，IASBやFASBとは違った結論を出すことができるが，ドイツ会計基準委員会の勧告として出されたドイツ会計基準が国際的に認められた規範に優先することができない。

　商法典第292a条が一定の条件のもとでドイツ企業が商法（HGB/AktG）に準拠した連結決算書の作成義務を免責されるとしたが，このことが正規の連結会計の諸原則を開発するというドイツ会計基準委員会の目標を土台から喪失させてしまった。ドイツ会計基準委員会が国際基準の文脈のなかで示されていない取引事象を議論し，ルール化したドイツ会計基準を遵守することは認められるが，ドイツ会計基準とIAS/US-GAAPとの関係が重要である[6]。

　そのことは，ドイツ会計基準第1号とドイツ会計基準第1a号に見ることができる。ドイツ会計基準第1号では，IAS/US-GAAPで作成された連結決算書の同等性の判断について，免責連結決算書が商法典またはEG会計指令に準拠した区分に正確に一致していることを強制的に前提としていない。ドイツ会計基準第1号によれば，商法典第292a条による合致の要請は，同等性の達成のために必要とされる情報が年次決算書の別の場所で確保されている場合にも，充たされていると見做されなければならない。ドイツ会計基準第1a号もまた，商法典第292a条の開放条項との関連した規準を議論している。ドイツ会計基準第1a号では，暖簾と無形資産の処理に関連してその処理がEG会計指令にないにもかかわらず，米国のSFAS第141号と第142号の基準に準拠して作成された連結決算書が商法典第292a条の合致の要請を充たしているものと認められた[7]。

　ドイツ会計基準委員会の活動がたとえ原則的に承認を受けるべきであるとしても，ドイツ会計基準委員会の基準の公告は，委員会自体の信用のために供されるものではなく，むしろ，この承認にとって，ドイツとヨーロッパの企業会計法の信用が問題である。商法典第292a条を背景として新しい規準が無批判に承認されるとしたら，ドイツ会計基準委員会の任務は，外見を維持しているに過ぎないに等しい。ドイツ会計基準委員会は，US-GAAPの見せ掛けの支配にもとづき，ドイツにおいてUS-GAAPのロビー活動を行っている企業とほとんど変わらない行動を採ることができる[8]。

ドイツ会計基準第1a号の公告の前に，Thyssen-Krupp社とSiemens社は，自社のUS-GAAP連結決算書をSFAS第142号の米国基準に適応して作成していた。

具体的に，ドイツ会計基準第1a号の規準に関する文献で，ドイツ会計基準設定委員会（DSR）が公然とみずからが申し立てを行って，疑義のあるケースでは合致の要請をより広義に解釈することができるとしたという非難がなされている[9]。

ドイツ会計基準委員会が現実の米国基準を商法典第292a条の意味におけるものとして同等に認めていたとすれば，このことは，US-GAAPの米国基準に準拠した企業にとってドイツ国内基準（HGB/AktG）に準拠した連結決算書の義務的作成か，または，商法典第292a条にもとづき免責される連結決算書の作成という結果をもたらす。そして，このことは，米国に上場する企業の場合には，2つのパラレルな連結決算書の義務的な作成をもたらすことになる。ドイツ会計基準委員会が示すこのジレンマは，IASB，FASB，SECの側の新しい規準ごとに，ドイツ会計基準第1号についての叙述が現実化し，それに伴って，変化に適応されなければならないといことであり，ドイツ会計基準第1a号の公告においてすでに現れていた[10]。

このことから，ドイツ会計基準委員会から主張されている大部分の合致の要請がその実際の変換に関し首尾一貫性を欠いていた。

さらに，ドイツ会計基準委員会に対する現実の批判[11]からも役割の低下が起きている。

ドイツ会計基準委員会は，短期間に数多くの会計問題に取り組み，具体的なドイツ会計基準を開発・勧告したが，すべてが専門の世界の一致した賛成を得られたものではなかった。たとえば，これまで多くの専門家から，SFAS第142号の暖簾の償却が―ドイツ会計基準第1a号が想定しているように―（商法典第292a条2項3号の意味において）ドイツの暖簾の処理と同等であるとすべきであるということが跡付けられていない。US-GAAPに準拠する企業をこの領域で邪魔しているドイツ会計基準委員会のこのような無能さが指摘を受けてい

た。さらに，ドイツ会計基準委員会から提案された正規の会計の諸原則（概念フレームワーク）公開草案に対しても，激しい批判がなされていた[12]。

そして，現実にも，透明化開示法を顧慮して出されたドイツ会計基準委員会の個々の提案が立法者に提示されたが，僅かな刺激しか与えなかった。ドイツ会計基準委員会によって提案された商法典第299条―第312条に関する16の修正案のうちで，4つの提案しか採用されなかった[13]。

キュティングは，このように，ドイツ会計基準委員会の現実の役割が次第に低下していると指摘している。では，ドイツ会計基準委員会の将来像について，どのような活路があるのだろうか。そのことが第2の論点の以降のテーマであった。

第2の論点は，ドイツ会計基準委員会がエンフォースメント機関としての役割を新たに担うことができるかということである。そのための議論の出発は，FASBとIASBが可能なエンフォースメントのモデルなのかどうか[14]ということである。

EUにおけるIAS/IFRSの承認という新しい状況のもとで，ドイツ会計基準委員会の役割期待に関し，会計基準の承認（エンドースメント／endorsement）と会計基準の遵守の監視（エンフォースメント／enforcement）が新たな議論の対象になってきた。このことは，2003年のドイツ会計基準委員会の改組の背景として，国際的会計基準設定機関におけるドイツ代表という第3の任務が重要視されたことに関連していた。

この点で，ドイツ会計基準委員会にEU-IFRSの会計基準の遵守の監視を新たに役割期待することが可能かということであるが，FASBとIASBにおいてさえも，会計基準の遵守の監視の可能性（Durchsetzbarkeit von Rechnungslegungsstandars)[15]が期待されていない以上，ドイツ会計基準委員会のモデルとはならない。

FASB，IASB，ドイツ会計基準委員会はともに会計基準に違反した場合に処罰を与える権限を有していない。アメリカの場合，FASBに権限がなく，SECが権限を有している。EUにおいても，グローバルな会計基準としての

IFRSの同等性を評価する会計基準の遵守を監視するメカニズム（enforcement mechanismus）がもとめられ，EU委員会は，新しい会計戦略に関連して，監督機関による統制ならびに効果的な処罰を行う会計基準の遵守を監視するインフラの構築（Aufbau einer Durchsetzungsinfrastruktur）が必要である。

その際，私的または国家のレベルで設置されるのか，両方の要素を取り入れた設置の方がいいのか，会計基準の遵守・監視メカニズムに関する多数のモデルが文献のうえで議論されてきた[16]。

しかしながら，このような議論のなかでも，ドイツ会計基準委員会が国内レベルで会計基準の遵守を監視するという役割を引き受けるのに適した機関であるとは誰も考えていなかったと言うのである。このため，EU会計戦略に関連して，SECをモデルとして，IFRSの会計基準の遵守を監視する機能を引き受けることが公に認められ，独立した機関を新たに創設する行動をもとめる圧力が生じた。

このように，EU-IFRSの会計基準実施を監視する役割を担った新しい機関としてヨーロッパ全体では，CESR（欧州証券取引監督委員会）が創設されたのに対し，ドイツでは，ドイツ会計基準委員会がその任務を担うことは期待されず，新機関として，DRRP（ドイツ財務報告レビューパネル）の設置が期待された。その結果，ドイツ会計基準委員会は，会計基準の遵守を監視する機関としての役割ではなく，会計基準を設定する機関として役割をもとめられ，なかでも，2003年の改組に伴って，会計の国際化へのドイツの利益代表としての対応窓口としての役割期待がいっそう強まったのである[17]。

第3の論点は，国際・国内のエンドースメントメカニズムの構成部分としてのドイツ会計基準委員会の役割（DRSC als Bestandteil eines (inter-) naitonalen Endorsement Mechanismus）[18]に期待するということである。

ドイツ会計基準委員会が会計基準の遵守を監視する機関（enforcement-institution）として職務を行うことができないし，さらに，国際的に決算書の作成を行う企業にとってドイツ会計基準委員会の基準を―ドイツ会計基準第1号と同第1a号を例外として―無視することが通常で許されるということであっ

た。その結果，ドイツ会計基準委員会の将来と任務のプロフィールをいかに仕切りなおしするかが重要な問題となってきた。

この仕切りなおしのなかで，IFRSの個別決算書への拡大適用[19]（Ausstrahlung der IFRS auf den Einzelabschluss）ということが新たにクローズアップされた。ドイツ会計基準委員会は，連結会計に関する基準だけをフォーカスしてきた任務領域を拡大し，ドイツ国内レベルへの特定のIFRSの厳格な適用の変換を批判的に監視し，付加することによって，国際的な発展を具体的に変換することだけでなく，ドイツの会計人の利益のためにも積極的にそれに影響を与える状況に変えることができる。さらに，ドイツ会計基準委員会は，個別企業の会計の対応した改革[20]（Reform der einzelgesellschaftlichen Rechnungslegung）と国際的規範への継続した適応プロセスをも付け加えることができる。

この点で，国際・国内のエンドースメントメカニズムの構成部分としてのドイツ会計基準委員会の役割への期待に活路を見出すことをできる。

ヨーロッパの企業グループに対するIFRSの義務的な適用をもとめた2002年7月19日のEUの決定に関連して，EUレベルにおけるIASB公表の個別の基準の承認のために，EFRAG（欧州財務報告助言者グループ）が立ち上げられた。EFRAGは，IASBの基準設定プロセスに編入され，同時にまた，個別の基準の承認と否認を決定するEUの会計規準委員会に対し助言を行う機関である。この場合に重要なことは，個々のIFRSを承認または否認することがEUの最終的な任務でなければならないということである。そうでなければ，規範設定の権限がEU加盟各国の立法者から私経済的な機関であるIASBに移行されることになってしまう[21]。

そこで，IASBの基準設定プロセスの継続的な調整を保証するために，IASBとEUとの間の不一致をできるだけ回避することがEFRAGの重要な目標となった。そして，ドイツとEU加盟各国におけるIFRSの全面適用のための前提がIASBの側で公表したすべての基準がEUレベルでも承認されるということであった。このため，エンドーメントのプロセスの枠組みのなかで，EFRAGと

IASBの間の協力と，そして，EFRAGと各国の規準設定主体との協力が必要不可欠となってきた。そのことが出来なければ，世界的に認められた会計基準の形成と監視 (Schaffung und Durchsetzung weltweit anerkannter Rechnungslegungsvorschriften)[22]に向けたEUの努力が妨げられることになる[23]。

　キュティングは，このように考え，そのことから，商法典第342条1項3号に法典化された任務，すなわち，国際的な会計基準設定機関におけるドイツ代表という任務をよりいっそう重要視すべきであり，ドイツの利益と意見にもとづいて，EFRAGの活動に対し建設的かつ批判的な影響を与え，さらに，国際的に認められた会計基準の形成のためのプロセスを側面援護するという方向にむかうこと，すなわち，EUレベルとドイツ国内の特殊なエンドースメントメカニズムを形成することがドイツ会計基準委員会にもとめられていると言う[24]。

　第4の論点は，ドイツ会計基準委員会の将来の展望 (Zukunftspektiven des DRSC)[25]である。この部分がキュティングの論文の結論である。

　ドイツ会計基準委員会の形成は，たしかに国際的な先例の方向にむかっているが，法システムの相違があるから，それを模倣することできない。規範の設定と規範の監視の協力 (Zusammenspiel von Normsetzung und Normdurchsetzung)[26]は，米国のような方法で実施することは，ドイツでは憲法上の理由からできない。

　ドイツ会計基準委員会の活動の成否は，年次決算書作成者，監査人及びその利用者からの支持があるかに係っている。ドイツ会計基準委員会の活動がドイツ国内で敬意を表されることによってのみ，国際的な基準設定機関に対し，その影響力を強めることができる。

　このことに関連して，2005年/2007年以降にEUの上場企業に対し，IFRSの適用を義務づけたEU委員会の決定が重要な意義を有している。この場合に，ドイツ会計基準委員会は，ドイツの代表として基準設定プロセスに対し影響力を持たねばならないし，そして，とくにドイツの決算書への変換を伴わなければ成らない。さらに，それ以外の企業に関しても，ドイツの会計基準がIFRS

の基準に適応されることになるならば,企業にとって解釈が必要となる新しい正規の簿記の諸原則[27]が生成する。このことを顧慮して,ドイツ会計基準委員会は,その適用についての勧告を策定し,報告義務を有する企業を支持し,助言を行うことができる。

　ドイツ会計基準委員会の将来の役割に関する議論が示すように,その活動は国内レベルでも,国際レベルでも承認されていることが保証されていなければならない。連結会計法(Konzernbilanzrecht)の個別の規定の現代化(Modernisierung)に関するドイツ会計基準委員会のいくつかの提案が最近公布された透明化開示法において立法者によって採用されなかったということは,ドイツ会計基準委員会の活動と立法者のドイツ国内レベルでのその承認についての問題を提起している。この結果,将来は,叙述した発展傾向にもとづけば,ドイツ会計基準委会の役割と管轄権の新たな限定区分がもとめられる[28]。

　しかしながら,このことを考える場合,会計原則の遵守の監視[29](Durchsezung von Rechnungslegungsgrundsätzen)に関して,現実にエンフォースメントとして議論されているドイツ国内の機関とならんで,国際的な熟考もしなければならない。EUレベルにおいて会計基準の遵守の監視[30](Überwachung der Einhaltung der Rechnungslegungs-vorschriften)や会社機関,経済検査士,企業上場認可に対する処罰が統一的に厳格に規制されなければならない。その遵守が統制され,実施の監視がされ得ない場合には,会計を基礎づけている現行の基準に関する合意ができない。このため,資本市場の機能力(Funktionsfähigkeit der Kapitalmarkt)と会計規範の質への信頼が保証され得ることが必要となってくる[31]。

　ドイツ会計基準委員会は,そのために,,将来的には,IFRSの承認,変換,解釈に関するエンドースメントのプロセスのなかに組み入れられることが重要である。ドイツ会計基準委員会がエンドースメントの機関として,EUが決定したIFRSをドイツ国内レベルに変換していくことが促進されなければならない。さらに,ドイツ会計基準委員会は,EUレベルで決定したIFRSの変換に対し,場合によっては,ドイツ国内の特殊性に合わせて補充したり,あるいは,

EFRAGと協力して，国際的に認められた規範の形成に助力することも可能である。

さらに，個別決算書へのEUレベルのIFRSの適用の拡大が期待されているため，新しい権限と任務領域がドイツ会計基準委員会に委譲されなければならない。ドイツ会計基準委員会の将来の存在の理由もここにある。ドイツ会計基準委員会の任務領域と目標が変化し，現行の商法典の規定の再発展と解釈を行うのでなく，目的に適合して，ドイツ国内の欲求に対応させた連結決算書と個別決算書に関する国際的規範の適用，解釈および監視（Anwendung, Auslegung und Überwachung）が第1義的に行われる[32]。

キュティングは，このように，ドイツ会計基準委員会の新たな任務・役割への期待を表明している。しかしながら，キュティングは，ドイツ会計基準委員会がドイツ経済の支持を欠いており，また財政状況の不十分さがあるため，ドイツ会計基準委員会に期待される将来の任務について，危機的な状況にあると憂慮している[33]。

以上のキュティングの指摘からも明らかなように，ドイツ会計基準委員会の将来方向は，1998年創設当初の期待とは異なって，2003年改定後には，EU-IAS/IFRSの承認手続き・エンドースメントメカニズムに係わるドイツの機関としての国際的な代表機能の役割の重視とそれとの関連におけるドイツ会計基準の限定的な開発，連邦法務省に対する助言の機能を新たに期待されている。その一方で，EU-IAS/IFRSの会計基準を遵守しているかどうかを資本市場指向のドイツ企業について監視するという新しい役割については，ドイツ会計基準委員会とは別個の組織が担うこととなった。具体的には，企業会計統制法の成立によって，2005年にドイツ財務報告監視機関（Deutsche Prüfstelle für Rechnungslegung/DPR）と連邦金融サービス監督庁（Bundesamt für Finanzdienstleistungsaufsicht/BaFin）がこの役割を担った二段階方式のエンフォースメント機関として立ち上げられたのである[34]。

〈注〉
1. Küting,K./Dürr,U./Zwirner, C., *a.a. O.*, S.136-137.
2. *Ebenda*, S.135.　　3. *Ebenda*, S.137.　　4. *Ebenda*, S.138.
5. 6. 7. 8. *Ebenda*, S.136.　　9. 10. 11. *Ebenda*, S.137.
12. 13. *Ebenda*, S.137-138.　　14. 15.　　*Ebenda*, S.135.
16. 17. *Ebenda*, S.136.　　18. 19. 20. 21. 22. 23. 24. *Ebenda*, S.137.
25. 26. 27. 28. 29. 30. 31. 32. 33. *Ebenda*, S.138.
34. ドイツ財務報告監視機関（Deutsche Prüfstelle für Rechnungslegung/DPR）の英語表記名は，財務報告エンフォースメントパネル（Financial Reporting Enforcement Panel/FREP）であり，連邦金融サービス監督庁（Bundesamt für Finanzdienstleistungsaufsicht）とあわせて，会計警察（Bilanzpolizei）と総称されている。

索　引

あ行

IAS/IFRS（の）承認路線………105, 205
IAS/IFRSの強制適用 ……………2
IAS/IFRSの共同体法化 …………15
IASC ………………………………20
IASB-IAS/IFRS ……………………10
IASB・EUのIFRSのデュープロセス
　………………………………………106
IASBの概念フレームワーク…………196
IFRS準拠の個別決算書 …………31, 33
IFRS準拠の連結決算書 ……………32
IFRSの強制適用 …………………30
IOSCO（証券監督者国際機構）………73
アメリカ証券取引委員会（SEC）……16
アングロサクソン型の
　概念フレームワーク ………………167

EFRAG（欧州財務報告助言者
　グループ）………………10, 105, 212
EU-IAS/IFRSの会計基準の
　厳格な解釈の実施のための機関 …199
EU-IAS/IFRSの承認メカニズム ……199
EU会計指令の独自開発路線…………205
EU・CESRの同等性評価 ……………17
EU承認IAS/IFRS ……………3, 18, 28
EU承認のIAS/IFRSの遵守の
　監視システム ………………………4
EUにおける独自の
　調和化作業の放棄…………………73
EUのIAS/IFRSの承認手続き ………3, 4

EUのIAS適用命令 …………………84
EUのIAS適用命令第3条2項 ………16
EUのエンドースメント
　メカニズム ……………………8, 196
EUの新会計戦略転換…………………3
EUの新会計戦略の将来構想…………8
EUの枠組みのなかでの
　エンドースメント機関 ……………206
EU命令………………………………1
域内の会計基準の国際的調和化………37
意思決定有用性アプローチ ……167, 169
一般条項と私的な規準設定 …………148

ARC（会計規制委員会）………………11
HGB準拠の年次決算書 …………31, 33
HGBまたはIFRSの選択適用 …………30
エムリヒの『ドイツにおける外部会計の
　改革の傾向と展望』（1999年）……120
エンドースメント ………………15, 210
エンドースメントプロセスの変更……13
エンフォースメント ………15, 199, 210

か行

会計解釈委員会（RIC）………………88
会計基準委員会の設置を通じた
　ドイツの会計改革 …………………122
会計基準設定機関における
　権力の分配 …………………………163
会計規準による会計の形成……………26
会計基準の国際的調和化・収斂 ………1
会計基準の遵守の監視の可能性 ……210

会計基準の遵守を監視する
　インフラの構築 ……………211
会計基準をベースとした会計 ………124
会計規制における国家の介入 ………112
会計規制論 ……………………………109
会計規範の命令に関する政府授権 …142
会計警察 ………………………………216
会計言語の混乱………………………30
会計指令法 …………………1, 74, 76
会計人の自治権による
　私的な基準設定 ………………152
会計の利用者指向の重視 ……………175
会計領域の規範設定プロセスの
　形成可能性 ……………………131
概念フレームワーク公開草案 ………167
概念フレームワークの
　会計認識領域の拡大論 ………182
概念フレームワークの適用領域 ……172

企業会計統制法 ……………………4
企業会計法改革法 ……………4, 29, 168
企業領域統制透明化法……3, 38, 58, 69, 75
基準設定契約 ………………69, 79, 200
基準設定プロセスにおいての
　共同決定権 ……………………165
基準設定プロセスにおける
　政治化過程・ロビー活動 …………201
基準の合憲性とロビーストの
　影響力の抑制 …………………166
規制緩和………………………………69
規範的規制理論・記述的規制理論
　による国家の介入論 ……………115
規範の設定と規範の監視の協力 ……213
行政機関による規制…………………76

経営経済学教授連合の「GoB委員会」…48
経済経営学教授連合 ……………171, 192
経済的観察法の原則 …………………178
決算書構成要素の評価基準に関する
　概念フレームワーク ……………187
決算書の構成要素の計上・認識
　に関する概念フレームワーク ……182
原価指向モデル ………………………188
憲法の民主主義的な正当化 …………152

公開草案「正規の会計の諸原則
　（概念フレームワーク）」……………167
公正価値指向モデルと
　評価の不確実性 …………………190
公的規制システムとマーケット
　における契約関係論 ……………113
公的規制論と私的規制論 ……………110
公的審議会・委員会による規制………76
国際会計基準委員会（IASC）…………20
国際会計基準とのコンバージェンス…84
国際的規範のための法律上の
　規範設定の開放 …………………138
国際的な基準設定機関における
　ドイツ代表……………………………70
国家の規制責任…………………………83
国家の有力な権威の支持 ……………111
異なる会計規範の選択的並存…………30
個別決算書の債権者保護の
　配当規制 …………………………168

さ行

債権者保護重視の
　利害調整アプローチ ………………168
債権者保護・慎重原則の
　利害調整優先の会計思考 …………196

債権者保護の会計規制 ……………70

CESR（欧州証券取引監督委員会）
　……………………………………15, 211
Schering社 ……………………………74
自主的な統制モデルからの
　商法典第342条2項の解釈…………157
私的委員会による規制 ………………76
私的会計委員会と国家の管轄権 ……129
私的会計規制における
　政治化過程論 ………………………162
私的規制における政治化過程と
　国家の関与 …………………………160
私的な会計規制論 ……………………120
私的な自主規制と国家の規制責任 …147
私的な専門的知識にもとづく
　会計規範設定プロセス ……………161
資本調達容易化法………3, 29, 75, 196, 207
資本調達容易化法連邦法務省参事官草案
　……………………………………………62
社会的な自主統制と
　国家の統制責任 ……………………152
受託責任報告 …………………………176
取得原価と公正価値の
　複合的評価システム ………………187
シュパンホルストの「専門的知識を
　有する権威ある新機関」構想………43
商法会計規範システム ……18, 37, 71, 167,
　　　　　　　　　　　　　　　　168
商法会計規範システムの
　ピラミッド構造 ………………………23
商法・会計指令法予備草案の「命令授権
　によるプライベートセクターの設置」
　の構想…………………………………48
商法確定決算基準 ……………………168

情報提供機能のIAS/IFRS準拠の
　個別決算書 ……………………………34
情報提供の原則と利益計算の原則 …180
商法典第292a条 …………2, 28, 29, 75, 208
商法典第315a条・第325条 ……………29
商法典第342条 ……………………3, 38
商法典第三篇の強制会計規範体系……26
将来の経済的便益の蓋然性 …………182

正規の簿記の諸原則 …………23, 37, 109
正規の簿記の諸原則委員会構想…39, 109
正規の簿記の諸原則のレジーム ……167
「正規の簿記の諸原則を遵守して」
　の削除 ………………………………178
政府から独立した常設の機関の承認…79
世界的に認められた会計基準の
　形成と監視 …………………………213

た行

第342a条の公的会計審議会 ……67, 69, 79
第342条の私的会計委員会…67, 69, 78, 109
Daimler-Benz社 ………………………74
脱官僚化…………………………………69
Deutsche Telekom社 …………………74

DRRP（ドイツ財務報告レビューパネル）
　……………………………………………211
適用会計基準の選択行動 …………35, 74
適用会計規定の遵守の保証 …………199
手続きの統制にもとづく社会的な
　自主的統制 …………………………162

ドイツ会計基準………24, 70, 110, 162, 196
ドイツ会計基準委員会…3, 37, 38, 58, 69,
　　　　　　　　　　　　109, 167, 199

ドイツ会計基準委員会定款 …………82
ドイツ会計基準委員会に付託された
　3つの任務 ……………………94
ドイツ会計基準委員会の新しい
　枠組み条件 …………………106
ドイツ会計基準委員会の
　権限と役割 …………………202
ドイツ会計基準委員会の権限問題……71
ドイツ会計基準委員会の自己規制機能と
　立法者の法制定権限 ………………202
ドイツ会計基準委員会の
　主体的独立性 ………………200
ドイツ会計基準委員会の将来の展望
　………………………………213
ドイツ会計基準委員会の将来方向 …207
ドイツ会計基準設定委員会…24, 84, 86,
　177, 209
ドイツ会計基準の開発と
　適用の勧告の性格 …………203
ドイツ会計規制システムの
　ピラミッド構造 ………………24
ドイツ型概念フレームワーク ………167
ドイツ企業のIAS/US-GAAPへの
　選択的適用 ……………………73
ドイツ経済検査士協会 ……170, 192, 204
ドイツ財務報告監視機関 ……… 15, 215
ドイツの大手上場企業のDAX30社 …74
ドイツの会計国際化の
　3つのフェーズ ……………………2
ドイツの会計制度改革 …………1, 26, 38
ドイツの会計領域の
　規範設定プロセスの要件 …………137
ドイツ版FASB …………………39, 69
ドイツ版プライベートセクター………37
ドイツモデルの会計規制の階層………22

投資家情報重視の
　意思決定有用性アプローチ ………168
投資家に対する有用な情報提供機能…29
投資情報の意思決定有用性優先の
　会計観 …………………………196

な行

二段階方式の
　エンフォースメント ……………15, 215

年次決算書（個別決算書）
　と連結決算書の二元主義………28
年次決算書の利害調整機能……………29

は行

Heidelberger Zement社 ………………74
ハイブリッド方式の
　会計基準設定主体………………83

評価の信頼性 ……………………182

フェルトホフの
　『会計規制』（1992年）………………112
ブライデンバッハの
　『会計規範の設定』（1997年）………129
プライベートセクターと政府の
　共同決定権限 ……………………201
プライベートセクターの
　設置構想の挫折………………55
ブランドによる「私的会計委員会の
　設置」構想の批判的検討……………50

ベアベリヒの『ドイツ会計基準委員会の
　フレームワーク』（2002年）………147
Bayer社 …………………………74

法規範と専門規範 ……………………109

や行

US-GAAP準拠の連結決算書 …………31

ヨーロッパ会計基準設定機関 ………203
ヨーロッパ共同体第4号，第7号，
　第8号会計指令 ……………………1
ヨーロッパにおける会計規制 ………1, 25
ヨーロッパの会計規制の
　一般モデル …………………………18, 20
ヨーロッパの会計規制ルールの階層…19
予測のための情報提供 ………………176

ら行

利害関係団体による規制機関の
　独立性の危機 ……………………162

利害調整機能のHGB準拠の
　年次決算書………………………34
立法愛国主義 ……………………71, 83, 202
立法機関による規制………………76

ルールによる財務報告の規制…………18

レフソンの「中立的機構」構想………40
連結会計に関する
　正規の規模の諸原則……………96
連結会計の原則の適用に関する
　勧告の開発………………………70
連結決算書と個別決算書に関する国際的
　規範の適用，解釈及び監視 ………215
連邦金融サービス監督庁…………15, 215
連邦政府の10項目行動プログラム……30
連邦法務省への立法行為に対する
　助言………………………………70

著者略歴

1944年　神戸生まれ
現　職　新潟大学大学院現代社会文化研究科教授

著　書

『近代会計学の発展』（共著，世界書院，1974年）
『現代会計学の論理』（共著，世界書院，1976年）
『シュマーレンバッハ研究』（共著，世界書院，1978年）
『会計と学説―続シュマーレンバッハ研究』（共著，世界書院，1980年）
『現代会計―正規の貸借対照表作成の諸原則』（共著，世界書院，1984年）
『リース会計の論理』（単著，森山書店，1985年）
『会計規準の形成』（単著，森山書店，1991年）
『企業集団税制改革論』（単著，森山書店，1998年）
『ドイツの連結納税―機関会社制度の研究』（単著，森山書店，1999年）
『ドイツ会計の新展開』（共著，森山書店，1999年）
『将来事象会計』（共著，森山書店，2000年）
『ドイツの連結会計論』（共訳，森山書店，2002年）
『適用会計基準の選択行動―会計改革のドイツの道』（単著，森山書店，2004年）
『現代会計の認識拡大』（共著，森山書店，2005年）
『会計制度の統合戦略』（共著，森山書店，2005年）
『EU・ドイツの会計制度改革』（共著，森山書店，2007年）

会計規制と国家責任

2007年10月31日　初版第1刷発行

著　書　Ⓒ　木下　勝一
発行者　　　菅田　直文
発行所　有限会社　森山書店　東京都千代田区神田錦町1-10林ビル（〒101-0054）
TEL 03-3293-7061 FAX 03-3293-7063　振替口座 00180-9-32919

落丁・乱丁本はお取りかえします　　　印刷／製本・シナノ

本書の内容の一部あるいは全部を無断で複写複製することは，著作権および出版社の権利の侵害となりますので，その場合は予め小社あて許諾を求めてください。

ISBN 978-4-8394-2053-6